社会创新创业丛书

社会使命与价值创造：国际社会创新案例剖析

Social Entrepreneurship and Innovation

［英］ 肯·班克斯（Ken Banks） 编

许 涛 译

同濟大學出版社
TONGJI UNIVERSITY PRESS

图书在版编目（CIP）数据

社会使命与价值创造：国际社会创新案例剖析 /（英）肯・班克斯（Ken Banks）编；许涛译．— 上海：同济大学出版社，2020.7

（社会创新创业丛书）

书名原文：Social Entrepreneurship and Innovation

ISBN 978-7-5608-8886-6

Ⅰ．①社… Ⅱ．①肯… ②许… Ⅲ．①社会管理—创新管理—案例—世界 Ⅳ．① D523

中国版本图书馆 CIP 数据核字（2019）第 277951 号

社会使命与价值创造：国际社会创新案例剖析

［英］肯・班克斯（Ken Banks） 编

许涛 译

出 品 人 华春荣

责任编辑 卢元姗

责任校对 徐春莲

封面设计 钱如潺

出版发行 同济大学出版社 www.tongjipress.com.cn

（地址：上海市四平路 1239 号 邮编：200092 电话：021-65985622）

经 销 全国各地新华书店

印 刷 常熟市华顺印刷有限公司

开 本 710mm × 1000mm 1/16

印 张 17.5

字 数 350 000

版 次 2020 年 7 月第 1 版 2020 年 7 月第 1 次印刷

书 号 ISBN 978-7-5608-8886-6

定 价 68.00 元

中文版序

这是一个变革的世界，这是一个创新的时代。工业文明发轫以来，科技创新推动全球经济持续增长，并由此诞生了众多世界级的企业和造福人类的发明创造。全球极度贫困现象日趋减少，人类生存健康条件得到巨大改善，大多数国家普及了义务教育，实现了高等教育的规模化发展。然而，成绩背后依然存在着大量日趋复杂、严重的社会挑战和问题，比如经济危机、贫富差距、种族矛盾、宗教冲突、自然灾害、环境恶化、恐怖主义、人口老龄化、性别歧视、疫病与健康等。放眼全球，正如世界银行2016年报告所指出的，过去的半个多世纪中，全球GDP增长超过60倍。但是，约2/3的世界人口还生活在贫困线上（年收入3 000美元以下），其中仍有7.67亿人生活在极度贫困之中，每天仅靠不到1.9美元维持生活。而联合国开发计划署（UNDP）的报告显示，10%的富裕人口掌握了世界总资产的85%；另一方面，50%的底层人口的资产只占全球总资产的1%。世界消费总额的65%来自上层10%的人群，而底层50%的消费者只占消费总额的2.5%。另外，20世纪的全球经济发展模式严重破坏了地球生态系统和自然资源。仅过去半个多世纪，地球上1/4的土壤、1/3的森林资源、1/3的生物物种消失，甚至灭绝。土地、森林、水资源等生态环境的恶化不仅导致了人类赖以生存的生态系统的崩溃和物种的消亡，也造成了当前困扰人类的地球变暖、干旱和洪水等现象。《新英格兰医学》期刊2013年的一篇研究文章指出，近年来全球气候变化导致了自然灾害的显著增加：2000—2009年的灾害是1980—1989年的三倍之多。

显然，上述社会问题和挑战的解决不能依靠渐进的变革和传统的资本主义市场化途径，而致力于创新商业和社会之间关系的社会创新创业近年来成为全球社会经济发展和变革进程中引人瞩目的现象和运动，吸引并推动越来越多具有社会创新精神和意识的各界人士为解决全球贫困、饥饿、失业、卫生、健康、水资源缺乏等社会问题探索并实践创新性的解决方案。

社会创新创业是传统和未来的交合。从概念上看，社会创新创业是创造既能满足社会需求又能构建新的社会关系的新思想、新产品、新服务或新商业模式的行为、过程和结果。从目标上看，社会创新创业旨在利用商业创新创业、技术创新创业的模式和工具，引导人们关注并致力于解决人类社会发展所遇到的挑战和问题。因此，社会创新创业的目的和手段都具有社会性，是在最大程度和规模上用创新思想、产品或服务促进公共价值和利益的实现。即社会创新创业引入技术创新和商业创新理念和模式，强调经济发展、技术创新和社会进步、环境保护的一致性、解决方案的创新性和可持续性。它蕴含着古老的人类文明，也契合着未来的人类脉动。

常言道，创造未来的不是新技术和新工具，而是新思想和新行为（Future doesn't happen when we adopt new technologies and tools, it happens when we adopt new mindsets and behaviors.）。作为人类学家、社会企业家和社会创新创业研究人员，本书编者肯·班克斯（Ken Banks）过去20多年来一直工作、生活在非洲国家，他利用快速发展的移动技术致力于改善非洲国家和国民的生存境遇和发展状况，取得了卓越的成就。在本书中，肯·班克斯精心挑选了12个社会创新创业案例，这些案例中的社会企业家或社会创新创业者来自不同的国家，具有不同的专业背景，他们原本拥有体面的职业和生活，然而，当他们目睹诸如贫困、饥饿、疾病、教育机会缺失、环境恶化、歧视与不公等各种社会顽疾和挑战时，蕴藏在他们精神和灵魂深处的社会企业家精神被唤醒。于是，就有了本书中12个卓有成效的社会创新创业实践案例。

当前，随着数字化和人工智能时代的加速到来，人类生活在一个“超级链接”日益增强的星球上，在“他处”发生的事情，也会对“这里”产生影响。正如肆虐全球的新冠疫病一样，没有国界，不分种族、信仰和肤色。而解决此类问题与挑战的最佳方法就是利用“商业向善”“科技向善”和“金融向善”的力量，激发全社会的社会企业家精神，尤其是激发年轻一代的力量，在全社会倡导社会创新创业实践，从根本上改善人类的生存境遇、生命的尊严和体面。最新研究表明，年轻一代成长在我国入世、北京申奥、载人航天等多个重要事件重叠的新时代大背景下，他们见证着新一轮产业革命、经济持续增长、科技创新日新月异，因此，他们文化上更加自信、更强调开放、自我超越、关注社会与成长，他们具有强大的自主意识和能力，不给自己设边界，而是去探索不断成长的更多可能。相比其他代际，他们还表现出更为明显的对大自然的关爱和对社会的关注。此外，他们拥有全球公民的胸襟，不仅关心自己的国家，也关心世界上其他地方正在发生的事情，关注世界上不平等的情况。这些精神上和人格上的特质是社会企业家精神的本质，也是我国创新驱动发展时代的“创变者”应有的精神追求和人生志向。

作为同济大学出版社出版的社会创新创业丛书之一，《社会使命与价值创造：全球社会创新案例剖析》的重点不是介绍社会创新创业理论和前沿研究，而是全面呈现近年来全球各地兴起的社会企业家精神和富有成效的社会创新创业实践活动。有理由相信这些案例将激发全社会包括企业、公共部门、非政府组织、高等教育机构和个人在内的所有利益相关者即刻行动起来，倡导并践行社会创新创业精神和活动，推动当前人类社会发展范式的重大变革。

希望本书的出版有助于启发、聚集更多的有识、有志之士，利用商业和市场的力量，创新解决当下和未来迫切、宏大的社会问题与挑战，实现体面、尊严、富足的人类生活，为构建人类命运共同体，实现包容性良性增长和推动全球可持续发展贡献中国智慧与中国方案。

清华大学经济管理学院教授、博士生导师
清华大学技术创新研究中心主任

译者前言

世界上最大的问题就是最大的商机。

——彼德·戴曼迪斯（Peter H. Diamandis），奇点大学联合创始人

预测未来的最好方法就是去创造未来。

——彼得·德鲁克（Peter Drucker），现代管理学之父

我生活的原则是万物都是息息相关的，所以如果有人在痛苦中，最终，随着时间的推移，我也会痛苦。

——杰克·多西（Jack Dorsey），“推特”（Twitter）创始人

近年来，社会创新创业已成为全球热点概念和实践。消除贫困与饥饿、对抗疫病与不公、赋能“金字塔底层”的群体、践行“科技向善”“商业向善”或“金融向善”、创立“共益企业”（B Corps）等不同领域的成功案例证明了社会创新创业在市场、学术和政策制定方面的影响日益明显。除了重塑商业、市场与公共部门的边界，社会创新创业也在创造新的市场或利基市场上发挥着重要作用。比如，自从乡村银行及其创始者穆罕默德·尤纳斯（Muhammad Yunus）被授予诺贝尔和平奖以来，“微金融”作为社会创新创业领域的先锋实践在世界各国得到普遍支持与倡导。此外，风起云涌的社会创新创业还在很大程度上唤醒、激发了普遍的个体领导力、共情能力和道德敏感力，并构建了以伙伴关系为基础的新型社会问题或挑战创新解决模式。

相对于商业创新创业、技术创新创业和传统的利润导向的商业模式创新，社会创新创业从理论研究和实践上尚在初步发展阶段，人们对社会创新创业的概念和认识尚未成熟，但对社会创新创业的内涵，即通过创新实现可持续的、清洁的、人性化的经济发展是解决全球各国经济、社会发展所面临问题和挑战的必然选择，有着一定程度的共识。因此，全社会应采取更加积极的措施激发、增强所有公民的社会企业家精神和社会创新创业能力。

不过，作为旨在解决社会问题和挑战的社会创新创业直到 20 世纪 90 年代末才成为学术研究和创业实践的重要领域。这一时期见证了以社会创新创业为主题的研究论文、书籍、期刊和相关学术会议的诞生，以及全球各地蓬勃兴起的社会创新创业实践活动。从概念上看，社会创新创业是创造既能满足社会需求又能构建新的社会关系的新思想、新产品、新服务或新商业模式的行为、过程和结果。从实践上看，社会创新创业不同于传统的慈善和公益，而是新兴的社会力量，包括以营利为目标的企业利用资源解决社会问题而进行的创新创业活动，也包括政府机构、慈善组织或非政府组织支持个人或团队从事的社会创新创业行为，这些活动和行为把真正解决社会问题、改善人类境遇作为使命和目标。从事社会创新创业的社会企业家不仅具有传统意义上企业家的创新精神和百折不挠的意志，还燃烧着改变世界、让世界更美好的热情和信念。从社会层面上看，社会创新创业者认为公共部门、企业、慈善组织或非政府组织因种种原因未能有效解决社会问题、满足“金字塔底部”的需求，从而致力于利用商业和市场的手段创造社会价值。从结构上看，社会创新创业把创新创业的商业目标和社会目标统一起来，作为不可分割的有机体，受社会价值创造驱动的多维结构，并借助市场和商业的力量，在商业目标和社会目标之间寻求平衡。从创新创业机会识别的角度看，社会创新创业关注的是政府、市场、慈善组织或非政府组织没有解决的社会问题或没有满足的社会需求，并利用创新性的商业化、市场化的方法或手段回应社会挑战、解决社会问题、满足社会需求，从而创造社会价值，实现经济、社会、环境的可持续发展。

当前指数级增长的技术正成为改变世界的重要力量，而“金字塔底层”的消费者正成为新一轮技术革命和产业变革的引擎，服务“金字塔底层”的市场，需要在技术、产品、服务和商业模式上进行创新。本书涵盖了从“贫困与饥饿、疾病与全球公共卫生、数字鸿沟与赋能、药品专利之争、技术创新的社会意义、难民与家庭团聚、数字技术与教育到沙漠化与生存境遇”的 12 个领域的社会创新创业实践。这些实践用技术或商业模式把人与人、人与社会问题、人与使命和愿景联结起来，实现“商业向善”“科技向善”和“金融向善”的可持续发展本质。通过分析案例中社会创新创业者，可概括出成功的社会企业家往往具备以下 7 项技能，分别是：

领导力——主动采取行动来解决问题的意识、态度与能力。

乐观——即使被人怀疑，他们也相信实现一些大胆的愿景，因为他们具有强烈的自我效能感，相信可以掌控并改变环境。

决心——毅力、激情和勤奋的结合——为实现目标的不懈努力，是完成任务的保证。

韧性——面对逆境、障碍、挑战和失败，他们也能应对自如，逆势成长，并且善于从失败中获取经验、智慧。

创造力和创新——跳出传统思维的桎梏，看到其他人看不到的关系和模式。

同理心——善于从他人而不是自己的角度思考问题。

社交能力——善于与其他个体、组织和机构建立联系，发展社会资本。

上述精神和人格上的特质让他们成为时代的创变者和引领者。作为社会创新创业者，他们不再把"金字塔底层"的群体当作受害者或负担，而是将他们视为有创造力、有意愿改善自身境遇的消费者和创新的源泉。因此，全球范围内热情日益高涨的社会创新创业者正把传统的"金字塔"经济社会结构转变为"钻石"结构，为人类生活的体面和尊严贡献思想的火焰和创新的方舟。

期待本案例集的翻译出版不仅激发青年学子和各界人士投身于科技创新和企业创建，更能激发青年一代放眼全球，站在人类发展的高度思考国家发展中的社会、科技、环境问题，探索新时代社会环境、产业变革、技术创新与商业模式的协同发展，寻求市场化、商业化的可持续解决方案来解决社会问题与挑战，引领社会创新创业、影响力投资和共益企业等社会创新实践，促进中国社会创新创业与全球社会创新创业的双向交流与互动，推动中国社会创新创业和创新驱动发展进程的加速。

英文版序一

彼得·加布里埃尔（Peter Gabriel），音乐家

想象和谈论改变世界要比实际去做容易得多。令人鼓舞的是，肯·班克斯的工作重点是那些发现了真实的需求，进而创造了实用解决方案的人。

传统而言，大多数改善事物的尝试都是以自上而下的方式展开的。肯在他的书中强调的项目之所以重要，是因为它们颠覆了这个模型。这些项目从下开始，被证明是如此有效，以至于它们的影响和模式扩展到世界各地。

我小时候有点纵火倾向，总是在我长大的农场周围点些小火。我经常把拖拉机上的污油随意地扔在大篝火上面，试图让潮湿的树枝和树叶燃烧，但这经常失败。

但我也注意到，如果从下面开始，就可以慢慢生火，保持热量和灰烬的强度。通过自下而上的方式，可以对火做出反应，同时对不断变化的环境做出即时反应——比如木材的类型、湿度、火的结构和不断变化的风。

我相信，我们将会看到新的平台，可以推动这场社会创新的基础性革命的平台。旧的援助概念将被新的方式取代，这种新的方式直接赋予人们自由流动且反应更快的解决方案，这些解决方案将产生全面而有用的数据，数据反过来又可以提供反馈，促进改善。这些反馈循环越接近行动，系统就越能变得聪明和有效。小巧、聪明、反应灵敏是前进的方向。

数字革命和手机的普及正在缩小贫富之间巨大的机会沟壑。有了获取信息、工具、指导、资金的途径，以及那些有着相似目标或经验的人随时可以获得的知识，竞争环境比以往任何时候都更加开放。

权力真正掌握在个人手中。许多对社会转型至关重要的关键要素触手可及。智能手机的价格直线下降，没有无线网络的地方越来越少。

然而，我们仍然缺少一个统一的、易于使用的视觉平台，有助于将许多基础项目与它们繁荣发展所需的一切联系起来。如果可以融入大数据的世界，那么就有了加速转型的真正引擎。

当肯·班克斯走近我，问我是否有兴趣为他现在拿着的这本书写序——分享一些组织的故事以及过程中的重点时——我的回答是肯定的。这是一本关于心怀希望、克服障碍、实现梦想的书。书中的创新者就是我所说的梦想世界更美好的园丁。

今天，借口不知道世界上正在发生什么的人比以往任何时候都少，缺少工具来分享新闻和为一代人做出贡献的人也比以往任何时候都少。这些工具超越了所有社会创新的界限，有助于解决我们如何保持健康、如何养活自己、如何保护地球、如何更好地教育孩子，以及如何为尊严和基本人权而奋斗的问题。技术的进步，加上人类意识的进步，以及到处涌现的充满激情的理想主义年轻人，他们比以往任何时候都更有决心让世界变得更好，这给了我们一个前所未有的变革机会。

这些年来，我有幸与一些真正了不起的人一起工作和竞选，特别是那些参与老年人活动的人，他们的生活特别鼓舞我——比如德斯蒙德·图图大主教（Archbishop Pesmond Tutu）、玛丽·鲁滨逊（Mary Robinson）、吉米·卡特（Jimmy Carter）、格罗·布伦特兰（Gro Bruntland）、科菲·安南（Kofi Annan）、埃拉·巴特（Ela Bhatt）、马蒂·阿赫蒂萨里（Marti Ahtisaari）和已故的纳尔逊·曼德拉（Nelson Mandela）。

年长者的部分梦想是在那些在当地从事有效和实际工作的人和有国际影响力并能召集任何国家元首的人之间建立真正的联系。年轻人和老年人之间的联系可能会对掌权的中年人产生影响。

尽管高层领导对于解决我们和地球所面临的一些更大的挑战至关重要，但是如果没有与数百万无名英雄的工作联系起来，那就是无用功。就像这本书中描述的那些英雄一样，他们每天都在不懈地为正义和更美好的生活而奋斗。

我的好朋友图图大主教意味深长地提醒我们，“无论你在哪里，请尽你的一点绵薄之力，因为正是这些绵薄之力颠覆了这个世界”。我们确实都有自己的贡献，历史告诉我们，如果我们做了，即使是最大的问题也可以克服。

社会企业家精神被视为创造变革最有希望的方式之一，但外界通常认为这是一种毫不费力的、近乎浪漫的追求，然而实际远非如此。世界各地的社会企业家和社会创新者经常不得不做出相当大的牺牲，这些牺牲经常考验他们的热情和对极限的承受能力。在旅途中，许多人有很多放弃的机会，但他们没有放弃。他们也常会陷入死胡同，但找到了绕过它们的方法。正是这种坚韧和固执，如果你愿意的话，也许比任何事情都更能把他们和其他人区分开。

当人们问我什么样的人最有可能在音乐领域取得成功时，他们以为我会回答最有天赋的人。但很明显，成功的实际上是那些最有血性并且坚定的人。当你翻阅这本书的时候，你经常会看到同样的倔强和坚强的性格，这清晰地证明了人类精神中善良和有效的部分。

通过参加的竞选组织，我见证了这种精神的力量。如果一个人能坚持自己的信仰，他就能够并确实有所作为。通过手机和互联网的新世界，我们拥有了一套全新的工具，能将激情转化为实际结果，实现联系并向那些能够为我们建设更美好世界的梦想提供建议、教育和资金的人学习。

一场新的变革运动正在世界各地以令人惊奇的方式展开。

《社会使命与价值创造：全球社会创新案例剖析》照亮了一些人，他们创造了我们都想在世界上看到的变革，分享了他们的成功故事，以及为了实现这一目标所经历的一切。

对于那些寻求灵感并相信变革是有可能的人，或者那些创建自己的社会变革项目来解决各种问题的人来说，这本书将会在可能的情况下激发他们对变革的信任和信心。

英文版序二

比尔·德雷顿（Bill Drayton），Ashoka 创始人兼首席执行官

几个月前，巴基斯坦最优秀的社会企业家之一、Ashoka 研究员——我十年的朋友——和我分享了一个故事。我喜欢这个故事，因为它显示了我们离一个更好的世界有多近——只要我们每个人都让自己（和其他人）成为有益的变革者。

阿里（Ali）的故事是他核心信念的最新证明——如果你对所有的年轻人，包括弱势群体抱有期望，你就会改变他们的世界，从而打破不信任的枷锁。

去年，他向 74 所慈善职业学校的 6 000 名贫困学生发起挑战，要求他们在一个月内创办企业。他走到他们面前说："我相信你们。你们都可以创办企业和公民利益团体，你们都可以成功。"他对所有学校的所有学生都这样说，没有一个例外。

他帮助他们组织团队，分享想法，互相帮助，一起构建。他摒弃了培训课程，因为它们是"有人告诉你该做什么的地方"。他的"青年参与服务"（Youth Engagement Service）为每个团体提供最初的资本，并承担所有的损失或利润。一个月后，他获得了 83% 的利润。（阿里现在与巴基斯坦 1 200 所教育和技术机构以及 100 所顶尖大学合作。）

问题不在于年轻人，而在于我们。当我们用如此多微妙和不那么微妙的方式告诉年轻人"你不能"时，我们创造了一种不友善的氛围。他们可以——而且必须可以。

像阿里一样，几乎所有关注儿童和年轻人的 Ashoka 研究员（3 300 名研究员中的约 1 000 人）都不仅仅是相信他们。研究员让年轻人承担责任。200 所"Ashoka 改革者学校"（Ashoka Changemaker Schools）和 35 所 Ashoka 附属学院和大学也是如此。结果是戏剧性和奇妙的——一旦变革成为常态，而不是一个非常难解的反文化的例外。

一旦一个青少年有了梦想，建立了团队，改变了他的世界，他将成为生活的改变者，一次又一次地为任何需要解决的问题做出贡献。他有他的力量。他永远

不会害怕。他会很受欢迎。我们生活在一个对能够适应变化并为之做出贡献的人的需求呈指数级增长的世界中，尽管对重复性工作的需求在以同样速度下降。

许多世纪以来，职业都是效能的重复（想想装配线和律师事务所）。你受到一种特殊技能的教育，无论是理发师还是银行家，然后你会把这种技能应用终生。生活是由规则引导的。在当今变化驱动的环境中，所有这些旧的方式都在经历一场大规模灭绝。现在成功属于快速变化的团队——所有成员都在观察、适应、发现机会，并围绕这些新确定的目标建立新的团队，并为之工作。

任何不会玩这个游戏的人都会出局。除非你是变革者，否则你不能玩变革游戏。

有多少学校、教育改革家和家长知道他们正在做失败的事情，除非他们的年轻人正在努力成为变革者？最重要的教育标准已经变成："有百分之多少的学校学生知道他们是变革者？"

教育改革，即平等地进入一个过时的系统，只能确保一代人的失败。试图通过"给予年轻人所需的技能"来解决青年失业问题是一种幻想。

主要的转折点总是让社会大吃一惊。社会创新改变了社会最基本的结构，它的影响远远大于任何基于技术的革命。

社会创新通向一个美好的地方。一个"人人都是变革者"的世界是这样的：

• 问题无法超越解决方案。

• 在结构上更加平等，因为每个人都很强大。

• 不仅仅是幸运的精英，每个人都能在行动中表达爱和尊重——这是幸福和健康的根本原因。

否则，世界将极度分裂和愤怒。

领导人——以及我们所有人——面临的挑战是承认并欢迎这一事实：我们正处于一个转折点，现在必须改变一切，从如何成长到如何领导。

学生和那些保持开放思想的人越来越意识到，他们需要成为更有技能的变革者，既要在社会上取得成功，又要得到为所有人的利益做出重要贡献的高度满足感。

他们能在哪里寻求帮助？

肯·班克斯是 Ashoka 研究员，也是我们社区的领导者，他写这本书是为了帮助我们理解成为一名社会企业家的本质。

几十年来，随着想法和世界的不断改变，社会创新者不断地创造、倾听、改变并再次创造。

事实上，考虑到社会创新者试图成为模式变革的企业家，并服务于所有人的利益，所以他们既有专注于所有人的巨大满足感和竞争优势，也有必须这样做的个人挑战，不像有些人局限在狭窄、封闭，因此更容易（也更无聊）的经验盒子里。

世界已经进入一个转折点。在此期间，我们的思维方式和社会组织正在迅速从重复转向变革。越来越多的大学、作家和有志于社会创新的人正在响应这一需要来了解我们的领域。这里有很多有用的东西。

然而，这本书做了某些学者和其他人做不到的事情。肯不像火星人探索陌生地球那样看待我们。他是我们中的一员。此外，他将创业精神重新聚焦于帮助你和你的朋友抓住这一历史时刻，看到由此带来的机遇，并为每个人成为这个新世界的关键贡献者开辟道路。对他来说，成功就是你成为变革者。

这本书是迈向“人人都是变革者”世界的一大步。

目 录

中文版序

译者前言

英文版序一

英文版序二

引言 001

01 太阳能系统的奇迹 024

02 消除拉丁美洲的“数字鸿沟” 046

03 专利战争：打击大型制药公司，让所有人获得药品 068

04 为社会公正服务的数据科学、技术和设计 085

05 把硅谷的技术和商业革命引入全球卫生事业 113

06 让世界不再饥饿——食物循环企业 FoodCycle 135

07 非洲的硅谷式创新 149

08 基于触觉的自闭症治疗 167

09 重建联系：一个关于科技、难民和寻找失散家人的故事 185

10 惠及十亿读者 204

11 突尼斯之梦——人人享有金合欢 231

12 被逼无奈的“遗传学家” 245

引言

肯·班克斯

“这条路我只能走一次。任何能做的好事或者能对任何人表现出的任何善意，让我现在就做。不要推迟也不要忽视它，因为我不会再走这条路了。

——艾蒂安·德·格雷（Etienne de Grellet），贵格会传教士

虽然“社会创业”这个术语相对较新，但“社会企业家”却不是。佛罗伦萨·南丁格尔（Florence Nightingale），19世纪现代护理的创始人，是一位社会企业家。玛利亚·蒙特梭利（Maria Montessori）博士在20世纪初发展了蒙特梭利幼儿教育方法，他也是一名社会企业家。社会创业是一个特定的术语，用来描述那些奋发努力、坚持不懈、雄心勃勃，为最紧迫的社会问题寻求创新解决方案的个人（比如南丁格尔和蒙特梭利）。这个术语直到20世纪60年代和70年代才开始出现在社会变革资料中。

这门学科的早期倡导者之一是比尔·德雷顿，他于1980年创建了Ashoka网络（比尔为这本书写了序，他经常被称为“社会创新创业之父”）。Ashoka成为第一批专门支持和促进社会创新创业的组织之一。如今它是全球最大的“公共创新者”网络之一。查尔斯·里德比特（Charles Leadbeater）于1997年出版的《社会创新创业的崛起》（*The Rise of the Social Entrepreneur*）等开创性的出版物使这一实践获得了进一步的关注。

虽然该术语近年来已成为主流，特别是在学术界，但在许多社会创业活动中，关于定义和可持续性方面仍然存在困惑和担忧。事实上，在我过去二十年的工作中——作为Ashoka研究员的最后五年——我发现一些最激烈的辩论都集中在定义的问题上，唯一一个大家认为是问题的问题。尽管明确的定义有时是有用的——学术界尤其支持明确定义——但考虑到社会创业的广泛性和影响力，允许该术语使用得更宽松或许更有帮助。就我而言，直到2009年第一次接触Ashoka，我才承认自己是一名社会企业家。世界各地数百万的创新者和社会变革

推动者无疑也会有同样的感受。老实说，我仍然不确定我是不是其中之一，但我认为这不重要。行动胜于语言，特定活动的标签不太可能对该活动的发展产生太大的影响，虽然，不可否认的是，被贴上社会企业家的标签确实为那些没有被官方认定或认可为企业家的人提供了资金和支持。在我看来，这是该行业需要努力的一件事。

老实说，我更喜欢“社会创新”这个词，而不是“社会创业”。我更喜欢这个术语，因为虽然它也关注工作的社会方面，但并不意味着将商业技能或实践作为主导。虽然“创新”也可能是一个有争议的词——同样，定义也是广泛而多样的——但在我看来，我遇到并与之共事的许多社会创新者，包括本书中提到的那些人，已经真正开发出了解决老问题的新方法，仅此一点，我认为他们的工作是创新的。商业实践——你可以定义为“创业”的活动——并不总是存在。如果它们真的需要，这会是一个复杂而广泛争论的组成部分。

实现价值和共情能力的旅程

决定晚年工作的种子是在我很小的时候就种下的。六岁时，父亲去世后，母亲独自抚养我、哥哥和两个姐姐，她鼓励我们要好学、好问和好奇。我对自然的热爱开始于在户外度过的漫长的白天和夜晚、收集昆虫和花朵的乡村散步，以及寻找和聆听鸟类，这将我引向后来的非洲保护工作。我很幸运地在泽西岛度过了

图 0.1　早期家庭照片：肯·班克斯（右二）和兄弟姐妹
图片提供：琼·班克斯（Joan Banks）

童年和成年早期的大部分时间，这是一个拥有自然美景的岛屿。母亲在那里汲取了每一滴养分，直到去世。

我对写作的热爱源于母亲对我阅读的鼓励，以及给予的切实支持。她在我10岁时给我买了第一台打字机——一台二手奥林巴斯牌铁质打字机。我会花几个小时打字、编写考试试卷、写诗、做作业。1978年3月，阿莫科·加的斯（Amoco Cadiz）油轮灾难波及泽西岛的海滩，这激励我写了一本关于石油的小书，至今我仍在读。母亲鼓励我四处寻找信息。我至今仍然珍藏着英国广播公司给我的书面回复。后来，我写的诗两次赢得了全岛的比赛，这巩固了我对创造性写作的热爱。

破解密码

多亏库珀先生（Cooper），他在我长大的地方开了一个社交俱乐部，这样，我很早就接触了科技。他所拥有的又大又重的“康懋达”（Commodore）PET电脑激起了我的好奇心和兴趣。当其他孩子用它玩游戏时，我想到了如何侵入并破解代码，由此开始了信息技术的职业生涯。我很快开始为有学习困难的孩子编写教学程序（社交俱乐部兼作教育中心），我通过为库珀先生开发软件来赚零花钱。库珀先生也是一名教师。回顾过去，这也许是企业家才能显现的早期迹象。随着年龄的增长，这种才能会发展壮大。收入虽然很少，但它教会了我珍惜金钱，给了我许多朋友所没有的独立性。这同样适用于几十年后的今天，因为我在自主创业的自由中找到了安慰和成功。

我早期的计算机天赋没有被大学的信息技术老师忽视，他跟当地一家科技公司分享了我写的软件——包括一个简单的文字处理应用程序。我有机会离开大学，开始软件开发，但是我不像比尔·盖茨（Bill Gates）那样决定结束我的教育生涯。令人惊讶的是，直到今天，我也没有接受过正式的技术培训，尽管这是我为让世界变得更美好所做的几乎所有努力的基石。

打败教育体系

可悲的是，世界上太多的教育体系似乎抑制了许多童年的早期本能，我也不例外。随着以结果为导向的教育占据主导地位，创造力往往被置于次位，我们好奇的、总是质疑的年轻头脑慢慢变得更加挑剔和封闭。

我反对这一点，因此在童年的大部分时间里，我都是一个局外人。老师们形容我“太深思熟虑和敏感”，好像这些都是负面特征。我离开学校时很不开心，尽管被形容为“有很大潜力的聪明人”，但八次考试中有六次都没有通过。

在大学学习贸易一段时间后，我离开了学校，进入了职场，在一家贸易银行找到了一份工作。尽管我很挣扎，但我还是很幸运，因为当时泽西岛的金融业足够活跃，需要尽可能多的人，不管他们的资质如何。

需要新的方向

当我开始工作的时候，一个离岸银行业的舒适职位向我招手。尽管如此，我依然在银行之间徘徊，从一家银行的金条护送团队变成另一家银行的主机操作员。

虽然银行业承诺在物质上提供服务，但在精神上，它与我觉得应该做的事相去甚远。在1985年观看了“拯救生命”慈善演唱会之后，我开始对全球发展感兴趣，那是一次为应对埃塞俄比亚饥荒而组织的全球音乐活动。

我很难理解，在国际发展部门拥有所有资金和资源的情况下，为什么这种不平等不仅存在而且似乎还在地球的广大地区蔓延。随着读的书越来越多，我的兴趣越来越浓，这些问题越来越挑战我“深思熟虑和敏感”的头脑。

非洲的呼唤

1993年，作为泽西岛政府项目的一部分，我偶然去了赞比亚，帮助建立了一所学校，这改变了我的一切。我第一次面对生活中的一些现实问题，比如远不如我幸运的人。这几周，令人不舒服，但信息量巨大。

在那里，我遇到了一位当地艺术家，买了他的一幅画。几年前，他的妻子死于与艾滋病相关的疾病，后来为了让五个儿子继续上学，他找了多份工作。我钦佩他和他的决心，并在回家后一直资助他，直到两年后他因与妻子类似的疾病去世。我担心他的儿子会被迫辍学，更糟糕的是，会失去联系，于是我复制了他的画，并在泽西岛当地的一个艺术市场上出售。这些收益以及我组织的烧烤活动的收益，帮助这几个兄弟完成学业。直到今天，我们仍然保持联系——现在当然是通过“脸书”（Facebook）——这个家庭正在蓬勃发展。

卡班戈大法官（Justice Kabango）和他家人的经历为接下来的一切定下了基调——一种强烈的内在愿望，即尽我所能为人们提供一切机会，帮助他们更好地发挥自己的潜力。

1995年，在赞比亚之行后我又参与了一个泽西岛的政府项目，这次是在乌干达北部建造一所医院。我对知识和理解的渴望有增无减，我想花尽可能多的时间在这个领域去了解那些我想帮助的人的生活。

回国后，我向“海外志愿服务社”（Voluntary Service Overseas, VSO）申请了为期两年的海外安置，但被拒绝了。我很伤心，但这只是一系列重大挫折中的第一个。我的反应是辞掉工作，卖掉我在那之前拥有的一切，带着两个手提箱去英国，在苏塞克斯大学（Sussex University）从事社会人类学与发展研究。

幸运的是，那里有人相信我，并且人类学的学习也对我之后的工作至关重要。在研究中我还了解了适用技术的概念，这是另一个关键时刻，我喜欢学习那些真正让我感兴趣并激发我灵感的学科。我于1999年毕业，没有获得“一等”的学科不到1%。

向前一步，向后两步

读得越多，写得越多，学得越多，我就越意识到，对地球上绝大多数人来说，生活非常糟糕。这个问题依然深深困扰着我。尽管这些人面临着巨大的挑战，但是弄清楚我如何才能为任何一种解决方案做出贡献，无论贡献多小，成了我的行动号召。但在我记忆所及的很长一段时间里，我一直在努力弄清楚该采取什么行动。我如何才能为解决这些巨大的全球不公正现象做出贡献？如果不在乎、不理睬，我会容易得多，但我并不期待这样的反应。

毕业后，我继续寻找解决办法，并最终回到了科技世界。我成了英国大东电报局（Cable & Wireless）的团队领导。英国大东电报局加快了数字有线电视在英国的推广。命运后来促使我去了芬兰，在那里我教高级商业主管英语。我申请了赫尔辛基大学（University of Helsinki）发展地理学硕士学位，但被拒绝了。我仍然记得自己在阳台上焚烧拒绝信时的沮丧。我飘忽不定，变得越来越失望。国际发展领域的工作很难找，而这似乎是我实现抱负和梦想的唯一途径。但是结果证明，我错得非常离谱。

我把注意力转回到志愿工作上，在网上找到了一个位于尼日利亚南部卡拉巴尔（Calabar）的灵长类动物保护区项目经理的工作。我在布莱顿火车站遇到了一个咖啡托管人。在几周之内再次卖掉所有的财产后，我回到了非洲。这是艰难的一年，在令人窒息的高温和潮湿中度过，夹杂着奇怪的疟疾。但这是值得的，因为我第一次了解到那里的社区所面临的大量问题。不过，我还是不知道我能做些什么真正有意义的事。我经常晚上拿着蜡烛，坐在自己的房间里，试图把我的想法记在日记里。我一边喝着廉价的尼日利亚啤酒，一边不断探索。和前十年中的大部分时间一样，我什么也没发现。

从摩托车到手机

在卡拉巴尔一条繁忙的道路上，我经历了一场深夜摩托车事故。八天后，我的腿终于在泽西的一家医院里恢复了健康。我痛苦地躺在那里，没有钱，没有行动能力，没有工作，没有地方住，仍然不知道未来的生活方向。这是我曾经的最低谷。不久之后，一个泽西动物园（Jersey Zoo）的前同事随意地给我打了个电话，我曾经在那里工作，撰写他们的会员制度。他给了我一个机会，让我去做一个非常早期的移动促进发展项目。我抓住机会，顺杆向上，搬到英国生活。那是2003年1月，在赞比亚之旅和研究开始的十年后。

对我来说，弄清楚手机是如何解决我们这个时代一些很紧迫的保护和发展问题非常重要。它将我对技术的热爱、对国际发展的热情以及帮助人们解决自身问题的愿望融为一体。

我们正在做的工作越来越受欢迎，我的合同从一年变成了两年。第一年的大部分时间都花在建立一个名为 wildlive 的保护门户网站上。人们可以通过手机下载环保主题的手机游戏、动物铃声和壁纸图片，并获得现场直播的新闻。这是一个突破性的时刻，也是一个信息和通信技术促进发展（information and communication technology for development，ICT4D）的激动人心的时刻。2003 年也标志着我自己的组织 kiwanja.net 的诞生，通过这个组织我开始公开分享我的工作。第二年，我参与撰写了最早的有关移动技术在保护和发展工作中的潜力的报告，正是在这期间，项目的想法产生了。

颠覆性的基层短信

在多次实地考察布什巴克里奇（Bushbuckridge）的过程中，公园管理部门联系了我。布什巴克里奇是南非克鲁格国家公园东部边界的一个地区。他们试图确定是否可以使用短信更好地与公园周围的社区沟通。电话远非无处不在，但它们正在出现，该地区的手机覆盖率也在不断扩大。经过研究，我找到了一些信息传

图 0.2 布什巴克里奇：FrontlineSMS 背后的灵感

递工具，但这些工具需要互联网接入和信用卡才能工作，而克鲁格的工作人员无法使用这些工具。我告诉了他们这个坏消息，又回到了日常工作中。

直到 2005 年 1 月，我才想到了一个解决方案，这是在看周六晚上的足球比赛时突然想到的。我想知道是否可以用电缆将手机连接到笔记本电脑上，并使用软件通过手机而不是互联网发送和接收群发信息。我记下了一些笔记，画了一张图表，第二天早上就上网搜索相关信息。似乎不存在“离线”信息平台，当然也没有针对我心目中的基层用户。进一步的搜索显示出“海斯调制解调器”命令需要指示电话发送信息，然后进一步的命令告诉我如何读回信息。“易趣”（eBay）是我的最后一站，在那里我找到了一个供应商出售的诺基亚 6100 手机和另一个供应商出售的电缆。安全订购后，我继续度过周末剩下的时间。几天后，包裹到了，我的关键时刻也到了。幸运的是，我以前使用过通信设备，所以配置一切都是天性。完成后，我打开了“终端”，这是一个所有视窗电脑都有的通信程序，并要求手机回答是否在那里。“好的”清晰地出现在笔记本电脑屏幕上。很好。接下来，我发送了三个命令，要求它向我旁边的手机发送短信，然后等待。几秒钟后，我的手机发出嘟嘟声。奏效了。我回复了短信，并让笔记本电脑要求手机通过电缆发送收件箱中的任何信息。我的回答出现在笔记本电脑屏幕上。这是一个真正令人高兴的时刻，尽管从技术上来说这一点并不难做到。我开始想象基层非政府组织能够向人群发送大量短信，然后通过我即将编写的软件对回复进行处理和分类的可能性。

那一周，我匆忙拼凑了一份两页的提案。我不需要太多的钱，但确实需要一台用于开发的笔记本电脑、几部电话、调制解调器和电缆，以及编写程序的VisualBasic.NET编程环境（和几本书来帮助我思考该怎么做）。凯伦·海斯（Karen Hayes）和西蒙·希克斯（Simon Hicks）是来自泽西动物园的朋友，他们帮助我从两位前“沃达丰”（Vodafone）董事那里获得了一点启动资金——足以购买我需要的设备——到了夏天，我已经准备好开始编码了。

我需要一个安静的地方来集中注意力，所以我跟着现在的妻子去了芬兰（她出生的地方）。当她在那里做暑期工作时，我做了一些项目。经过大量的试错和自我学习——我以前从未编写过视窗应用程序，更不用说需要与手机通信的应用程序——我最终不仅找到了工作，而且工作得非常好。在接下来的几周里，我不断完善这个软件。在意识到它可能对我在伦敦的巴士之旅有所帮助后，我添加了一个“自动回复”功能。2005年10月，这个软件改名为FrontlineSMS，并可以按照我的想法运行，网站（也是我写的）也已经上线。我把它推向世界，然后自己回到日常工作中。

FrontlineSMS 运用于这个世界

FrontlineSMS仍然是我的一个业余爱好，自开始以来就一直如此。当时我的有偿工作是测试手机的操作系统。我特别擅长发现错误和破坏设备，正因为如此，当程序员和工程师们试图弄清楚我做了什么的时候，我发现自己经常有很多时间。我充分利用等待的时间搜索并发电子邮件给我能在网上找到的所有人，那些对在世界范围内保护和发展技术，尤其是对移动电话的使用感兴趣，并愿为之工作的人。

我给他们每一个人都推荐了FrontlineSMS。一些人下载并试用了它，一些人与他们认识的潜在用户分享了FrontlineSMS，一些人对此发表了博客和文章。我坚持不懈地拓展自己的领域，这贯穿了整个项目的历程。

消息传得又快又远。人们似乎很快就“明白”了FrontlineSMS是什么，以及我编写它的原因。两周之内，我找到了我的第一个用户，津巴布韦的一个叫“库巴坦纳”（Kubatana）的民间社会组织。他们立即部署了FrontlineSMS，以帮助穆加贝政权统治下的社区获取新闻和信息。我惊喜地看到，植入国家专用区的想法被用于实际。这一早期趋势仍在继续，在最初的几年里，各种形式的行动主义代表了大多数的重要用途。

各种有趣的用途不断出现，从咖啡价格到亚齐（Aceh）的农民，再到阿富汗实地工作者的安全警报。我知道发生了什么，因为我编写软件的方式意味着潜在用户必须联系我获取激活码，软件才能完全运行。[顺便说一句，激活码是著名传教士大卫·李文斯顿（David Livingstone）在非洲旅行时访问过的地方的当地名称。]要求在专门且核心的软件开发和活动家社区中注册，这一点非常不受欢迎，但是我意识到我必须知道谁正在使用它，以及为什么和在哪里使用它，如果我能够分享他们的故事（假设他们愿意被分享），并继续根据用例添加有用的功能，并修复程序错误。尽管出于正当的原因，我早年的做法受到了质疑，但是我依然坚持自己的立场。这个项目没有得到任何人的资助，所以我没有资助者或合作伙伴。保持"独立"是其最终成功的关键。几年后，当渴求证据的资助者来到现场时，我关于激活码的决定得到了验证。

随后而来的尼日利亚选举

2007 年，事情很快有了进展。前一年，我被斯坦福大学录取为访问学者，指导和支持其他致力于技术驱动社会变革的社会企业家。具有讽刺意味的是，当我申请的时候，他们并不太重视 FrontlineSMS，所以我不得不在空余时间继续这项工作。

尽管如此，访问本身还是有几分幸运的。一名 2005 届的研究员埃里克·桑德洛夫（Eric Sundelof）就用我的信息软件联系了我，虽然他最终没有在工作中使用它，但他认为他参加的路透社数字视觉研究员项目（Reuters Digital Vision Fellows Program）非常适合我。于是，我同意了，并且申请了，但是被拒绝了。这不是我第一次感到非常失望了。我等了几天，然后回复了一封精心制作的电子邮件，描述了我能为其他研究员提供哪些帮助。

当斯坦福改变主意的时候，我正在路上。为了省钱，我住在一辆停在校园周边的大众露营车里。随着资助者的加入，这成了一件可笑的事情。但是，这不仅让我能够节省有限的经费——访问学者是无偿的——而且住在货车里也能让我保持专注和"真实"。

到了 2007 年 4 月，FrontlineSMS 有了越来越多有趣的用例，但是随着它两周年纪念日的临近，其下载量还不到 100。简而言之，它并没有轰动世界。我考虑停止工作，开始把注意力转移到其他项目上。但是，半夜打来的一个电话以及

BBC Sign in News Sport Weather iPlayer TV Radio More... Search BBC News

NEWS BBC NEWS CHANNEL

News Front Page
World
UK
England
Northern Ireland
Scotland
Wales
Business
Politics
Health
Education
Science & Environment
Technology
Entertainment
Also in the news

Video and Audio

Have Your Say
Magazine
In Pictures
Country Profiles
Special Reports

Related BBC sites
Sport
Weather
Democracy Live
Radio 1 Newsbeat
CBBC Newsround
On This Day

Page last updated at 12:17 GMT, Friday, 20 April 2007 13:17 UK

E-mail this to a friend Printable version

Texts monitor Nigerian elections

Anyone trying to rig or tamper with Saturday's presidential elections in Nigeria could be caught out by a team of volunteers armed with mobile phones.

The Network of Mobile Election Monitors (NMEM) will use SMS to feedback their observations to a central computer hub.

Voting will decide who will succeed Olusegun Obasanjo.

The collected text messages will then be passed on to other monitoring groups and authorities including the EU.

NMEM hopes the system will stop fraud, especially in areas considered too dangerous for other groups to enter.

"We want to set a precedent," said Emauwa Nelson of the Human Emancipation Lead Project, a Nigerian NGO that helped set up the project.

"We want people to know that if they are trying to rig the election, there could be someone behind them and that person may send a text message saying what happened."

Democratic process

Voting is due to take place on Saturday to elect a new president to succeed Olusegun Obasanjo.

NIGERIA - TROUBLED GIANT

LATEST NEWS
- Nigeria vice-president confirmed
- Nigeria militant backs Jonathan
- Dubai 'frees' Nigeria ex-governor

ANALYSIS

'Sham' democracy
President's death highlights shady politics

- Presidential race begins
- Profile: Namadi Sambo
- Profile: Goodluck Jonathan
- Obituary: President Yar'Adua
- 'I burnt my friend's house down'
- Ribadu tells of corruption battle
- Debate: Is Nigeria a failed state?

DEADLY DELTA

Peace at last?
Guns handed in but future still murky in Nigeria's oil region

图 0.3 突破时刻：英国广播公司网站上的 FrontlineSMS（通过 news.bbc.co.uk）

第二天发来的一封电子邮件让我的注意力转移了回来。它来自一个自称为“尼日利亚移动选举监督员”（Nigerian Mobile Election Monitors，NMEM）的团体。距 2007 年尼日利亚总统选举还有几个星期，他们将使用 FrontlineSMS 来进行公民监督。随后发布了新闻稿。兴奋消退后，我最初的反应是他们一定是疯了。但他们是认真的。不管怎样，如果他们要这么做，我想，至少我能帮他们推广。毕竟，越多的人听到这个消息，他们就会发越多的短信。（此外，在尼日利亚待了一段时间后，我对尼日利亚的所有事情都有些好感。）我把新闻稿推给了几个人，包括我在英国广播公司有熟人的好朋友比尔·汤普森（Bill Thompson），他回应了我。投票开始前不久，英国广播公司网站上的一篇关于选举的文章中出现了 FrontlineSMS。事情开始变得不同。

敲敲门

我一直相信，如果你做好事，金钱会随之而来。确实如此。因为尼日利亚选举在移动和活动社区中取得了进展，所以麦克阿瑟基金会（MacArthur

Foundation）联系了我。他们资助了200 000美元，让我进行一次大规模的修改，建立一个更新、更好的网站，但是他们首先需要证据来证明FrontlineSMS在尼日利亚以外的地方得到了应用。幸运的是，我坚持收集用户的信息，这意味着我可以和他们分享一些很棒的案例研究。够了，资金到位了。

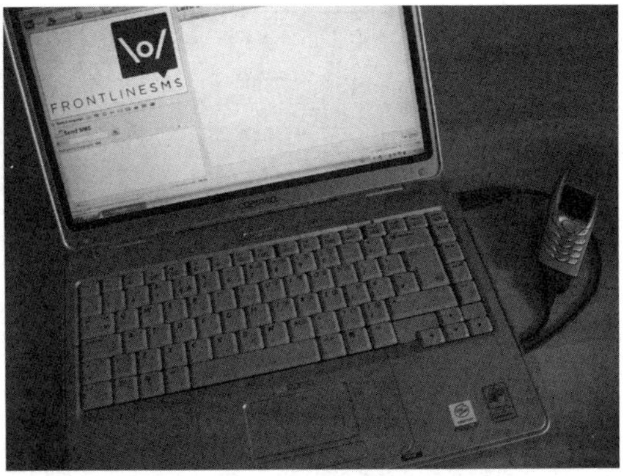

图 0.4　重新推出的 FrontlineSMS，带有新标志

不过，我还在斯坦福，麦克阿瑟基金会坚持说资金必须要通过他们流转。我获得了“访问学者”的身份，并在访问结束后又呆了一年，在办公桌前和货车里继续FrontlineSMS项目。

斯坦福大学花了35%的钱来获得处理这笔赠款的特权，但我仍然有足够的钱来建立一个坚实的新版FrontlineSMS，而全球广告代理机构“维登+肯尼迪”（Wieden+Kennedy）已经提出合作项目的想法，所以他们以非常低的价格创建和设计了新网站，并给了我们一个极好的新标志和品牌。

项目的重新启动进展顺利，用户群持续增长，各类部署接踵而来。阿塞拜疆选举使用FrontlineSMS来帮助动员青年投票，在肯尼亚它被用来报告大象造成的围栏破损，它还被运用于菲律宾海外工人（Overseas Filipino workers，OFW-SOS）紧急援助热线，使工人能在个人紧急情况下获得即时援助。它被作为Ushahidi绘图平台的一部分，部署在刚果民主共和国（本书后面将更多涉及），通过短信收集暴力报道；它被部署在乌干达“格拉明技术中心”（Grameen Technology Center），与其乡村电话网络进行通信；它被应用于柬埔寨和萨尔瓦多的项目中，以帮助其增加农业市场的透明度；在一些国家中，它被运用于“幸存者联系”（Survivors Connect），以在弱势群体中运行反贩运报告系统。名单还在继续增加。

成长的起伏

随着这种增长势头的确立，我发现越来越多的用户依赖我的支持，此外，演讲和写作的工作也随之增加。

图 0.5　在“国家地理”总部演讲：职业亮点

金融可持续性的挑战首次出现。虽然我以前把 FrontlineSMS 作为一个辅助项目来处理，但它逐渐开始占用我越来越多的时间。有些东西必须付出。

我用完了麦克阿瑟基金会捐助的钱，这让人们质疑未来是否会有增长。斯坦福大学社会学和政治学教授、胡佛研究所（Hoover Institute）的一名高级研究员拉里・戴蒙德（Larry Diamond）写信给离校园不远的休利特基金会（Hewlett Foundation）。

拉里已经成为强大的支持者和朋友，他认为 FrontlineSMS 是他所在领域的一项重大创新。休利特基金会后来回复并给予该项目 40 万美元的资助。事情真的开始改变了。休利特基金会也很乐意直接给我资金。

幸运的是，几个月前，我建立了自己的“501c3 免税美国基金会”（501c3 tax-exempt US foundation），期待进一步的资助。2008 年夏末，我卖掉了大众面包车，回到了英国，获得了两年的资金。

在接下来的几年里，资金的流入与奖励和认可一样多。开放社会研究所（The Open Society Institute）、洛克菲勒基金会（Rockefeller Foundation）和奥米迪亚网络（Omidyar Network）共捐助了约 100 万美元。

研究金和奖项来自“新兴科技”（Pop Tech）、“科技奖”（the Tech Awards）、“国家地理”（National Geography）、Ashoka、柯里斯通（Curry Stone）、皮希格蒂奖（the Pizzigati Prize）、世界技术网络公司（the world Technology Network）、剑桥商业杂志（Cambridge Business Magazine）、皇家文艺学会（the Royal Society of Arts）和苏塞克斯大学。FrontlineSMS 已经成熟，并开始成长。我们有员工和办公室，并且正在变成一个成熟的组织。

用户，各地的用户

除了计划的事，其他事情也开始有组织地进行。我在斯坦福大学遇到的学生乔希·内斯比特（Josh Nesbit）在马拉维（Malawi）的一家医院里使用了FrontlineSMS技术，取得了巨大的成功，这在移动医疗领域掀起了一股热潮。

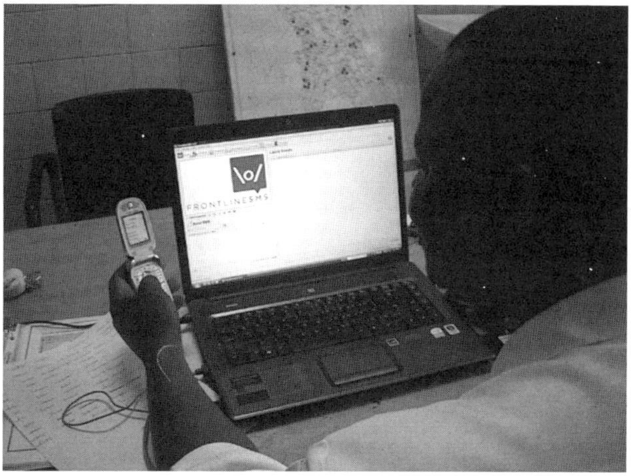

图 0.6 马拉维圣加布里埃尔医院（St Gabriel's Hospital）里的FrontlineSMS

他的项目发展壮大，成为FrontlineSMS医疗，后来是移动医疗。本·莱昂（Ben Lyon）为移动货币行业开发了一种类似的改编，产生了FrontlineSMS信贷。随后出现了其他变体，包括FrontlineSMS广播、FrontlineSMS学习和FrontlineSMS法律。看到其他人在我创建的核心FrontlineSMS平台上构建新的、特定于行业的功能，这很有趣，有一段时间FrontlineSMS似乎无处不在。

FrontlineSMS的受欢迎程度开始反映在数字上。FrontlineSMS的下载量很快达到数十万，活跃的国家数量超过170个，从使用中受益的人数超过2 000万人。

用户开始通过使用该平台赢得奖励和资金。现在正在发生的事情生动地证明了几年前我说过的话——为什么我认为FrontlineSMS是特别的：

FrontlineSMS为人们提供了必要的工具，来创建他们能有所作为的项目。它使发展中国家的创新者和组织者能够通过自己的聪明才智充分发挥潜力。

成长的痛苦和退出

伴随成功而来的是各种压力。2011年，对我来说一切都开始改变。我最初的愿望是创新性地将技术应用于基层发展，而现在我更像是在管理一个组织，而这并不是我真正想做的事情。

我不认为我特别擅长管理。在一次很长的交接之后，我的高级管理团队有效地为我管理了FrontlineSMS，而我宣布于2012年5月退出。这不是一个困难的决定。

我一直坚持认为，意识到自己的局限和意识到自己的优势一样重要。FrontlineSMS从我在剑桥的一居室公寓和斯坦福大学的大众露营车中发展出来，显然这个项目需要一整套全新的能力来把它推向下一个阶段。

我在最喜欢的博客文章之一——《滚石创新管理学院》（*The Rolling Stone School of Innovation Management*）中写道，滚石在它们的“职业生涯”中需要三个不同的“经理”，它们在成长的不同阶段需要完全不同的技能。有趣的是，FrontlineSMS 组织遵循着相似的轨迹，在技术、商业和组织层面有着不同的需求。

我当时写道：

正如“滚石”的例子所展示的那样，每个阶段都需要不同的技能，并且需要一个非凡的人才能成功地管理和交付每一个阶段。虽然我可能是第一阶段成功交付的合适人选——至少在合适的时间和合适的地点——但这并不意味着我是第二阶段或第三阶段的合适人选。建立一个成功组织的重要部分是组建一个具有互补技能的、有才华的多元化团队。找出差距，坦诚面对自己的优势和劣势是这个过程中的重要部分。

交接过程是惊喜和热情的混合。创始人很少离开他们的项目，在某些情况下会在过程中拖后腿，许多人把我们在 FrontlineSMS 的所作所为视为其他人效仿的榜样。

当我关上身后的门时（离开 FrontlineSMS），我发现自己重获新生。在离开后的几个月内，我开始了一个新项目——“方法交换”（Means of Exchange），我增加了咨询服务，并且正在计划一本新书。我继续广泛演讲和写作，并为一系列组织提供建议和指导。

我被邀请担任苏塞克斯大学国际发展大使，并被任命为英国政府国际发展部（Department for International Development，DFID）“数字咨询委员会”（Digital Advisory Board）的创始成员。在对非洲的正式访问中，我和英国首相一起旅行，并获得了 TED 奖提名。那些早期对意义和目标的奋斗似乎还有很长的路要走。

关于共情能力的一些话

任何与社会创业相关或对其感兴趣的人都会注意到围绕共情能力（理解和分享他人感受的能力）的辩论日益激烈。对我和我的工作来说，共情能力至关重要。二十年中，我花了大部分时间和非洲的基层非营利组织一起生活和工作，我觉得自己完全有必要帮助他们解决沟通问题。这给了我理解和领悟——是的，共情能力——这不仅对我给他们提供的解决方案至关重要，也增加了我在这些我试图帮助的人中的可信度。

根据 Ashoka 共情能力倡议：

“共情能力包括感受和理解他人观点的能力，以及关心他人福祉的行为能力。因此，共情能力需要许多不同的技能和才能：情感素养、视角把握、自我调节、沟通、解决问题，等等。对于个人而言，这种技能与推理、协作以及学术和专业表现的成功相关联。对社区来说，更强的共鸣能力促使解决冲突和合作变得更有可能。”

寻求为发展中国家社区面临的问题制定解决方案的社会创新者有很多，除了走出去与社区中的人共度时光，别无他法。如果解决方案想要成功，那么共情能力至关重要，而且真的没有捷径可走。这需要时间和努力。

也就是说，虽然我们应当鼓励人们帮助他人，但我们也需要确保尊重他人。我经常说，我们不应该为我们不理解的问题制定解决方案，我们不应该拥有一个不属于我们的问题，我们也不应该在数千英里之外制定解决方案，然后跳上飞机为他们寻找家园。在我花了大部分时间的 ICT4D 世界里，这是常会发生的事。良好的意图，但往往执行不力。

在《斯坦福社会创新评论》（*Stanford Social Innovation Review*）最近的一篇访谈中，我提出了这个观点。我的论点很受欢迎，但一位评论者问我关于“所有远离发展中国家问题的人应该如何利用他们的热情和时间做一些事情”的建议。我的回答是，每个地方都有问题，包括他们住的地方，最好试着解决其中的一些问题。如果真的想要帮忙解决“他人”的问题，那么他们真的需要去和这些人在同样的条件下一起生活一段时间。这本书里的每个社会创新者都直接接触他们决定解决的问题，以及那些受到影响的人。

社会创业教学存在的问题

在斯坦福大学时，我越来越多地接触作为学术学科的社会创业、社会创新和设计思维。我发现自己遇到了越来越多聪明的年轻人，他们希望能上大学，能够掌握自己认为的“走出去改变世界”所需的技能。

我有点吃惊。你不需要改变世界，不是吗？通常我会深入挖掘，问他们毕业后想做什么。像“我想成为一名社会企业家”这样的答案让我困惑。在这个混乱的、常常令人沮丧的社会创业的世界里，我认识的人中很少有人曾经明确地以成为社会企业家为目标。相反，他们偶然发现了一个问题、一个错误或者一个市场失灵，这些问题困扰着他们，以至于他们决定用一生中大部分的时间——可能不是全部的时间——来解决它。这极少是一个更加广泛的计划的一部分。

我遇到的许多学生都不太可能在学院或大学里经历不公正或市场失灵这个问题。没错，传授社会创新的机制可能会有所帮助，但前提是人们得找到一份能让自己充满激情的事业。拼命寻找能让你兴奋的事情可能是一段孤独而艰难的旅程。我花了足够长的时间去寻找。

我所见证的是社会企业家地位的日益制度化。我认为它在许多方面都没有帮助，更不用说它很容易被许多没有能力继续接受教育但是有积极性的年轻人视为障碍。不仅如此，它还暗示了社会变革是一个深思熟虑的过程，而事实上，社会变革远比这更混乱、更随机，本书中的许多案例研究都证明了这一点。你在课堂上不能学会如何成为一名社会企业家，你得在外面的世界中学习。

激情和目标是至关重要的，尽管学习社会创业的机制——商业计划和其中的“电梯游说”——比产生激情或帮助他人的强烈愿望要容易得多。你可能是最有资格解决某个特定问题的人，但如果你找不到它，那就没什么用了。寻找目标通常是这个过程中最艰难的部分，除了离开你的舒适区，走出去，没有其他捷径可走。毕竟，你不会在伦敦、巴黎或纽约体验到“第三世界”的产妇护理，但如果你跟随劳拉·史黛西（Laura Stachel），在西非的产科病房度过艰难的时光，你就会体验到。在这本书的后面，你可以读到更多关于劳拉工作的内容。

虽然社会创业机制是重点，但我遇到的大多数有抱负的社会创新者都想要听案例。当然，他们想知道一些理论，也许是一些关于技术的理论，但是最能引起他们共鸣的是解决方案的背景、解决的过程，以及背后的创新者在哪里获得了动力和动机。他们想产生共鸣，去更接近可能性和潜力，并知道自己成为创新者的样子。他们想带着“嗯，他们做到了。为什么我不能？”离开。

方法上的差异归结为“机械论与激励”的对抗。“机械论”的中心是商业模式、对数据和度量的追求，以及对规模和测定影响的痴迷。许多表格、数字、图表和理论——这些东西在大多数人的动机量表中得分很低。“激励”是建立在现实世界的例子、灵感和一种“因为别人已经做到了，所以任何事情都是有可能的”的信念之上的。这就是为什么我们选择出版一本案例研究书，而不是对“社会创业”的深层功能分析。毕竟，创新者很少会在发现新的度量标准、商业模式，或展示、收集数据的新方式时发出“哈哈”声。这是一种认知，即一个问题可以得

图 0.7 德斯蒙德・图图大主教和托里・霍根（Tori Hogan）与学生分享鼓舞人心的变革故事
图片来源：埃文・斯温哈特（Evan Swinehart）/Unreasonable at Sea

到解决，并以一种新的方式得到解决。这些答案通常来自行动和体验。“这个人为什么在那里，他们是如何到达那里的，以及他们突然看到了什么并给了他们重要的想法”，这些问题的背后总有一些故事。你会在这本书里找到这些故事。

激情的力量

创新和创业始于激情，所以我们应该更加关注这一点。我们可以通过谈论自己的兴趣、激情和故事来提供帮助——我们大多数人都有的故事——而较少谈论机械方面的东西（顺便提一下，其中包括一些我们发明的实际技术）。

我认为，这就是为什么人们更倾向于与成功的个人产生共鸣，而不是与更大的组织产生共鸣。在我成为“科技奖”（Tech Awards）获得者的那一年，十几个人——而不是公司——因为努力让世界变得更美好而获得了奖励。

如果他们都生活在资源丰富的企业环境中，对他们成就的颂扬就不会那么值得注意了。日常生活中人们的创新往往是出于稀缺性，而非偶然性，这才是真正让人兴奋的地方。也许他们能和创新联系起来的事实也会有一点帮助。

阿尔・戈尔（Al Gore）在“科技奖”颁奖晚会上发表了讲话。在 30 分钟的演讲后，不管人们是否同意他的观点，没有人会怀疑他对气候变化事业的热情和承诺。他几乎没有提到科学的复杂性，但这是一个激励人心的演讲。不知何故，如果他将重点放在技术上，我怀疑他连一半的影响力都不会有。阿尔·戈尔的主要成就之一就是选择了一个复杂的主题，并使其易于理解。

我们需要在创业、社会创业、技术和创新方面也这样做。这些学科需要揭开神秘的面纱，而这一系列的案例研究是我们为使这门学科对学生和有关人员更具相关性和可接受性所做的贡献。

关于这本书

当然，我们并不缺乏有关社会创业的书籍。作者们在试图剖析他们的作品之前，通常会将社会企业家置于专家的聚光灯下——有时甚至会采访他们，但不总是这样做。

对专家认为有效和失败的东西进行分析，应用各种理论给予他们的评论学术可信度。令人惊讶的是，最常被忽略的是创新者自己的声音，偶尔引用的话被认为是对从事实际工作者的合理报道。虽然专家分析有所帮助，社会企业家的声音和故事更有说服力。这本书是解决这种平衡的一次尝试。

你在这里看到的12个案例研究涵盖了多个地方的多种问题领域。每一项社会创新的创始人都分享了自己的故事——他们的背景，他们是在哪里长大的，以及他们是如何认定这有助于他们胜任以后的工作。

他们分享遇到的问题和自己的分析，以及他们的解决方案为什么有效和重要。你会读到他们对发现问题的反应——或者问题发现他们的反应——以及他们如何着手制定解决方案，然后通过构建一个组织来支持解决方案。

你会听到他们对必须做出的关键决策的想法——其中包括资金、可持续性和组织结构——以及他们如何判定所做工作的影响力。他们分享作为社会企业家生活的高潮和低谷——什么对他们有用，什么没用。

他们对短暂的成功和名声没有浮夸的描述，而是描述社会创业中经常说不出的混乱和令人沮丧的一面。最后，他们回顾了过程中所学到的经验教训。在你解构他们的工作时，你可能会考虑问自己一些问题，并提供你的专业分析。

你可能会注意到，这些案例研究没有按主题或地理分类，这是许多其他书籍可能做过的事情。相反，这些故事的呈现方式提供了更好的发现的机会。

太多的社会创新部门各自为政，卫生创新者与其他卫生创新者交往，政治活动家与其他政治活动家交往。因此，尽管如果卫生专业人员和政治活动家在同一

表 0.1 案例研究矩阵

案例分析	原产国	运行区	部门	解决方案
我们关心太阳能	美国	非洲/全球	健康	科技
数码共融中心	巴西	南美洲/全球	连接	科技/人类网络
I-MAK	印度	印度	法律/专利	法制
可视化的影响	巴勒斯坦	中东	主张	数据可视化
Magpi	美国	全球	健康	科技
食物循环	英国	英国	食物匮乏	人类网络
Ushahidi	肯尼亚	全球	能动性	科技
气功按摩治疗自闭症	美国	美国	健康	推拿
美国难民	丹麦	全球	人道主义	科技/人类网络
行星阅读	印度	印度	教育	电影字幕
突尼斯梦想	突尼斯	中东	环境	人类网络
遗传联盟	美国	美国	健康	遗传

个房间里，他们很有可能会向对方学习，但相互交流思想和解决方案的机会往往有限。“伊甸园计划”（Eden Project）的创始人蒂姆·斯密特（Tim Smit）曾经告诉我，你应该每年至少参加一次完全超出你通常的工作和兴趣领域的会议。

我们希望你能在这本书里发现案例研究，那些你可能不会被吸引的案例。不管你自己特别关注或感兴趣的领域是什么，你都很有可能从一个完全不同的领域的案例研究中学到一些东西——比如，巴勒斯坦的数据可视化、尼日利亚产科病房中太阳能技术的发展，或者美国自闭症按摩。我们要对无论来自哪个领域的解决方案持开放的态度。

给未来创新者的一些建议

尽管大量的关注和资金被投入社会企业家及其想法中，但许多错误往往会一次又一次地出现，并且会经常产生潜在的负面影响。

有趣的是，同样的问题也适用于国际发展。在过去的 20 年里，我把大部分时间都集中在国际发展上。挖掘许多人认为表现不佳的行业的潜力是我经常被问到的事情，并且这已经成了我的一项使命。

这些努力最近在制定“资助者章程”（Donors Charter）时达到了高潮。我决定把重点放在资助者身上，因为在我看来，社会创新者犯的大多数常见的错误都是在他们开始项目前犯下的。我认为，提高资助者对这一点的认识可能意味着，在项目被适当地考虑和规划之前，资金不会及时到位。

为什么需要像“资助者章程”这样的东西呢？由于缺乏制衡机制，我们如今是一个充满复制、小规模试点失败、保密和接近零水平协作的社会部门。这不仅会对其他计划不周的方案产生负面影响，还会使事情变得更糟。最重要的是，它让最终用户感到难以理解，例如，他们本应该理解最终提供的大约 100 种移动数据收集工具。为许多人提供资金的政策属于一个更早的时代，它寄希望于会出现一个所谓的“百花齐放”的场景。今天，我们充分了解哪些是可行的，哪些是不可行的。

如果你对一个项目或倡议有想法，我希望你在继续之前先问自己以下 12 个问题（这构成了“资助者章程”的基础）。这些是你应该被问及的问题，如果你正确地考虑了你的想法，你应该能够回答。

初步问题

1. 你明白你想解决的问题吗？你见过、经历过或目睹过这个问题吗？你为什么要解决它？

2. 还有什么方法可以解决这个问题？你有没有寻找现有的解决方案？

3. 你发现的任何东西都可以用来解决这个问题吗？

4. 你有没有和处理同样问题的人交流过？协作可能吗？如果没有可能，为什么没有？

5. 你的解决方案在经济、技术和文化上合适吗？

实施问题

6. 在开始实施计划前，你是否进行过基础研究来了解问题的规模？你是否能通过这些“以前”的数据来衡量你的项目成果？

7. 你是否会与当地的人员和组织合作来实施你的计划？如果没有，为什么没有？

8. 你是否充分利用了这些当地合作伙伴的技能和经验？你是怎样利用的？

评价和实施后问题

9. 你打算如何衡量你的影响？你如何知道项目是否会成功？

10. 你打算扩大或缩小这种影响吗？如果没有，为什么？如果是，怎么做？

11. 你的业务 / 可持续发展模式是什么？

透明度问题

12. 为了提高透明度和更开放地共享，你是否愿意将项目提案的摘要和任何未来的进度总结报告发布在网上？

我相信，如果你计划开始一个项目，并对人们的生活产生影响——在这个过程中消耗宝贵的资金——那么希望你已经考虑好你首先要做什么。

你不仅可以在某个地方拯救一个充满痛苦和失望的社区，最终还可以帮助资助者更好地计划他们的资金，为自己节省大量失败的时间和精力——你可以用这些时间和精力去做一些最终会更有影响力的事情。

更广泛地说，我通常会给那些想让世界变得更美好的人提供以下额外的建议：

1. 不要竞争。有很多贫困可以消除。

2. 不要着急。按照自己的方式发展你的想法或项目。

3. 不要假设你需要资金才能发展。在接触资助者之前，尽你所能，先证明你的想法。

4. 志愿者和实习生可能不是解决人力资源问题的灵丹妙药。找到跟你一样热情并且愿意免费工作的人可能既省时又有挑战性。

5. 坚持不懈。追求并最大限度地利用每一个机会来提升工作。

6. 抑制自我。保持谦虚，保持好奇。

7. 记住，对大多数人来说，网站是你和你的想法的主要窗口。

8. 学习何时说“不”。控制期望，不要要求过高。

9. 避免被你所在行业的政治拖累。为更重要的事情节省精力。

10. 学会做你付不起钱让别人去做的事情。

11. 对激励你的价值观持开放态度。人们会因此尊重你。

12. 即使这不符合你的最大利益，但是如果对解决问题最有利，那就合作吧。

13. 充分利用你的人际关系网。记住，身处其中的好处并不总是立竿见影的。

14. 记住大局，记住你试图解决的问题一定比一个人或组织大。

15. 不要为了寻找激情而质疑自己。你会在最不可能的地方找到它，如果你不质疑自己，它很可能会找到你。

16. 在一张大纸上写下你的价值观和激励你的名言，然后贴在墙上。每天早上看它，提醒自己为什么要做你正在做的事情。

17. 最后，努力成为一个好人，成为他人的榜样。如果你真的成功了，记住回报的重要性。我们都是从头开始的。

讨论题

1. 激情在社会创业中有多重要？

2. 你对社会企业家的定义是什么？不是普遍认同的定义有没有关系？

3. 你对“资助者章程”中的问题有什么看法？它们会让你更多地考虑你想开展的项目吗？有什么问题吗？

4. 你认为共情能力在社会创业中的作用是什么？这是绝对必要的，还是可有可无的？

5. 你如何看待肯·班克斯辞职的决定？你能想到其他社交企业创始人离职的例子吗？这对他们来说是正确的吗？

6. 你同意许多社会创新者是在闭门造车的说法吗？如果是这样，我们可以用什么方式鼓励他们伸出手，向其他学科学习呢？

7. 你认为商业在社会创业中的作用是什么？

延伸阅读

你可以在 www.koganpage.com/socialenterpreneurship 上找到更多关于本章的材料。

网址和文章

Ashoka Empathy – empathy.ashoka.org [accessed 10 December 2015]

Donors Charter – donorscharter.org [accessed 10 December 2015]

Ken Banks' website – kiwanja.net [accessed 10 December 2015]

Ken Banks' National Geographic profile – nationalgeographic.com/explorers/bios/ken-banks/ [accessed 10 December 2015]

Article on Ken's stepping back – clearlyso.com/a-lesson-from-rock-aristocracy/ [accessed 10 December 2015]

General anthropology resource – discoveranthropology.org.uk/ [accessed 10 December 2015]

Social innovation incubator – scu-social-entrepreneurship.org/gsbi [accessed 10 December 2015]

The Unreasonable Institute – unreasonable.is [accessed 10 December 2015]

视频

video.nationalgeographic.com/video/news/ken-banks-es

currystonedesignprize.com/winners/frontline-sms/

Tech Awards – youtube.com/watch?v=XrtN7rtJrfM

Founders Forum for Good – youtube.com/watch?v=aLM5tHouOcg

poptech.org/popcasts/josh_nesbit_mobile_healthcare

ted.com/talks/jessica_jackley_poverty_money_and_love

文章

Doing Good Better: Effective Altruism and How You Can Make a Difference – William MacAskill

The Top Five Regrets of the Dying – Bronnie Ware

More Human: Designing a World Where People Come First – Steve Hilton

The Myths of Innovation – Scott Berkun

Poor Economics: A Radical Rethinking of the Way to Fight Global Poverty – Abhijit Banerjee and Esther Duflo

01 太阳能系统的奇迹

我们关心太阳能（We Care Solar）——劳拉·斯塔切尔（Laura Stachel）

产科医生劳拉·斯塔切尔在尼日利亚国立医院度过了两周的时间，这两周使她清楚地知道了自己的使命。她正在研究尼日利亚的孕产妇死亡率为什么如此之高——23 名妇女中就有 1 人在生育期间死于与妊娠有关的并发症——她对亲眼所见之事感到震惊。大多数准妈妈带着严重的并发症来到医院，但是医院零星的电源供应只能使分娩在近乎黑暗的地方进行。医院的通信员找不到医生，出血的妇女不能接受输血治疗，紧急手术被推迟或者取消。妇女和婴儿死于一些在美国只需做常规治疗的疾病。

对劳拉来说，她不能接受妇女和儿童因为缺乏电力而死在医院。她和她的丈夫，太阳能教育家哈尔·阿隆森（Hal Aronson）一起发起了“我们关心太阳能——女性紧急通信和可靠电力”（We Care Solar–Women's Emergency Communication and Reliable Electricity）的计划。他们最初的目标是改善一家医院的条件，但是当周围的诊所请求为它们的待产室提供太阳能时，“我们关心太阳能”计划需要进一步的解决方案。

劳拉带着便携式太阳能电箱回到了尼日利亚：高效率的 LED 灯、对讲机，为医疗提供照明的、强大的电能装置以及移动通信。媒体的报道和关注引发了国际上对太阳能手提箱的需求。

起初，劳拉、哈尔与志愿者一起组装太阳能手提箱，通过小额捐款来提供资金。为了满足日益增长的需求，劳拉建立了一个核心团队和一个广泛的伙伴关系网络，以解决太阳能手提箱的区域部署问题。现在，“我们关心太阳能”公司将太阳能手提箱送到一英里内的健康中心，以增加孕妇和新生儿的生存希望。他们分发了 1 500 多个太阳能手提箱，在非洲和亚洲的几个国家率先开展了大型项目，因为他们坚信，不应该有妇女死于分娩。

为什么是我

在美国的产科实践中，我喜欢参与分娩的过程，并认为能与分娩的亲密关系融为一体是一种幸运。我的职责是支持和赋予我所关心的女性权利。在分娩的过程中，我经常想象妇女的祖先，她们都生育了下一代，这一刻就到来了。

直到我在尼日利亚一家医院昏暗的产科病房里待了一段时间，我才开始与医学上所称的“产妇死亡率”的复杂性进行深刻的斗争。一名女性在分娩中死亡。对于大多数孕妇来说，这个概念是过时的，但是在发展中国家，尤其是撒哈拉以南非洲地区，每天会发生数百起因分娩并发症导致的死亡。

作为一名产科医生，我接受过如何解决怀孕和分娩问题的培训。我分析我的所见所闻，并制订行动计划。但我第一次去非洲时遇到的问题——不稳定的电力、由于照明差和缺乏移动通信而导致的手术延误、医疗器械短缺、人手不足和培训有限——都具有系统性故障的特征。孕产妇陷入了困境，原因远远超出了我所能提供的任何医疗技术。贫穷、缺乏基础设施、性别不平等、文盲和政治都对孕妇的健康和生存不利。在医院内，缺乏可靠的电力是提供有效孕产妇护理的主要障碍。

我从来没有想过要成为发展中国家的社会创新者，更别说是提倡将太阳能用于孕产妇护理中了。但当我目睹妇女们在尼日利亚分娩时努力求生的情景，以及卫生工作者在昏暗的产科病房中尽力提供护理的场景，我知道我不能对这个问题置之不理。

我的背景

我人生的第一个爱好是音乐和舞蹈。17 岁的时候，我进入欧柏林音乐学院（Oberlin Conservatory and College）学习钢琴演奏和现代舞。我全身心地投入练习，每天在音乐学院和舞蹈室里待 8 个小时。

在大二的时候，医生发现我的卵巢有异常。如果不做手术，他就无法辨别这是不是癌症。当我被推进手术室做诊断手术时，医生告诉我：“如果是癌症，你醒来后会发现身上缠着绷带，所有的生殖器官都会被摘除。如果是良性的，就只会有一小块绷带。”

在康复室里，我伸手摸了摸肚子，然后睁开了眼睛。一个小绷带。我没有失去卵巢。但是手术引发了我的很多疑问，多到我的妇科医生开玩笑说：“如果你有这么多问题，为什么不去当医生呢？”

这是我从未有过的想法，但这个想法引起了我的共鸣。医学可以让我融合父亲（科学家）和母亲（临床社会工作者）的特质。在大三的时候，我离开了熟悉的音乐和舞蹈工作室，参加了第一堂科学课。医学与钢琴和舞蹈相去甚远，但是事实证明，我在艺术领域养成的习惯对学业很有帮助。我和医学院预科生一起学习，他们能理解那些对我来说完全陌生的公式和概念。这是一场旷日持久的斗争，但我坚持不懈。

我对医学和医疗保健的兴趣更浓了。我积极参与探讨欧柏林校区的女性健康问题。我成了学院“性信息中心”（Sexual Information Center）的志愿同行辅导员，与人合修了“女性健康护理的历史与政治”（History and Politics of Women's Health Care）课程，在全校组织健康教育活动，并与欧柏林学院健康计划委员会（Oberlin College Health Plan Board）合作，增加学生获得生殖健康服务的机会。这些在卫生政策和教育方面的活动有着重要的作用。我的脑海里产生了一个想法——成为一名医生，医生就有能力在医疗体系中做出改变。

大学毕业后的那个夏天，我完成了医学预科的学业，在芝加哥大学的一个研究实验室里待了一年。我申请了美国各地的医学院，最后被旧金山的加利福尼亚大学录取。当我和同学们一起进行临床轮转时，我发现自己被精神病学和女性生殖健康（尤其是产科）所吸引。我也喜欢外科手术，我相信当时作为钢琴家的时光赋予了我灵巧的双手，这是手术室里的一项重要的财富。

在旧金山综合医院（San Francisco General Hospital），我有幸在经验丰富的助产士的指导下学习分娩过程，了解了自然分娩以及可能危及母婴健康的并发症。我有幸参与并见证了分娩的奇迹。当选择专业的时候，我选择了妇产科，我可以参与到生产过程中，也可以做手术。这个领域满足了我想在病人生命中重要而脆弱的时刻与他们进行深入交流的愿望。

我在加利福尼亚大学旧金山分校做产科住院医师—— 4 年不间断的训练，每周 130 个小时。当时人们认为，为了做好应对任何情况的准备，年轻的产科医生需要艰苦的工作，包括 36 小时轮班。这是为了让我们接触各种复杂的情况。作为一名实习生，我记得有一次我太累了，所以试图拒绝主管的要求——去帮助一台剖腹产手术。但是我被告知，如果拒绝，我就失去了将来获得宝贵的外科手术经验的机会。我的第一份全职工作是在加州奥克兰市一家先进的女性诊所里，我和助产士，还有护士一起工作。从我的临床实践开始，我就选择了助产模式——怀孕是一种健康状态，而不是传统的西方医学模式——怀孕是一个充满危险的时期。多年后，当我遇到一些孕妇死于妊娠和分娩并发症时，而我知道这些并发症不一定是致命的，所以这些事情让我感到很震惊。

随着事业的发展，我有了三个孩子，获得了怀孕和做母亲的第一手经验。我的孩子们意识到，他们的母亲可能会突然被叫出家门，去照顾一个正在分娩的妇女。和家人在一起的时间经常被紧急电话打断，我冲出家门。我的行医工作非常繁忙，成千上万的病人视我为他们的医生，他们知道一个例行的预约可能要等六个星期。我是一个有爱心的医生，在分娩过程中，我喜欢和病人交谈，也包括她们的家人，经常鼓励他们帮助分娩。

在我的实践中，有并发症的怀孕是不常见的，悲剧的结果更罕见。每天我的工作充满了快乐和幸福。

2002 年，我一直遭受背部疼痛的折磨，最终疼痛扩散到了脖子和胳膊，有时还会给手带来电击的感觉。在一次特别费力的接生分娩过程中，一阵剧痛撕裂了我的背部，我知道一定是出了什么问题。核磁共振发现了原因——我的颈椎有严重的椎间盘退变，神经压迫到右臂。我被告知，我必须停止预约，后来我完全停止了工作。

作为一名医生的忙乱生活戛然而止。我不需要关注成堆的图表，不需要参与急救室的咨询，黑夜里也没有电话提醒我即将到来的分娩。我是病人，我的工作就是让病情好转。在休假一年之后，很明显我需要一个能减轻身体压力的假期。我最初认为这是一次毁灭性的挫折，现在我认为这是我生命中最充实一章的开始。

我对人口健康有着长期的兴趣，并进入了加利福尼亚大学伯克利分校的公共卫生学院学习。熬夜上课不是一件容易的事，但我喜欢再次成为一名学生，并很高兴进入新的学习领域。通过每周的物理治疗，我的身体耐力得到了提高。四年后，当有机会参与咨询一个孕产妇健康研究项目时，我欣然接受了。当时，每年有 50 万妇女死于分娩，其中 99% 发生在发展中国家。

发展中国家的孕产妇死亡率

今天，全世界每年死亡的孕产妇超过 303 000 人，其中 99% 发生在不发达国家。当我第一次开始了解这个问题的时候，统计数据令人深省：每年有50万孕产妇死亡。大多数死亡发生在非洲和亚洲，多数发生在没有可靠电力的地区。尼日利亚的孕产妇死亡率是世界上最高的。尼日利亚的人口占世界的2.4%，孕产妇死亡率占世界的19%。孕产妇死亡的主要原因包括产科出血、难产、子痫和败血症。这些紧急情况并不总是可以预测的，也并不总是可以预防的。但如果有及时、适当和可靠的医疗护理，它们并不会导致死亡。农村和贫困妇女面临的风险最大。她们往往是文盲，无法获得产前护理，也没有熟练的助产士帮助。当这些妇女在家遇到并发症时，风险是巨大的。她们需要医疗设施专业人员的及时护理，以应对紧急情况。

不稳定的电力供应破坏了医院和保健中心里的外科病房、分娩病房、基本医疗设备和通信的功能，损害了卫生工作者为患者提供安全、适当和及时医疗服务的能力。分娩护士不能迅速地将紧急情况通知医生、助产士，医生也经常在没有必要的诊断测试或设备的情况下做出治疗决定。产科手术和急诊手术都是在非常不理想的条件下进行的，这可能会造成悲惨的后果。

开始行动

2008年，我获得了比克斯比人口、健康和可持续性中心（Bixby Center for Population Health and Sustainability）的研究奖学金，与尼日利亚北部的艾哈迈杜·贝洛大学医院（Ahmadu Bello University Hospital）里的医生一起工作。来自加利福尼亚大学伯克利分校的医学人类学家丹尼尔·珀尔曼（Daniel Perlman）是尼日利亚研究工作的带头人，他与我分享了由当地研究员进行的“死因推断”——就导致孕产妇死亡的一系列事件对家庭成员进行采访。阅读这些记录让我了解到处理这些需要紧急护理的孕妇所面临的挑战。他们列出的障碍被称为“三延误”，这是一个非常有用的框架，可以帮助我们了解产妇死亡率高的原因。

第一延误是家庭因素。在贫困、远离医疗设施的地区，通常没有决策权的农村妇女往往不愿寻求帮助，直到身体受到严重损害。从文化上讲，家庭的男性户主是决定就医的人，就医很可能会在医疗和交通上花一大笔钱。家庭在权衡这些因素时，会损失很多时间。交通工具是第二延误因素，因为寻找公共交通工具、汽车或摩托车来运输女性会浪费更多的时间。不过，最让我担心的是第三个因素。

根据尼日利亚的实地记录，许多因严重分娩并发症而寻求医疗护理的妇女在要求获得护理时被医疗机构拒之门外（多达4个或5个保健中心）。一些最终被送入适当机构的病人病情严重，医生几乎无法挽救她们的生命。但报告指出，卫生机构有时未能及时提供医疗服务。丹尼尔·帕尔曼希望在医院内部进行研究，以了解更多有关医院延迟诊治的情况。作为一名公共卫生学校的产科医生，我是唯一有能力提供帮助的人。我受邀与尼日利亚团队会面，并在尼日利亚一家医院进行参与者观察。

2008年3月，我登上了飞往尼日利亚阿布贾（Abuja）的飞机。这是我第一次来到西非，我渴望以某种方式运用我的产科知识。我不知道会发生什么。作为一名人类学家，丹尼尔建议我保持开放的心态，避免在访问前阅读过多的文献。我的工作是观察产科护理，并报告我了解到的东西。

我们从阿布贾驱车四个小时来到扎里亚（Zaria），扎里亚是尼日利亚卡杜纳州（Kaduna）一个以穆斯林为主的城市。丹尼尔向我介绍了研究小组“人口生殖健康伙伴”（the Population Reproductive Health Partnership）的主要成员——产科医生和家庭健康医生，他们致力于改善孕产妇健康的研究。很快他就把我安置在了科凡加延州立医院（Kofan Gayan State Hospital），这是一家位于扎里亚老城区边界的大型州立医院。

在金属门里，我注意到了医院的布局。每个医疗病房都有自己的大楼。大多数部门——妇产科、男性内科和外科、女性内科和外科以及儿科——作为美国医生我都很熟悉。我感到陌生的是“VVF”病房，里面住着患有膀胱阴道瘘的妇女——这是一种长期以来可怕的难产并发症。

为了研究，我去了产科病房——一个有着产房、妇产房和子痫房的单层建筑。产科病房有12张病床，分成两排，对面是护士站。新生儿与母亲同床。我了解到这家医院每个月有150例分娩，但死亡率很高。

我立刻被严峻的形势所震撼。产房里仅有四张裸露的金属分娩台、有限的产科器械设施、一个已经多年未使用的新生儿培养箱、一盏坏了的灯和两张破损的新生儿量表，再没有其他东西。没有床垫、床单、光亮或美国医院特有的电子监视器。最让人震惊的是，频繁的停电导致医院陷入黑暗，给医疗造成了巨大的障碍。

我了解到尼日利亚实行限电，在卡杜纳的公用电网每天只运行一段时间——最多12小时。医院有电的时候，医生就可以使用灯、冰箱、金属吸唾器和其他依赖电力的设备。停电时，医院就无法运作。

图 1.1　尼日利亚产科病房，护士在近乎黑暗的环境中工作

一个柴油发电机试图在晚上发电，但燃料昂贵，发电机只能谨慎使用。我没有预料到尼日利亚同事所面临的巨大挑战。晚上，我观察产科护理工作，无助地看着医生和助产士在近乎完全黑暗的环境中艰难地治疗怀孕妇女。昏暗的煤油灯是唯一的照明。没有电，医生不得不推迟剖腹产和其他挽救生命的手术。当产科病房处于黑暗时，助产士无法提供紧急护理，有时甚至会把病人赶出产房大门，尽管他们急需护理。最令人不安的例子是，一位分娩中的妇女深夜被抬到医院门口，她哭喊不止。她的血压非常低，推定诊断为子宫破裂，这是需要立即手术且危及生命的疾病。医院里一片漆黑，无法进行手术，也无法立即输血来挽救生命。助产士建议这家人到别处去寻求帮助，于是他们又被送回了黑暗中。很难想象她能活下来。一天晚上，我目睹的一件紧急事件让我走上了今天的道路。临产室里几乎一片漆黑，我坐在一个患了重病的子痫孕妇的床脚边。在她床边徘徊的家人说，她被送往医院时失去了知觉，在家中分娩时多次癫痫发作。虽然她在医院服用了一剂抗癫痫药物，但她又出现了抽搐。家人试图压住她的身体。癫痫发作结束后，她一动不动地躺着，呼吸减弱，我以为她已经死了。眼泪涌了出来。任何人都会为她感到不安，但作为一名产科医生，我无法忍受。子痫，虽然很严重，但仅仅是妊娠过程中的一种可治疗的并发症。我站在床边，感到无助。这个女人，还活着。我想到了所有像她一样的女性，她们都在默默忍受着痛苦，无法获得我一直认为是例行公事的救生护理。我发誓要改变这一切。我在给丈夫哈尔·阿伦森的一封电子邮件中描述了医院里绝望的状况。哈尔立即把注意力集中到了太阳能上，将其作为向医院供电的一种方式。

太阳能创新者的诞生

当我回到伯克利的家中时，哈尔为帮助尼日利亚医院设计了一个太阳能电力系统。他建议安装四个独立的太阳能电力系统，目标是对产妇生存至关重要的医院区域：产科病房、产房、手术室和实验室，我们将在那里安装太阳能血库冰箱。在每个系统中，太阳能电池板将产生电能，并把它储存在密封的铅酸电池中以供夜间使用。每个系统都有一个充电控制器来调节进出电池的电流，以及一个供电器使用的负载中心，其中包括 12V 直流电灯、对讲机充电站和其他设备的电源，比如手术室的金属吸唾器和病房的血库冰箱。通过这些系统，分娩中的妇女和护理者不用再不得不处于黑暗中。这个项目很吸引人，但我们需要资金。在加利福尼亚大学伯克利分校举办的一个全校性的比赛中，一项提供社会公益的技术能获得 12 500 美元的大奖。我从尼日利亚回来时离比赛截止日期还有 11 天，这极大地激励我起草了一篇论文，并让伯克利分校的另外两名研究生参与其中，她们是计算机科学与技术专业的梅丽莎·何（Melissa Ho）和能源集团的克里斯蒂安·卡西利亚斯（Christian Casillas）。我提交了一份白皮书，然后为我们的计划祈祷。几周后，我们得知我们的项目入围了 12 强。我们齐心协力为决赛准备了一张海报。我和梅丽莎，还有我七岁的女儿瑞秋（Rachel），在活动中穿着非洲服装，展示了一块太阳能电池板、对讲机和我在尼日利亚医院看到的场景的照片。我们的努力获得了荣誉提名奖，其中有 1 000 美元的奖金，但这不足以资助我的梦想。

比赛结束后，我垂头丧气地回到了尼日利亚，打电话给科凡加延医院的院长穆阿祖博士（Dr. Muazu），向他表示歉意。穆阿祖博士对此并不担心。他向我保证，你种下一粒种子，一棵大树就会从中生长。几个小时后，我接到了参加比赛的校园管理人员托马斯·卡利尔（Thomas Kalil）的电话。他问我项目需要多少资金。我知道我们的真实预算超过了比赛奖金，于是匆忙地将原本作为大奖的奖金增加了一倍。不到三周，卡利尔就通过布鲁姆发展中经济体中心（Blum Center for Developing Economies）找到了美国的资金来源。

我们可以开始了。这后来成为了"我们关心太阳能"项目。我们要把安装的细节安排好。我们的计划是雇佣一家尼日利亚的太阳能公司，让它们用哈尔的设计安装太阳能设备。我们通过互联网进行研究，联系了七家公司，通过电话联系了主要代表，并安排在尼日利亚会见一位有前途的太阳能安装商。我想让我在尼日利亚的医院同事也参与计划。他们愿意使用对讲机进行移动通信以减少组建一

图 1.2　在尼日利亚一家医院打开第一个太阳能行李箱

个外科手术团队所需要的时间吗？我们使用的 LED 灯是否够亮，可以进行手术吗？医生和护士会不会觉得我们的前大灯（用可充电电池供电）适合临床治疗呢？他们的反应将指导设计。当我计划回尼日利亚的时候，我想要一些有形的东西给同事们看——一些可以装进手提箱的东西。我不想费事（或有潜在的危险）向阿布贾机场的海关官员解释我们的项目。我需要谨慎一点。哈尔的解决方案是我在下一次旅行中带上一个太阳能演示工具包。他给我的行李箱装上了紧凑型太阳能电池板、太阳能电控板、密封电池、高效 LED 灯、前大灯和对讲机。他还邀请我参加一个关于太阳能的研讨会，他正在给教育工作者讲课。回到尼日利亚后，我在外科工作人员和医院管理人员面前打开了箱子。我按照哈尔教我的，把电线接起来，把电池插上。一名医生拨动开关，灯就亮了。

那盏灯的确足以照亮一个手术室。可充电的对讲机意味着一个外科手术团队可以在几分钟而不是几个小时内集合，避免了在医院里寻找医生和外科技术人员的冗长过程。装有可充电电池的前大灯可以立即投入使用。

我和尼日利亚太阳能安装公司见了面，之前哈尔和我电话联系过他们，这一次我和他们一起调查了医院，并测量了各种医疗设备的电力需求。穆阿祖博士批准在六个月内进行更大规模的安装计划，但手术室的一名技术员阿米努·阿卜杜拉希（Aminu Abdullahi）有另外的想法。“你必须把手提箱留在这里，”他坚持说，“这将帮助我们拯救生命。”阿米努让我相信，在我不在的时候，他会照看哈尔的设备。事实上，阿米努负责管理太阳能设备，每天早上他尽职地把太阳能板放在室外，晚上把它拿进来，用这个系统为前大灯和对讲机的电池充电。我们的第一个太阳能手提箱找到了家。六个月后，我回到医院进行更大规模的安装工作，包括为实验室采购血库冰箱。医院立刻变得不同了。助产士可以在夜间进行产科手术，手术团队在几分钟而不是几个小时内就集合好了，剖腹产手术可以随时进行，病人不再因为医院断电而被拒之门外。我们用社区活动来庆祝太阳能装置的安装，包括卡杜纳州卫生部长（Kaduna State Minister of Health）参加的剪彩仪式。

医院的工作人员对他们的设备升级很满意，但是附近的一家医疗诊所感觉被冷落了。

“我们也在黑暗中分娩。”诊所经理哀叹道，“你为什么只帮助医院？”

图 1.3 把一个早期的太阳能手提箱原型带到尼日利亚的一个诊所

一开始我有点保守，解释说我们只有医院的资金。然而，我很快想到，哈尔为医院演示所做的手提箱大小的系统可以移植到诊所。我们把这个拼凑在一起的系统带到诊所，让助产士们高兴的是，他们不再需要在晚上依靠蜡烛和煤油灯了。

我继续在科凡加延医院进行研究，每隔几个月回来观察护理情况。不久，当地的一些诊所又来要 “太阳医生”和可以点亮孕产妇护理的行李箱。哈尔很乐意接受这些要求，并开始为每个诊所装配小型太阳能组件。每次去尼日利亚，我都会在行李里放上一两个太阳能行李箱。

消息越传越广，我多次被邀请在美国的会议上谈论我们的经历。在其中一次会议上，《纽约时报》（*New York Times*）撰稿人尼古拉斯·克里斯多夫（Nicholas Kristof）发表了激动人心的主题演讲。在他的演讲之后，我告诉他，他的文章如何激励我们在非洲的工作。第二天，克里斯多夫在他的博客上写了关于我们的使命的文章，以及全球各地对“我们关心太阳能手提箱”的需求。为孕产妇保健提供可靠电力的需求远不限于尼日利亚。

每次我回到尼日利亚，我都会拜访使用太阳能设备的诊所，记下所有失败和成功的案例。结合现场安装的反馈意见，太阳能手提箱的设计变得越来越精致。手提箱的部件变得更加坚固耐用，也更容易使用。安装时需要螺丝起子的裸线被替换为即插即用的连接器。安全保险丝被更换为断路器开关。简单的木板被换成了塑料板。我们发现设备在使用了几个月后会变得很脏，这促使我们将零件装入塑料保护套。

哈尔招募了当地的志愿者帮助我们在后院组装手提箱。很快，我们的太阳能

图 1.4　哈尔·阿伦森指导志愿者在后院组装运往海地的太阳能手提箱

手提箱被运到了缅甸的助产士、中国西藏的诊所和坦桑尼亚的医生手中。太阳能手提箱将由志愿者送到目的地，他们先到我家进行培训，然后把太阳能手提箱运到一个个偏远的诊所或医院。

当 2010 年海地发生毁灭性地震时，我们别无选择，只能尽快将太阳能手提箱投入使用。医疗救援组织对我们的便携式太阳能发电站提出了无数的要求，也有许多小额捐款涌入。在四天的时间里，哈尔召集了一批志愿者来组装太阳能手提箱，我们很快就把它们分发到了几个医疗小组。

随着更多新的国家引入太阳能手提箱，我们努力调整手提箱的配置以满足当地的需求。有时我们会遇到一些困难。例如，我们发现，最初图方便的设计，即在尼日利亚使用美国交流电型插座制造我们的直流电电灯，不适用于海地。令人困惑的是，在海地交流电型插座匹配（并超过）了我们的 12V 直流电灯。我和一名志愿者工程师布伦特·莫伦伯格（Brent Moellenberg）一起飞往海地，重新设计了插座，用新的设计改造了太阳能手提箱。

在海地的经历使我们清楚地看到，我们的方案正在得到重视。哈尔和我参与这个项目，把我们的家改造成了一条太阳能手提箱的装配线。设备散落在屋子里，客厅成了我们运输和包装的地方。我们吸收了一大批稳定的兼职志愿者，包括许多很有才华的志愿者，但是没有一个人能够在没有报酬的情况下维持长期的合作。

为了获得更多的曝光和支持，我们参加了几项比赛，争取到了有才华的加利福尼亚大学伯克利分校 MBA 学生阿布哈尼・尼哈拉尼（Abhay Nihalani）和杜克大学 MBA 毕业生迈克尔・马沙格（Michael MacHarg）的支持。2010 年，我们申请了（并赢得了）10项竞赛和研究金，包括伯克利分校的全球社会福利竞赛（Global Social Benefit Competition）、Ashoka 改革者计划（Ashoka Changemaker）中的“健康妈妈、强大世界”奖（Healthy Mothers，Strong World Award）、圣克拉拉大学（Santa Clara University）的全球社会福利孵化金（Global Social Benefit Incubator）和 Pop!Tech 奖学金（Pop!Tech Fellowship）。

收获满满的一年让我接触了其他社会企业家和导师，并帮助我了解如何扩大影响力。当我和社会企业家团体分享我们在尼日利亚和海地的有限经验时，他们让我们扩大业务。

哈尔和我在这方面没有经验。哈尔多年来一直是太阳能教育家，最初为学生创建了实用的太阳能发电项目，后来又为教育家开发了一个课程。我的医学生涯则只具有临床和外科的经验，并没有项目管理技能。我们需要一个全面的计划来扩大规模。

一些顾问建议最好的方法是大规模生产简化的原型。他们鼓励我们立即去掉早期设计中一些昂贵的特征，生产出更便宜、功能更少的产品。我们被告知，要减少花哨的装饰。

我们对这种做法感到担忧。太阳能手提箱的设计已经发展到满足在难以理解的条件下工作的卫生工作者的需要。我们不想降低产品的功能性，在没有更多实地调查的情况下，我们还没有准备好致力于一个特定的设计。

我们的梦想是创建一个优化版本的手提箱，结合现有的从现场安装中获得的反馈，并在数量有限的医疗设施中进一步研究。由于我们的经验开始于尼日利亚北部，我们认为这将是一个很好的测试地点，但我们知道这需要员工、时间和金钱。

结构、可持续性与规模

我们决定成立一个非营利组织，以确保资源不足的卫生中心能够获得可靠的电力。我们认识到，在最需要我们产品的国家，公共卫生设施中没有太阳能供给。我们的受益者是政府卫生工作者所服务的贫困母亲。我们需要从渴望支持我们使

图 1.5　布伦特 · 莫伦伯格、哈尔 · 阿伦森和克里斯蒂安 · 卡西利亚斯在准备太阳能手提箱 2.0 版

命的第三方那里寻求资金。

世界卫生组织（The World Health Organization）邀请我们在 UBS 优化基金会（UBS Optimus Foundation）的资助下，在利比里亚试点一个小型太阳能手提箱项目。与此同时，麦克阿瑟基金会专门资助我们，将我们的创新推向规模化发展。在给予我们令人垂涎的资助时，基金会认识到我们的太阳能手提箱有可能使人们关注以前被忽视的孕产妇保健领域。我们的资助针对四个方面——技术设计、教育计划、实地研究和扩大规模。我们从布鲁姆经济发展中心得到了额外的支持。事业终于有了起色，但我们走得非常吃力。我们从未经营过非营利组织，从未管理过国际项目，也从未与合同制造商或政府官员进行过交流。我们在任何能够找到帮助的地方寻求帮助，感谢从商业顾问、律师、工业工程师、设计师、社会企业家和学者那里得到的指导。幸运的是，我们的总部在旧金山湾区（San Francisco Bay Area），这使我们能够与不同的人才合作：来自伯克利大学和斯坦福大学的学生和教授、来自劳伦斯伯克利国家实验室（Lawrence Berkeley National Laboratory）的科学家、其他技术导向的非营利组织以及来自硅谷的顾问。

哈尔和我全心全意地为项目付出。我们聘请顾问协助管理业务并提供财务监督。领导海地技术活动的工程师布伦特 · 莫伦伯格则全职工作。随着组织能力

图 1.6 培训尼日利亚卫生工作者使用太阳能手提箱

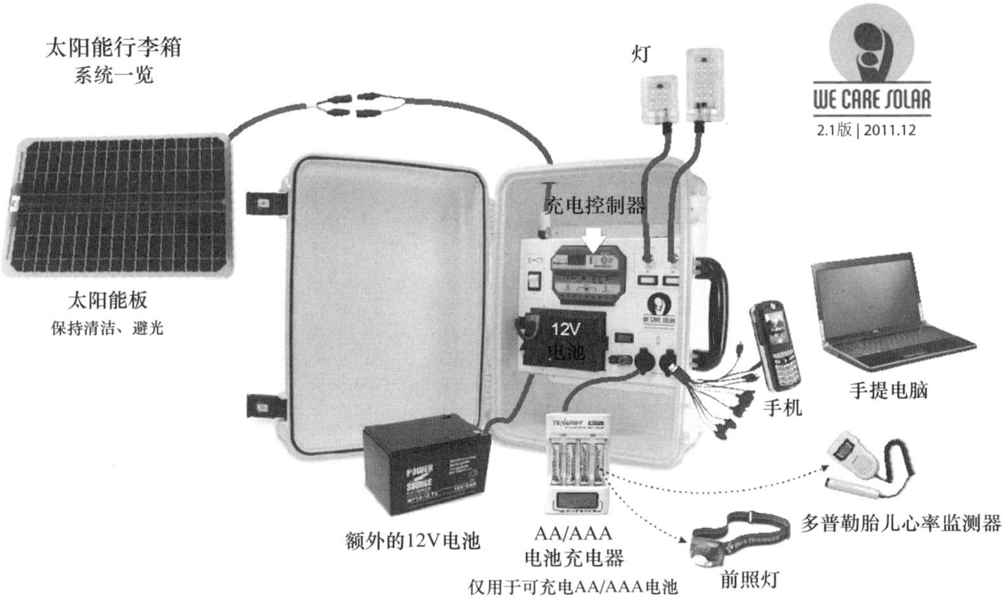

图 1.7 第一个关于如何制作太阳能手提箱的海报

的提升，我们开发了会计、数据管理和库存系统。哈尔和布伦特拜访了照明设计师、太阳能制造商和合同制造商。我们的目标是“为制造力而设计”，这意味着在工厂而不是我们的房子里制造好用、坚固的太阳能手提箱！我们发现，我们的使命——利用太阳能和电力改善产妇健康——吸引了慷慨的实物支持。因此，我们能够在有限的预算下完成很多工作。

我们意识到，如果没有合理的使用和长期的维护，技术本身是不可持续的。除了开发图像丰富的用户手册外，我们还印制闪亮的覆膜。从现场访谈中我们认识到，在农村诊所，海报是最常见的书面信息形式。我们为卫生工作者开发了教育计划，以及关于太阳能和最佳使用太阳能手提箱的基础课程。我们为技术人员准备了更先进的安装和维护材料。我们还在利比里亚和60个卫生工作者一起试验了这个方案，然后将“能力培养讲习班”扩展到了尼日利亚、塞拉利昂（Sierra Leone）、乌干达（Uganda）和马拉维（Malawi）。

当我们从一个国家到另一个国家时，我们在不同的卫生中心进行设施评估，这些评估使我们接触了卫生设施布局、建筑材料和能源需求的变化。通过研究，我们扩大了太阳能手提箱的容量，将硬件和工具放入其中以方便安装。我们的新版本可以容纳更大的太阳能电池板和电池，包括一个胎儿心率监测器，并可以选择额外的灯，可以插入“卫星”插座。

满足需求和评估影响

我们回应了多国的咨询。有时，我们需要与几十个卫生中心合作开展项目，这使我们与国际非政府组织和联合国机构建立了伙伴关系。有时，这些请求来自那些想把太阳能手提配置到个别诊所的个人。到目前为止，我们已经在27个国家部署了1 500多个太阳能手提箱，已为20个机构进行了培训，培训了5 000多名卫生技术人员。我们的合作伙伴包括联合国儿童基金会（UNICEF）、世界卫生组织、探路者国际（Pathfinder International）、非洲医学和研究基金会（AMREF）和拯救儿童组织（Save the Children）。估计有超过六十万名母亲和婴儿通过太阳能手提箱在健康中心进行治疗。我们的技术促进了环境健康和安全运输。通过替代煤油灯和柴油发电机，太阳能手提箱避免了12 000吨二氧化碳排放。

医护人员的肯定

太阳能手提箱使医护人员能够整夜进行手术。助产士解释说，具体地说，太阳能手提箱使他们更容易进行常规和复杂的分娩、治疗出血的母亲、夜间用药，并保持电话畅通，以应对紧急转诊和新生儿抢救。

图 1.8 利比里亚卫生工作者在夜间接收太阳能手提箱

许多诊所的营业时间更长了，病人更倾向于在他们知道的设施中寻求熟练的护理。我们一次又一次地听到可靠的照明和电话联系改善了医务工作者的士气，减少了他们在黑暗的医疗中心工作时的恐惧。

我们惊讶地接到了需要可靠电力的大型产科病房和医院手术室对太阳能手提箱的请求。尽管我们解释说，我们的太阳能手提箱的光源有限，不适合大房间，但医院管理人员坚持认为，太阳能手提箱的照明远优于蜡烛和煤油灯，而蜡烛和煤油灯是电网断电时唯一的照明源。太阳能手提箱被视为公共电网的重要备用电源。

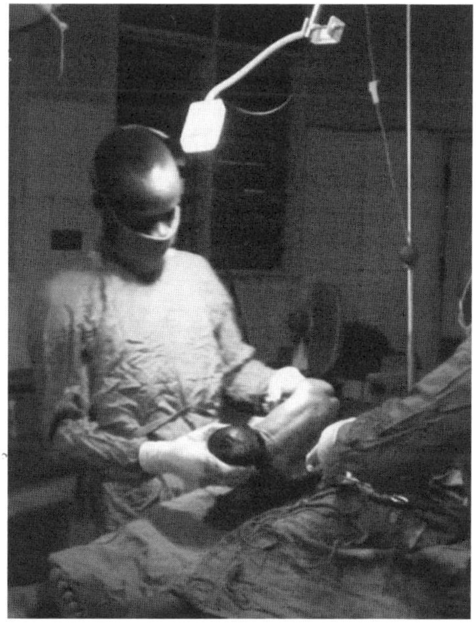

图 1.9 一位乌干达外科医生用太阳能手提箱灯进行急诊剖腹产

确实，当我们在 2012 年夏天访问乌干达东部以评估太阳能手提箱的影响力时，我了解到了夜间的剖腹产手术。那时，主要电源停止了工作，因为手术台上方的一盏太阳能手提箱灯，手术得以继续进行，没有中断。医生告诉我们，太阳能手提箱的灯比平常的灯更适合做手术，而且夜幕降临时他们不再需要把病人送到遥远的医院。

每一个小小的成功都值得庆祝，但是我们还有很多工作要做。最大的挑战是设计方案，以确保在物质和政治基础设施薄弱的国家扩大分配和加强维护。随着计划的规模扩大，后勤需求也在增加。我们与更大的机构合作，这些机构有能力管理服务于一个地区多达 150 个卫生中心的方案。他们的合作使我们能够进口设备、选择适当的保健中心、安排和进行正式的培训、聘请当地部门的卫生技术人员安装太阳能手提箱、培训助产士，并监督计划。我们开展了一个“妇女太阳能大使”（Women's Solar Ambassador）项目，以帮助领导我们的国际培训计划。该计划可以教我们当地的合作伙伴如何安装太阳能手提箱，教卫生工作者如何维护设备。我们现在正在考虑聘请当地工作人员来监督我们的计划，为太阳能手提箱提供服务，并促进其可持续发展。

故事的力量

有时压力会压倒一切。我们人手有限，正在处理一个巨大的问题。当我们接近临界点时，经常会听到鼓舞人心的故事，讲述太阳能手提箱是如何帮助健康提供者、诊所或挽救生命的。这个故事来自雅克·塞比索（Jacques Sebisaho）博士，他是一位在纽约受过训练的医生，在刚果民主共和国（The Democratic Republic of the Congo）的伊吉威岛（Idjwi）上经营一家诊所。村里没有电力，晚上也无法提供足够的医疗服务。

塞比索医生带着一个太阳能手提箱回到了他的乡村诊所。手提箱很快被投入使用，照亮了一对双胞胎来到这个世界的道路。

然而，恰逢霍乱疫情爆发，塞比索博士的诊所里挤满了需要静脉输液、抗生素和持续监测的病人。诊所不能容纳所有需要护理的病人，只能把垫子放在外面的地上，这就形成了一个临时的露天医务室。太阳能手提箱在病人间流转，它使医务小组能够提供持续的监测。

虽然塞比索博士担心许多生命可能被夺走，但是他和他的团队取得了一些他们认为近乎奇迹的成就。本月治疗的所有患者都存活了。尽管许多病例非常严重，但没有一名男子、妇女或儿童丧生。他曾预计 50% 的病人死亡，并说 80% 的死亡会发生在晚上。以塞比索博士为例，太阳能手提箱是救生工具，提升了卫生工作者的士气，鼓舞了整个社区：

“我相信光是一切背后的力量。当我们知道我们可以在任何时间（白天或晚上）做任何事情时，我无法形容我们是多么自信。这（在美国）听起来稀松平常，但对那里来说光意味着全世界。我们正在目睹，在一个社区里，光可以做些什么。在那些夜晚意味着死亡的地区，如果你生病了，或者在太阳落山后需要紧急护理，光是如何拯救生命的。”

塞比索博士和数百名助产士、护士和医生的故事，他们对工作所需之光的心存感激，为我们注入了继续前进的能量。因此，尽管有牺牲、无休止的挑战和不断向前推进的工作，我们仍在继续前进。

我们认识到，卫生设施的可靠电气化问题涉及数十万个卫生设施，需要广泛的解决方案。我们积极努力将可持续电力纳入全球卫生议程，并利用我们的成功案例衍生出更广泛的政策倡议。2011 年，联合国开始推广全民可持续能源倡议（Sustainable Energy for All，SE4A）。我很幸运地在联合国基金会的能源从业人员工作小组（UN Foundation’s Working Groups）中扮演了早期领导者的角色。作为 SE4A 的一部分，我共同主持了卫生和能源小组的工作。通过在工作组中建立的联系，我们于 2012 年在华盛顿举办了一个关于可再生能源促进医疗保健的工作坊。我们邀请了世界卫生组织的同事以及来自工程、全球卫生和发展的多方利

图 1.10 伊吉威岛上戴眼镜的雅克・塞比索博士正在介绍太阳能手提箱

益相关小组参加。这次会议有助于在世界卫生组织和联合国基金会之间建立伙伴关系，并为联合国建立了一个“能源对妇女和儿童健康的重大影响”平台（“High Impact Opportunity” on Energy for Women and Children’s Health），将联合国基金会、世界卫生组织、联合国能源（UN Energy）、联合国妇女（UN Women）以及像“我们关心太阳能”一样的民间组织召集在一起。我最满意的成就之一就是在世界银行（World Bank）以及后来在联合国参与发起这项倡议。

当时的联合国秘书长潘基文（Ban Ki-Moon）赞扬了我们在“里约 +20”（Rio+20）的工作，世界卫生组织总干事陈冯富珍（Margaret Chan）称“我们关心太阳能”是“拯救生命的阳光”。也许最令人兴奋的是联合国经社部（the UN Department of Economic and Social Affairs, UN DESA）在2015年9月授予我们首届“为我们想要的未来提供动力”（Powering the Future We Want）奖。当我代表全世界的育龄母亲和卫生工作者接受这个奖项时，我在联合国发言，我为我们加强卫生保健的使命正在得到国际的认可和支持感到不知所措。

正如我无法预知当我 17 岁还是舞蹈家和钢琴家的时候，或是 40 岁无法再继续我所热爱的医疗事业时，我的生活会如何展开，我也无法预知未来“我们关心太阳能”的发展。我所知道的是，在世界的偏远角落（并不那么遥远），每天都有妇女和婴儿在黑暗中挣扎。通过太阳能手提箱，通过倡导可靠能源，这些能源对于改善健康至关重要，我们能够为基本医疗服务带来光和电。

当再也没有母亲在黑暗中独自分娩时，我们就完成了使命。

经验教训

1. *敞开心扉可以发现意想不到的事。*在第一次旅行前，我刻意不去阅读有关尼日利亚妇科医院护理的内容。通过成为与会观察员，我能够分享尼日利亚同事的经验，从一个新的角度看待问题。

2. *失败是一位重要的老师。*从犯错中我们可以学到很多东西。第一批太阳能手提箱需要很大的改进。看到太阳能手提箱的哪些部分在操作时失败了，我们就设计一个更好的。

3. *完美是敌人。*虽然我天生是一个完美主义者，但哈尔将太阳能手提箱带入这个领域的努力给了我们宝贵的经验，即使它们看起来不漂亮或者没有最好的用户界面。如果我们等待设计出完美的太阳能手提箱，我不确定我们是否会进行现场试验。通过让非洲和海地的卫生工作者使用早期原型，我们得到了重要的反馈，并将反馈纳入了最终的设计。

4. 不要独自旅行。尽可能地让自己拥有最好的团队。我们从其他社会企业家、导师和在世界各地建立的伙伴关系中学到了很多。有很多东西可以向其他人和组织学习。认清自己的长处和短处，寻找有才能的人来补充你的技能。

5. 非营利组织面临许多与利润相关的挑战。“我们关心太阳能”诞生在一个与许多初创企业非常相似的环境中。我们不得不问同样的问题：我们如何扩大规模、继续服务、吸引客户？谁是我们的竞争对手？我们如何有效地传达信息以吸引投资者（资助者）？我们也面临着一个高度失灵的市场。我们拜访的那些临床医生甚至没有钱买药。他们是我们的受益者，但不是我们的目标客户。在我们的案例中，我们的客户是支持这些服务不足的卫生中心的政府、联合国机构、国际非政府组织和基金。

6. 选择一些能点燃你激情的事情，因为工作真的很辛苦。在非洲和东南亚做生意是很难的。我们在美国或英国所依赖的基础设施并不存在。你不能保证你会找到道路、互联网或电话服务，甚至是合适的工具。我们面临的后勤挑战会给任何人带来噩梦。我们把太阳能手提箱放在卫生中心，那里没有维护医疗设备的经验，所以要制定一个可持续性的计划就更难了。但是，我们遇到的人都很优秀，懂得欣赏并渴望学习。解决这些挑战是很有成就感的。

7. 从小事做起。如果你对需要解决的问题充满热情，你不需要一开始就制定出完整的总体计划。小步走。每当你跨过一个门槛时，你会得到一些结果和做出新决定、新选择的机会。通过一系列的小步骤，道路可能变得更加清晰。小事会变成大事。小事对我们也很有利。

8. 不要低估一个好故事的力量。多年来，我们获得的许多支持都是学习如何有效传达使命的结果。忘记装满了长篇叙事和多个要点的传统幻灯片。讲故事和展示照片，说明你的使命并用情感连接观众。让用户为你说话。

9. 一个方法不适合所有。在一个国家的方法很有可能不容易在另一个国家复制。尽管现在我们可能了解在乌干达如何做事情，但这并不意味着我们了解菲律宾的市场。每个国家都有特定的文化、规章和内部制度。为了在不同地区取得成功，我们需要对每个国家进行研究，并使我们的做法适应当地的环境。

10. 并不是所有的事情都能有战略规划，尤其对于一家早期的公司而言。对于前进的方向有一些想法是很好的，但是成功很大程度上取决于意想不到的事件和机会、偶然的遭遇，以及中途转向的能力。作为一个小企业，让我们变得敏捷是这项工作中最有趣的部分之一，而如何认识到敏捷正变成混乱则是最具挑战性的部分之一。

讨论题

1. 你能指出“我们关心太阳能”不遵循传统商业规则的方式吗？

2. 在实地引入一系列早期的太阳能手提箱原型的风险和好处是什么？

3. 你认为卫生中心的能源需求总量是多少？因此，太阳能手提箱有什么好处和局限性？

4. 一些投资者鼓励“我们关心太阳能”作为营利性企业而非非营利性企业进行合并。这会影响它的发展轨迹吗？

5. 要在一个新的国家复制“我们关心太阳能”的模式，最有效的方式是什么？可能的挑战是什么？

6. 太阳能手提箱为卫生工作者提供了医疗灯、电话充电和胎儿监护仪。还需要什么其他干预措施来改善农村卫生中心对母亲和婴儿的产科护理吗？太阳能手提箱应该放在缺乏这些其他干预措施的卫生中心吗？

7. 联合国在 2015 年通过了“可持续发展目标”（Sustainable Development Goals），目标是将全世界孕产妇死亡率降低到每 10 万活产中不到 70 人死亡。全世界降低孕产妇死亡率的有效战略是什么？

延伸阅读

你可以在 www.koganpage.com/SocialEnterpriseurship 找到更多与本章相关的资料。

www.wecaresolar.org

PBS Newshour: www.pbs.org/newshour/bb/globalhealth-jan-june12-solarsuitcase_04-04/ [accessed 10 December 2015]

KQED: www.youtube.com/watch?v=3h_Quso1QyM

CNN: www.cnn.com/SPECIALS/cnn.heroes/2013.heroes/laura.stachel.html [accessed 10 December 2015] www.cnn.com/2013/03/01/world/cnnheroes-solar-suitcase/index.html [accessed 10 December 2015]

TED WOMEN: www.youtube.com/watch?v=bz8V-qUs_2w

UN DESA Acceptance Speech: www.youtube.com/watch?v=eEjvtg0f2B4&feature=youtu.be

World Health Organization (2015) *Access to Modern Energy Services for Health Facilities in Resource-Constrained Settings* http://apps.who.int/iris/bitstream/10665/156847/1/9789241507646_eng.pdf

World Health Organization (2015) *Trends in Maternal Mortality* http://apps.who.int/iris/bitstream/10665/194254/1/9789241565141_eng.pdf

UNFPA (2014) *Setting standards for emergency obstetric and newborn care* http://www.unfpa.org/resources/setting-standards-emergency-obstetric-and-newborn-care

致谢

我的生活伴侣哈尔·阿伦森是太阳能手提箱背后的推手。从我与他分享在尼日利亚一家医院观察到的能源贫困的影响开始，哈尔就致力于开发解决这一问题的方法。除了成为太阳能手提箱的真正创新者和“我们关心太阳能”的联合创始人外，哈尔还提供了技术专长，聘请了许多志愿者，提供持续的情感支持，并在我每次出国旅行中成为我们家庭的主要看护者。哈尔一直致力于为最后一公里的卫生中心服务创造太阳能解决方案，这是我们成功的主要原因。

02　消除拉丁美洲的“数字鸿沟”

CDI（数字融合中心）——罗德里戈·巴乔（Rodrigo Baggio）

想象这样一个世界，你可以用科技来建立一个更公平、更美好的社会。这是我们在 CDI 的目标。CDI 成立于 1995 年，是拉丁美洲一个致力于数字赋权的先锋社会组织，它利用技术赋予社区力量，鼓励创业精神、增强教育和公民意识。CDI 确实是梦想的结果。1993 年，我梦想着那些来自贫困社区和贫民窟的年轻人能积极地运用科技，改变他们的生活。当我醒来时，我坚信我们可以通过赋予人们信息和通信技术技能来改变生活，提高低收入社区的生活水平。

当时，有一种现象叫做“数字隔离”，有一群因为经济条件而被剥夺了技术的年轻人，我感到有一股力量驱动我去寻找解决这个问题的办法。几乎就在那一刻，我开始收集过时但好用的电脑和打印机，创建“计算机学校”。这就是后来 CDI 的雏形。如今，CDI 是一个总部位于巴西里约热内卢的全球非营利网络，在 15 个国家开展业务，帮助了近 200 万人。它已成为数字融合的领军者和非营利组织中最受认可的组织之一， 先后获得了联合国、联合国教科文组织、联合国儿童基金会（UNICEF）、世界经济论坛（the World Economic Forum）、《时代周刊》（*TIME*）、美国有线电视新闻网（CNN）、科技博物馆（the Tech Museum）、克林顿全球行动基金（Clinton Global Initiative）等国内外知名机构的 70 多个奖项。我们还获得了 2014 年世界创业论坛（World Entrepreneurship Forum）颁发的世界创业者奖（Entrepreneur for the World Award），这是对我们多年来致力于社会创业的肯定。

当我创办 CDI 的时候，我不知道如何扩大它的规模，我从来没有想过要成为一名社会企业家，去谈论国际层面的社会变革。今天我住在华盛顿，作为 Ashoka 公司的高级副总裁，我领导着 CDI 的全球治理和一个发展社会企业家领域的全球项目。除了为我的经历感到自豪外，我还非常充实。对我来说，这不是工作，而是一种激情，一种可以让我重新启动系统、创造一个更美好世界的方式。

一个摇摇欲坠的开始

我在巴西的里约热内卢（Rio de Janeiro）出生和长大。我第一次非同寻常的经历是在六岁的时候。这件事发生在学校，在那里我证明了自己很聪明，但读和写都很吃力。这段经历非常不愉快，因为其他孩子常拿我的问题开玩笑，说我永远也做不好。同时，我不能整天坐在教室里；我很难集中注意力。我精力充沛，迫切需要站立、行走和活动。老师和同学都认为我不守纪律。一个月后，我被送到了教育指导系统（Educational Guidance System），他们希望找出我的问题，并建议我的父母请一个语言治疗师。

父母接受了学校的建议，带我去看了语言治疗师安娜·普拉科尼克（Ana Pracownik），她诊断出了我的阅读障碍和多动症。她还发现了一种方法来吸引我的注意力，这样我就能学会读写。当她知道我喜欢看漫画书里的图片时，她就创造了一种把图片和文字联系起来的方法。多亏了安娜和这个方法，我终于学会了读写。这个突破对我至关重要，因为我很早就学会了如何克服日常生活中遇到的困难。

学习如何阅读进一步增强了我对漫画书的热情，我成了一个贪婪的读者。随着时间的推移，家里有了大量的漫画书，当然，当妈妈看到我的卧室里堆满了漫画书时，她变得越来越恼火。所以我决定去附近的街上卖掉一些，但我总是会用这些钱买更多的漫画书。我的伟大收藏远未完成。除了卖东西和赚钱，我也与过路人互动，与他们交谈，这很有意思。在某种意义上，我认为这是我作为一个企业家的第一次经历。

两种激情

在 12 岁的时候，我去学校听了一个讲座，讲的是一个人，他和里约热内卢的大主教管区以及巴西海军一起创立了第一个在城市里与街头儿童合作的项目。每当我开爸爸车的时候，我就会看到红绿灯旁的孩子们在讨钱，我希望我能做些什么来帮助他们。通过这次讲座，我发现了一种方法。第二天，我去大主教管区做志愿者。但这并不容易。人们看着我说，“孩子，回学校去”或者“去和你的朋友们一起玩”，就好像这种工作不适合我一样。但我没有放弃；我坚定了目标。所以当我看到一个牧师时，我就向他说明情况。事实上，我恳求他说服总教区的员工，让我可以做志愿者。他和他们交涉，最后他们接受了我。

这次经历太棒了。开始的时候我是街头小孩的体育主管。我的工作是组织足球和排球比赛。在激烈的足球比赛中，担任裁判并不容易。比赛中的任何冲撞都可能导致孩子们打架，他们经常会拿出小刀。这比拳打脚踢更可怕。但这次经历很成功，也很重要。我帮助处理男孩们的关系。我也经历了一些具有挑战性的情况，比如当敌对团体之间发生冲突时，我需要让家长们冷静下来，并为双方的和平进行谈判。他们的孩子与我年龄相仿，但他们信任我。类似的情况让我学到了和学校里学到的一样有价值的东西。从那时起，我开始对社会工作充满热情。我可以为给那些孩子提供更好的生活做出贡献！真是太棒了！我在青少年时期就开始从事社会、学生和环境工作。

同样在 12 岁的时候，还有一件事对我的生活产生了决定性的影响：父亲给了我一台个人电脑，这是第一批运到巴西的个人电脑。当时他是一名计算机技术主任，为数据处理中心（Data Processing Centers，DPCs）的大型计算机提供维护服务。偶尔，他会带我去和他一起工作，我喜欢这个令人着迷的地方。他注意到我对那个世界的好奇，就给了我一个 TK82。年轻一代可能没有听说过它：在计算机科学的早期，它是一台没有操作系统的电脑，那个时候甚至连 Windows 都不存在。为了使用这台计算机，我必须用 BASIC 语言对它进行编程。没有软盘，人们就用录音机里的盒式磁带。我们用的是黑白屏。尽管这是一台原始的机器，但它是我收到过的最好的礼物，因为它让我有兴趣学习更多关于它的知识。我饥渴地读完了 TK82 手册，直到了解它的所有功能。不久之后，我开始创建游戏，并教我的朋友如何操作。这是一次奇妙的经历，让我发现了生命中的第二爱好：科技。

梦中得到的想法

成年后，我为埃森哲（Accenture）和 IBM 等公司工作，后来辞职创建了自己的公司巴乔信息技术公司（Baggio Information Technology，BIT）。我们为其他公司开发软件，我得到了很好的客户，比如巴西最大的电视网络环球电视网（Globo Television Network）。1993 年，我 23 岁，已经是一个成功的 IT 商人。我的朋友仍然和他们的父母住在一起，而我有了自己的公寓、车，甚至一艘船。尽管我在事业和经济上取得了迅速的成功，但我并没有感到生活的充实。33 岁的时候，我对自己接下来的 10 年充满了好奇：我看到了一个富有的人，但没有成就感；

我看到自己有了钱，但并不开心。

我被一种强烈的愿望驱使着，那就是发展一个社会项目，一个能够帮助改善人们生活的项目。我希望我能做一些类似于我 12 岁时和那些街头小孩一起做的事情。我想改变生活，我有强大的动力，但我不知道应该做什么。1993 年，我花了一年的时间试图找到一些东西。我沉思着，仔细考虑，和人们交流，希望能找到答案。

令人惊讶的是，那年年底，我的不安在一个夜晚，确切地说是在梦中得到了解决。这个梦是生动的，以技术帮助为主题，为贫穷的贫民窟社区提供知识和信息。当我醒来时，我意识到我有了一个想法，更重要的是，我有了一个使命：用科技改变人们的生活。我充满了能量，有足够的力量和勇气把梦想变成现实。

第一步是创建一个计算机网络，一个公告板系统（Bulletin Board System，BBS）。那时不像现在，每个人都有使用互联网的权利。当时网络进入的范围仅限于大学。计算机之间唯一的通信手段是通过调制解调器，通过建立一个使人们能够交换信息的网络。我拜访了里约热内卢最大的 BBS 社区“热线”（Hot Line）的老板查尔斯·米兰达（Charles Miranda），邀请他参与这个项目。他很喜欢我的想法，并同意参与其中。我给它起了个名字“Jovem Link”（英文叫“Young Link”），目标是让所有阶层的年轻人都能使用它，无论是富人还是穷人。这个想法是通过聊天室来实现的，所有年龄和班级的孩子都可以互相联系，讨论和辩论对他们来说重要的事情。第一个倡议于 1994 年 3 月发起，取得了巨大的成功，新闻界发表了许多关于它的文章。

我是学校的计算机科学老师，我通过 Jovem Link 联系学生和同事。我很高兴创建了这个网络，因为有很多人接触了它。然而，在对 Jovem Link 上的用户资料进行了研究后，我发现 100% 的用户来自上层阶级。他们是我的学生。令我大失所望的是，来自下层社会的年轻人无法使用我努力提供的这项服务。我想知道为什么，并且很快就找到了答案。他们没有进入 BBS，因为他们没有电脑。那是一个令人沮丧的时刻——当他们真正需要帮助的时候，一分钱都没有。这个我曾希望有助于连接年轻人的技术，对于那些无法接触互联网的人来说，却更加边缘化了他们。我们需要找到解决这个问题的办法，而且非常紧急！不能再等了。

因此，1994 年 Jovem Link 发起了一项旨在收集二手电脑的运动，名为“所有人的计算机科学”（Computer Science for All）。这一行动被称为拉丁美洲第一次技术回收运动。我得到了70名志愿者的宝贵帮助，他们都想参与这项工作。许多公司和个人捐赠了电脑。我接到了一个来自尼泰罗伊（Niteroi）的商人的电话，尼泰罗伊是巴西里约热内卢州的一个城市，他有很多电脑可以捐赠。据他说，电脑有很多，我应该用卡车把它们带走。我没有卡车，但这个小问题不会难倒我。我借了一辆卡车，和一个志愿者一起去拿电脑。我们一整天都在搬运这些机器，筋疲力尽，但当我们回到 Jovem Link 时，我们非常高兴。令人吃惊的是，我们打开电脑却发现没有一台能用。它们是旧机器，真正的技术垃圾。那么现在呢？我们该怎么办？

解决方案在同一天出现。Jovem Link 离莫罗·多纳·马塔（Morro Donna Marta）贫民窟，也就是今天的圣玛尔塔（Santa Marta）很近，我们决定邀请一些年轻的居民来学习如何修理电脑。他们接受并开始做维护服务，使这些电脑能够使用，之后这些电脑将被提供给贫民窟的社区组织。我看到了这些在电脑前的弱势群体眼中闪出的光芒。他们说，他们从来没有想过触摸电脑，但他们做的还不止这些，他们正在修理和安装计算机。

但是还有另一个问题需要解决：计算机有了，但它们还没有被充分利用。创建一种计算机科学文化是很有必要的，它教会人们如何使用技术来改变生活。就在那时，为贫困社区居民创建一所信息学和公民教育学校的想法出现了。

美梦成真

我对这个新项目的实施充满热情。我和家人、朋友、商人、记者以及任何愿意听我讲这所学校的人谈论这件事。但我注意到，大多数人不理解，更糟糕的是，他们鄙视我的目标。他们说，罗德里戈，你疯了。穷人的脑子很差，他们永远学不会使用电脑。

但我不同意这种想法。二十世纪八九十年代，来自巴西的著名摇滚乐队提塔斯（Titas）创作了一首流行歌曲，歌词是："我们不仅仅需要食物。我们想要食物、乐趣和艺术。"我想起了这些歌词，我想，穷人不仅仅需要食物。穷人需要食物、乐趣、艺术和……技术。

我坚持目标，尽管面对着许多人的质疑——甚至是家人，他们担心我的未来，这是可以理解的。他们认为我应该回到 IBM，拥有一个稳定的工作和良好的职业机会。每天，我都会与商人会面，分享我的信息教学理念。这不是一件容易的事。在那之前，社会工作被重新定义为给穷人提供食物。我给他们看了一个开创性的提案，但是没有任何例子，所以他们很难理解项目的重要性，我更难以说服他们做出贡献。然而，我的坚持和沟通能力——这可以追溯到我的童年，当我卖掉漫画书时——以积极的方式影响着他们。于是一家大型商店决定支持这个项目，它就是 C&A 莫达斯有限公司（C&A Modas Ltda）。这家服装行业的公司是巴西企业志愿者项目的先驱，它理解并支持这个项目，捐出了五台电脑（但不是旧电脑——这些是当时最新式的电脑）。当我们收到这些机器的时候，我还需要为学校找个地方。

关于第一所信息学和公民教育学校（Informatics School and Citizenship，在葡萄牙语中被称为 EIC）的位置，我们选择了莫罗·多纳·马塔贫民窟，从那里来的第一批志愿者开始做维护服务。我们与一所教堂和当地的一个非政府组织合作，我去了贫民窟。在当时的里约热内卢那是一个非常危险的社区，它由一个从事毒品交易的犯罪组织科曼多·维梅尔霍（Comando Vermelho）控制——这是规模最大的一个贩毒组织，目前仍控制着该市的一些社区。毒贩被年轻人视为偶像。每个男孩都梦想成为像他们一样的人：有钱、有权、有女人。在这种复杂的情况下，我每周去贫民窟三次，教 10 个孩子成为信息学和公民教育的老师。这些年轻人会成为乘数。换句话说，他们会学习，然后和其他人分享他们学到的东西。

1995 年 3 月：第一所信息和公民教育学校（EIC）

除了城里其他地方的人，多纳·马塔的社区领导人也受邀参加了活动。媒体报道方面，我们有来自 11 家报纸、7 家广播公司、3 家电台和 2 家杂志的记者。他们对自己所看到的一切感到非常兴奋，以至于人们开始称我为年轻的梦想家，这让我想到：“在 24 小时内从一个疯子变成了年轻的梦想家！这可太棒了！”

我被一个认识到我们工作重要性的人深深打动：社会学家赫伯特·德·索萨（Herbert de Souza，“Betinho”），因为他是我真正崇拜的人。1993 年，他创立了“公民对抗饥饿、苦难和终生行动”（Action of Citizenship agaimst Hunger，Misery，and for Life Campaign）委员会，这是一场动员，得到了中产阶级的大力支持，在里约热内卢与饥饿做斗争。我还清楚地记得有一天，他看到我在 EIC 的储藏室里汗流浃背，和志愿者们一起拿着捐赠的电脑，就像一个工人在工地拖砖头一样。他被眼前的情景吓了一跳，问我们在干什么。在我解释了捐款的事后，他开始尽一切可能地帮助我。

在我任教的学校里，我建立了所谓的“系统计算机科学”。系统论是一个概念，旨在理解整个现象和各个方面。换句话说，通过计算机科学，我们向学生展示了太阳系、地球和人体。当我在贫民窟创办第一所学校时，我更新了我一直在做的事情，以便将科技作为一种工具，帮助贫困地区的年轻人摆脱贫困。

这种教学方法的灵感来自巴西教育家和哲学家保罗·弗莱雷（Paulo Freire），他在这一领域享誉全球。弗莱雷创造了一种出色的识字方法，可以与学生一起在日常生活和社会状况中进行实践。在某种程度上，这与我的语言治疗师安娜用漫画书教我如何阅读的做法类似。基于保罗·弗莱雷的方法，我们使用了这五个步骤，并将其应用到数字授权中，其中包括：

1. 阅读世界，鼓励学生分析自己的现实；
2. 研究事实，当他们对一个共同的问题得出结论时；
3. 计划一场社会运动，他们必须提出解决问题的方法；
4. 采取行动并产生影响，其中包括动员社区采取行动；
5. 评估成功，结束一个周期，开始一个新的阶段。

我们的老师接受过这种方法的培训，在这种方法中，技术变成了一种手段，而不是目的。我们最大的目标是培养学生的公民意识，这样学生们就能把他们的环境变得更美好。

当我们继续在 EIC 工作的时候，巴西环球电视台（Globo Television Network）开始播放关于这所学校的广告。每天早上五点左右我都会接到那些想成为志愿者的人打来的电话。奇怪的是，广告上的电话号码是我家的电话，我是无意中给的。

为了联系这些打电话来的人，我决定和他们开个会。当天，有不少于 80 人到场。这个数字远远超过了我的预期。然而，我不能解雇那些人；放弃那么多有强烈意愿提供帮助的人是一种浪费。

EIC 开幕式的来宾中有来自其他地方的社区领袖。令人钦佩的是，这些领导人表示要在他们的社区建立学校。所以就有了另一个好主意：我们为什么不利用这 80 名志愿者将 EIC 传播到其他地区呢？

委员会

第二个 EIC 在罗辛哈（Rocinha）贫民窟举行了开幕典礼，同时，在里约热

图 2.1 罗德里戈·巴乔在莫罗·多纳·马塔的第一所信息学和公民教育学校

内卢北部的猴子山（Morro dos Macacos）贫民窟也举行了开幕典礼。受到赫伯特创建的抗击饥饿委员会的启发，我决定组建数字融合中心（the Center for Digital Inclusion，CDI），目的是通过技术动员人们改造社区。我们通过创建“CDI 社区”来完成使命，这些社区是自我可持续和自我经营的社会企业，旨在培训变革推动者。1995 年，在志愿者的帮助下，我们建立了更多的 EIC，并开展了“所有人的计算机科学”活动，这使计算机的数量大大增加。通过更换设备，CDI 改进了学校教育。

在学校的第一天，学生们走进社区，沉浸其中。他们拍了照片，记录了周围的环境，和居民交谈。随后，他们回到 CDI 学校，分享照片，讨论他们的经历。

举个例子，我记得当学生们看到一个社区的主要问题是老鼠的繁殖时，他们就去互联网上研究这个课题。他们发现这些动物的存在是由于垃圾处理不当造成的。他们意识到老鼠是问题的结果，不是原因，而原因正是需要与之斗争的。他们利用文本工具制作传单和横幅，通过有关废物收集的讲座来动员社区。他们还向当地的清洁公司发送了记录问题的视频。结果，在清洁公司的支持下，100% 的居民开始妥善处理垃圾。最后的结果是老鼠完全从社区中消失了。

创新一直是媒体关注的焦点，在媒体上有很多关于我们的文章。其他州的人了解了我们的项目，比如米纳斯吉拉斯州（Minas Gerais）、圣保罗（São Paulo）和巴伊亚州（Bahia），他们给我们打电话，并且愿意在这些地方开展 CDI。区域性 CDI 和 EIC 随后开业。在这个过程中，我们与芬纳索夫（Fenasoft）——一个全国性的软件展开展合作，建立收集点，所有人都可以将计算机捐赠给我们。当时的公司总裁马克斯·冈卡尔维斯（Max Gonçalves）为我们提供了一种免费的电子垃圾回收服务。这个想法在全国范围内传播开来。

社会特许经营

为了践行使命，中心开始与社区协会建立伙伴关系，共同创建非正式教育中心。在选择合作伙伴的过程中，CDI 试图找到最真诚、最成熟、最受尊敬，并有计算机安装经验的组织。合作组织必须为学校提供一个可以运作的空间，拥有计算机安装所需的所有基础设施，并支持学校的管理。按照 CDI 模式，数字融合中心必须能够自我持续发展，并由社区成员自行管理。甚至教育工作者也由合作机构选出，他们也是当地居民，在学生中建立认同感，促进知识的传递。CDI 中心的教育工作者和协调员不仅接受了技术培训，而且还接受了充分行使公民资格的基本概念和做法方面的培训。这是这种模式定量和定性展开的基础。

这种模式在里约热内卢之外迅速推广，如何使那些已经成为社会特许权的东西正式化变得十分迫切。我们对特许经营的所有基本方面进行了定义：教学建议、标准化的质量控制方法，以及一份法律合同来规范 CDI 和区域加盟商之间的关系。该模式取得了成功，并已演变为网络概念——“CDI 网络”——由区域和国际 CDI 组成，其活动是自主的，但围绕着 CDI。这个网络正在不断扩大，目前在巴西 16 个州和 15 个国家设有办事处，所有办事处都具有行政自主权，复制了 CDI 的经验和教育方法。

1996 年：发现 Ashoka

一年后，我遇到了 Ashoka，世界上最大的社会企业家网络，在 85 个国家有大约 3 000 名成员，即所谓的“Ashoka 研究员”（Ashoka Fellows）。该公司总裁兼创始人比尔·德雷顿被视为“社会创业之父”。他们的工作感动了我，我申请成为 Ashoka 会员。我曾经作为一名会员，到华盛顿考察了一个月。在这个过程中，我做了第一次路演，目的是在美国筹款。这是我与基金会接触美国慈善文化的第一步。在西雅图，我遇到了另一名 Ashoka 成员，全球合作基金会（Global Partnerships Foundation）的联合创始人兼总裁比尔·克拉普（Bill Clapp）。比尔决定投资 CDI，以加强我们的专业化，这是我们获得的第一笔投资。这笔 10 万美元的投资让我们组建了一个捐款团队。

在第二次去西雅图的时候，我被邀请参加一个讲座，比尔・克拉普向我介绍了老比尔・盖茨（Bill Gates Senior），他是全球合作组织（Global Partnerships）的董事会成员之一。这段经历令人惊讶，因为除了见面之外，我还遇到了一些人，他们参与了微软（Microsoft）的创立，成了百万富翁，但他们辞掉了工作，开始了社会项目。通过这次会议，我与微软在巴西建立了很多联系。微软巴西公司总部的总裁已经接到了许多来自西雅图的关于 CDI 的电话。当我回电话时，我被邀请去参加一个会议，这样他就可以见到我了。因此，我们于 1997 年开始合作。今天，CDI 是微软在拉丁美洲最大的合作伙伴。

1997 年：信息学是自由的梦想

随着所有的成功，我们开始将 CDI 模型扩展到其他环境。我们开始在精神卫生医院、监狱、未成年人拘留中心、河岸社区、非洲社区甚至土著村庄工作。1997 年，我参观了戒备森严的雷默斯・布里托监狱（Lemos Brito）。囚犯们读了一篇关于 CDI 的文章，监狱要求我在那里开办一个 EIC。我一到那里就被眼前的景象震惊了：警察和囚犯之间的关系让我想起了主人和奴隶之间的关系。我们开始工作，不久囚犯们就可以向其他人教授计算机科学了。过了一段时间，狱警们看到囚犯们是如何学习这门学科的，也开始要求他们自己学习的权利。因此，囚犯们开始向狱警教授信息学和公民知识，这意味着他们的关系发生了巨大的变化。此外，囚犯通过数字融合项目创造了收入。因此，雷默斯・布里托监狱成为里约热内卢暴乱程度最低的监狱。

同样在监狱里，我遇到了罗纳尔多・蒙泰罗（Ronaldo Monteiro），他因敲诈和绑架而被判 36 年徒刑，现在正在服刑。他被认为策划了这个国家的第一起绑架案，他是一个真正的犯罪老师，他也教他的同伴游击队战术。当我见到他时，他已经在监狱里待了 14 年。但在 CDI 学校，他的生活彻底改变了，一个真正的转变。他已经成为我们的协调员和老师之一。2006 年，当他因行为良好而离开监狱时，他在自己的家乡建立了一个社会文化融合中心（Social and Cultural Integration Center，在葡萄牙语中被称为 CISC），目前为居民提供课程，其中包括 CDI 课程。

但罗纳尔多意识到，那些离开监狱的人往往会因为没有工作而再次走上犯罪的道路。他做了什么？他邀请这些人学习计算机科学、公民权利、创业，以及如何成为乘数。如今，罗纳尔多拥有195家微型企业，分别由195名前囚犯创建。由于他作为一名社会企业家的出色工作，我推荐他成为Ashoka研究员。但他们没有回应我。有一天，当我在英国牛津的时候，我遇到了比尔·德雷顿，我问了他这方面的问题。他说："罗德里戈，不管你推荐谁，我们都接受了，但这次你推荐了一个罪犯，一个绑架者，一个毒贩。"我讲了比尔·罗纳尔多的故事。最后，他鼓起掌来，被伟大的突破和人类变革的力量深深打动。罗纳尔多最终被接受，成为第一个被命名为"Ashoka"的前囚犯。

1999年：包括土著社区

我们第一次接触土著社区是在1999年，当时在距离里约热内卢93英里（1英里等于1.6千米）的城镇安格拉·杜斯·雷斯（Angra dos Reis）的瓜拉尼印第安人（Guarani Indians）萨布卡村（Sapucaí Village）里开办了一所学校。那次经历太棒了。这是一个向巴西土著教授信息学和公民权利的机会。一开始，我们遇到了一个问题：萨布卡村没有电。为了打开第一台电脑，我需要使用太阳能。村子里的电脑除了是一种重要的识字工具外，还能在民间传说和传统消

图2.2 阿克邦的土著部落阿沙宁卡参与"森林网络人"项目

失之前将它们记录下来，从而帮助人们保存他们的土著民间传说和传统。有一天主任打电话给我说，他们不想把这台电脑叫做“电脑”。我建议他们用自己的语言编一个词，瓜拉尼语。他们说“ayurirurive”，意思是“收集语言的盒子”。在亚马孙森林（Amazon Forest）里，我们建立了一所“计算机科学和森林公民学校”（florestania是一个相对较新的术语，用非常简单的术语来说，就是“森林公民”，而不是一个城市或城区）。

这项工作产生了许多成果，因此，在2003年，我们与巴西最大的印第安人首领之一艾尔顿·克雷纳克（Aílton Krenac）合作，建立了“森林网络”（the People of the Forest Network）。第一个社区是阿沙宁卡部落（Ashaninka），该部落位于阿克邦（the Acre State），距秘鲁边境仅4英里。首领的儿子本基·皮安科·阿什宁卡（Benki Pianko Ashaninka）已经对计算机科学及其可能性有所了解，他要求我们在村里建立一个中心。参观这所新学校实际上是一次冒险。我乘飞机去了圣保罗（Sao Paulo），然后又去了巴西利亚（Brasilia），还有一次去了阿克里（Acre）的首都里约·布兰科（Rio Branco），在那里我又乘坐短程航班去了南克鲁塞罗（Cruzeiro do Sul）。我进入这架飞往马雷夏尔（Marechal Thaumaturgo）的单引擎飞机时，对飞行员说：“机长，安全带坏了。”他回答说：“从来没有起过作用。”坐着那架飞机在森林上空飞行了两个小时后——从上面看，森林就像一个巨大的绿色海洋——我们还得乘独木舟再航行10个小时。我终于到达了村庄，尽管付出了所有的努力，但我认为这次旅行是值得的，因为我看到了一个真正的天堂。然而，麻烦出现了。阿沙宁卡（Ashaninka）陷入了危机。土著地区已经被秘鲁的秘密樵夫占领，他们通过它来运输毒品和偷木头。一些印第安人被杀害，妇女被强奸。晚上，在火堆周围的一次会议上，阿沙宁卡人决定与秘鲁人开战。秘鲁人全副武装四处走动，而印第安人只有弓箭。一位印第安人提出了另一种想法。他说，我们有一个强大的武器，互联网。

他们给当时的巴西总统卢拉（Luiz Inácio Lula da Silva）写了一封电子邮件，他们说他们会打击秘鲁毒贩，以捍卫国家主权，因为巴西军队不在那里。总统读了这封电子邮件，并将其转发给联邦警察和军队。直升飞机来了，入侵者被监禁了起来。从那时起，为了防止新的入侵，军队和联邦警察开始在该地区巡逻。阿沙宁卡人赢得了战争，因为他们利用互联网作为解放的工具。

1999 年 4 月：国际扩张

也许是因为宗教教育，我一直觉得我是在完成使徒的使命。接触喜欢的东西时，我会感到兴奋、热情，眼睛闪闪发光。许多来自不同地方的人想要建立 CDI 或他们自己的非政府组织。我们参加了拉美美洲开发银行（Inter American Development Bank）的活动。在讲座中，我是唯一一个讨论数字融合以及使用技术来解决社会问题的人。令人惊讶的是，我们能够影响政府和这个领域的结构。

我记得，当 1999 年 4 月我们还在创造计算机捐赠文化的时候，我被 JCA-NET——一家帮助非营利机构在互联网上宣传其工作的日本供应商——邀请去东京做讲座。走在城市的街道上，我惊讶地看到好电脑被扔进了垃圾桶，就因为它们过时了。我真希望我能把它们都带走，因为它们对穷人是那么有用。

在演讲之后，我们在 CDI 内部成立了一个委员会，在志愿者的支持下，与“和平之舟”（Peace Boat）组织了一场捐款活动。“和平之舟”是一个非政府组织，带领日本人周游世界，使他们更了解日本在其他国家的影响。他们乘坐的这艘横渡大西洋的船只的货舱里总是空的。它使我们能在全球范围内运输和分发收集到的计算机。在“和平之舟”经过的国家的联合国教科文组织（UNESCO）收到了这些计算机。然后，拉丁美洲、乌拉圭、哥伦比亚和智利也受益了。2001 年，我们与基督教青年会（YMCA）合作，在洪都拉斯、危地马拉和南非开设了 CDI。

2008 年：CDI 国际

CDI 在国际上扩张，并在伦敦和纽约设立了筹款办事处。我们这样做有两个原因：第一，巴西法律不允许设在巴西的国际组织获得资金或将财政资源分配给其他办事处；其次，我们可以在全球范围内管理不断扩大的网络。我们在每个国家都有一间办公室和一名员工，能够组成一个支持网络的团队。

2008 年：CDI 的再造和第一个社会企业

美国金融危机对慈善行业产生了巨大影响。美国和巴西的资金来源开始减少，因此，我们开始评估新的机会。在我有幸见到 2006 年诺贝尔和平奖得主、小额信贷和社会企业之父穆罕默德·尤努斯后，我有了灵感，我认为这将是 CDI 发展

图 2.3 罗德里戈·巴乔获得穆罕默德·尤努斯颁发的 2008 年柏林视觉奖（Vision Award – Berlin 2008）

金融和社会自我可持续性逻辑的方式，与它的使命有关。因此，我发起了两项倡议：CDI LAN 和 CDI 咨询。

CDI LAN 是我与 CDI 全球前首席执行官马塞尔·富卡亚马（Marcel Fukayama）共同创建的，由 6 500 家局域网公司附属公司组成，在教育和普惠金融领域分销产品和服务。这对于创造一种新的经营方式和影响地球的发展模式很有帮助。该公司的主要投资者是 Vox 资本（Vox Capital），它是全球商业影响投资领域的先驱经理人之一，该公司发现了商业的真正影响。这个项目帮助我们创造了一种思维模式，为新的经营方式创造发展模式，并对全球产生影响。这是 CDI 社会企业旅程的开始。我们学会了如何定制产品，如何共同创造这种在当时还不为人所知的业务，由于“市场”的需求，我们开始充当社会商业顾问。因此，我们推出了 CDI 咨询服务，这是一项向大公司提供产品和服务解决方案的咨询服务，面向社会和经济最边缘化的人群（通常被称为“金字塔底层的人群”）。通过这个社会企业，我们帮助私人公司开发社会商业产品。我们参与的项目包括光能源效率项目（Energy Efficiency Program of Light）、可口可乐集团项目（Coca-Cola Collective）、面向新兴市场的爱普生（Epson）新型打印机模型、杰内拉利（Generali）的微保险，以及与埃森哲（Accenture）、卡萨斯·巴西亚（Casas Bahia）和微软（Microsoft）等公司进一步的合作项目。所有从这些活动中获得的收入又用来支持 CDI 非政府组织的发展。

2009 年：中东扩张

2009 年，在世界银行前行长詹姆斯 • 沃尔芬森（James Wolfensohn）的支持下，我们在约旦成立了非政府组织沙巴卡特（Shabakat），与 CDI 合作，成为另一个 CDI。目前，我们在约旦有 120 所信息学和公民学校。

2010 年：创造“善程序”

在伦敦设立了募捐办公室之后，CDI 英格兰实际上收到的更多的是关于在那里发展 CDI 的提议，而不是对拉丁美洲的捐款。我们决定根据英国的情况调整方案，也就是如何创造“善程序”（App for Good）。“善程序”是一项开源技术教育运动，它与学校和学习中心的教育工作者合作，向 10 岁至 18 岁的年轻人提供课程。CDI 为专业志愿者提供课程内容、培训和相互间的联系，然后让当地的教师激励和引导年轻人。在这门课程中，学生们通过团队合作来发现他们真正关心的问题，并学习如何通过构建移动网络或社交应用来解决这些问题。与专业企业家一样，学生们要经历新产品开发的所有关键环节，从创意生成、技术可行性和编程，到产品设计、商业模式和营销。

我们开展项目的社区是英国谋杀犯罪率最高的社区。年轻的非洲移民学会了如何使用安卓（Android）手机来改善当地的问题。通过使用 CDI，这些年轻人发现最大挑战是拦截和搜索。他们开发了一款名为“拦截和搜索”（Stop and Search）的应用程序，当警察来找他们时，它会告知人们自己的权利和义务。通过访问谷歌地图（Google Maps），他们可以知道每个人在哪里以及如何被搜身。公民可以向当局发送有关警察在拦截和搜查过程中的行为信息。这对英国警察局来说也是积极的，因为通过加强沟通和信任它帮助改善了警察与年轻公民的关系。自那以后，其他的应用也被开发出来，CDI 在英国提供了一个新的范例。我们获得了奖项，在 BBC 系列节目中亮相，出现在《卫报》（*The Guardian*）和《独立报》（*The Independent*）的文章中。我们在这个国家开创了“善程序”的文化，今天我们在英国和整个欧洲有 500 多所学校。

2012 年：共益企业（B Corps）

CDI LAN 的影响力使我们成为南美洲第一个共益企业。共益企业代表着一群新兴的公司，他们利用业务的力量为世界创造积极的影响，为所有人创造共同和持久的繁荣。目前，这已经是一个全球性的运动，在超过 42 个国家有 1 400 多家公司参加。2012 年，这个生态系统仍然很弱，特别是在巴西，但我们看到了在这个新领域成为催化剂的机会。因此，共益实验室（B Lab）、智利的共益系统（B System）、CDI 联盟诞生了。2013 年 2 月，我们在巴西创建了共益系统，仍然由我们组织领导。

2013 年：NegóciosSociais.com

我们仍然打算创造和加强社会商业生态系统的影响，但我们意识到巴西没有投资者、案例研究、公共政策或社会商业文化，所以我们发起了一个活动——NegóciosSociais.com（SocialBusinesses.com）。50 多家在巴西具有影响力的公司参加了这个活动，在一年的选拔过程中，最终有 15 家进入决赛。2013 年在巴西里约热内卢举行的社会企业世界论坛（2013 Social Enterprise World Forum）上，CDI 用 1 万美元奖励了三家最好的公司，以促进它们的业务发展。

2014 年：创业突触

2010 年，我遇到了一个对我来说非常了不起的人。那就是彼得 • 圣吉（Peter Senge），管理学领域最伟大的领导者之一。他是美国人，著有《第五项修炼》（*The Fifth Discipline*），并提出了学习型组织的概念。彼得邀请我加入他在佛蒙特州和波士顿的研讨会。那是一次令人难忘的经历。我们去了智利的圣地亚哥，在他的母校和哲学家兼生物学家洪贝尔托 • 梅图拉纳（Humberto Maturana）会面。梅图拉纳是自创生理论的作者之一，自创生理论指的是生物繁殖的能力以及许多其他理论，这些理论不仅为生物学，而且为哲学和其他科学奠定了基础。我们花了三天时间与梅图拉纳和彼得的其他顾问深入思考了人生的目的。这是两个充满个性的人：彼得 • 圣吉是多家大公司董事会的执笔人兼顾问，而现年 82 岁的马图拉纳则不喜欢科技，既没有手机也没有电脑。要让他明白我的人生目标，一个从 12 岁起就把科技视为生活中有意义的一部分的人的使命，并不是一件容易的事。直到有一天，他沉默了一会，然后说：“霍米加斯（Hormigas，西班牙语）。”

他的意思是“蚂蚁”。马图拉纳谈到了这些微小的生物，它们是这个星球上最成功的生物。在他看来，蚂蚁才是真正的建筑师，是美好项目的建设者。它们是有生命的，但它们没有智慧，没有推理。他概述了对未来的展望，履行 CDI 的使命，将人类作为有道德、有爱心和有创业精神的生物来保护。马图拉纳拿蚂蚁和蜜蜂做了一个类比——它们都是自己管理自己的种群，他勾勒出了人类和蚂蚁拥有同样的组织结构的愿景。但是，最大的不同是智力的使用；在这种情况下，技术，作为道德、爱心和企业家工具，将把人类带到一个全新的水平，建立一个新的自治的全球社会。这是地球上最受尊敬的生物学家之一，在与彼得·圣吉和我进行了三天的反省后说的话。从那时起，我们建立了“异托邦”的概念，通过这个概念，我们想象一个世界，在这个世界里，人们为了更加公平、美好的社会而使用技术。

我们发现，在超过 75 个国家中，有 200 多个中小型非政府组织以类似的方式开展工作。他们有很大的潜力成为“异托邦”中的一部分，以推动社会转型。在一起，我们可以比单独工作更强大，每个人都必须宣传自己的组织。这与 Ashoka 对社会创业的看法“创业突触”有关，也就是神经元收集信息，重新连接自己，再重新设计新的连接。这个全新的 CDI 网络的发展愿景是建立一个由数字融合非政府组织和数字企业家组成的网络，以达到技术创业和数字赋权的新水平。因此，我邀请世界数字赋权的非政府组织通过行为准则联合起来，发起一场新的运动。这是一个智能网络的愿景。加强联系以达到数字赋权的新水平，这绝对是鼓舞人心的。

2015 年：重建系统

CDI 迎来了成立 20 周年的纪念日。面对当今社会的需求，我们设想了组织使命的演变。因此，我们发起了一场数字赋权运动“重新编码运动”（Recoding）。这是一次对年轻人的邀请，让他们重新规划当前的系统，建立一个全新的系统。

市场营销、评估影响和可持续性的挑战

在十多年的时间里，合作伙伴使用 CDI 的筹款模式，负责确保对多个需求的赞助和基本支持。我们得到了来自公司和组织的各种支持（从无偿服务、志愿人员安置和免费设备），这使我们能够开始 CDI 项目。直到 2000 年年中，这一直是我们的商业模式。2008 年的全球金融危机导致企业开始削减对社会企业的投资，因此，我们需要重新创造。非营利基金会也开始转移关注焦点，许多基金会

更关注影响力。因此，斯科尔基金会（Skoll Foundation）、比尔和梅林达·盖茨基金会（Bill and Melinda Gates Foundation）等机构开始加大对社会企业的投资，这扼杀了第三产业。

由于CDI已经接近于社会商业模式，所以我们为组织做了一些变通的工作；我们没有措手不及。我们在管理领域采取了许多主动行动。大多数第三产业使用的融资模式是相当反常的，它的基础大多是短期项目拨款，很少考虑可持续性。这避免了长期的合作伙伴关系，强制为每个项目创建一个特定的结构，不支付机构发展的费用，因此，在组织和使命之间创造了距离。然后我们意识到我们需要把CDI看作一个产品。我们开始了一个长期的变革管理过程，重建组织文化和CDI标识。部分过程涉及我们在注重结果的文化基础上建立联系，并对合作伙伴提高透明度。这还意味着，如果某些项目与我们的核心业务不密切相关，我们更有可能拒绝它。我们重新设计了工作流程，以提高效率。我们改善了人力资源管理，整合了人才获取和员工保留的策略，并允许团队更多地参与决策和计划。

在这条新道路上，CDI积累了激励社会创业的经验。两个重大事件发生了：2014年的“里约贫民窟创业周末”（the Startup Weekend Rio Favela）和2015年的“创业周末变革者”（the Startup Weekend Changemakers）。后者同时在世界11个城市举办。这些举措的主要建议是建立和连接强大的社区领导人和社会企业家，以便为社会问题创造解决方案，从而激励和分享知识。每个人都可能成为生活和社会变革的推动者、当前系统的再编程者和新程序的设计者。

经过三年的深刻变革，我们重新定义了组织的宗旨，即“重新编码运动”。为满足当代技术使用的需要，我们开发了三种产品：

1. 再编码项目：针对那些想投资学校、公共图书馆和社区中心的公司，培训年轻人如何使用信息和通信技术（葡萄牙语为TIC）、如何解决问题和获得21世纪所需的技能；

2. 志愿服务：为那些想让员工参与其中的公司提供沟通、技术和CDI教育管理方面的知识；

3. 创收：我们知道年轻人加入CDI的主要价值是在劳动力市场重新定位自己，创造收入，提高就业和创业能力。

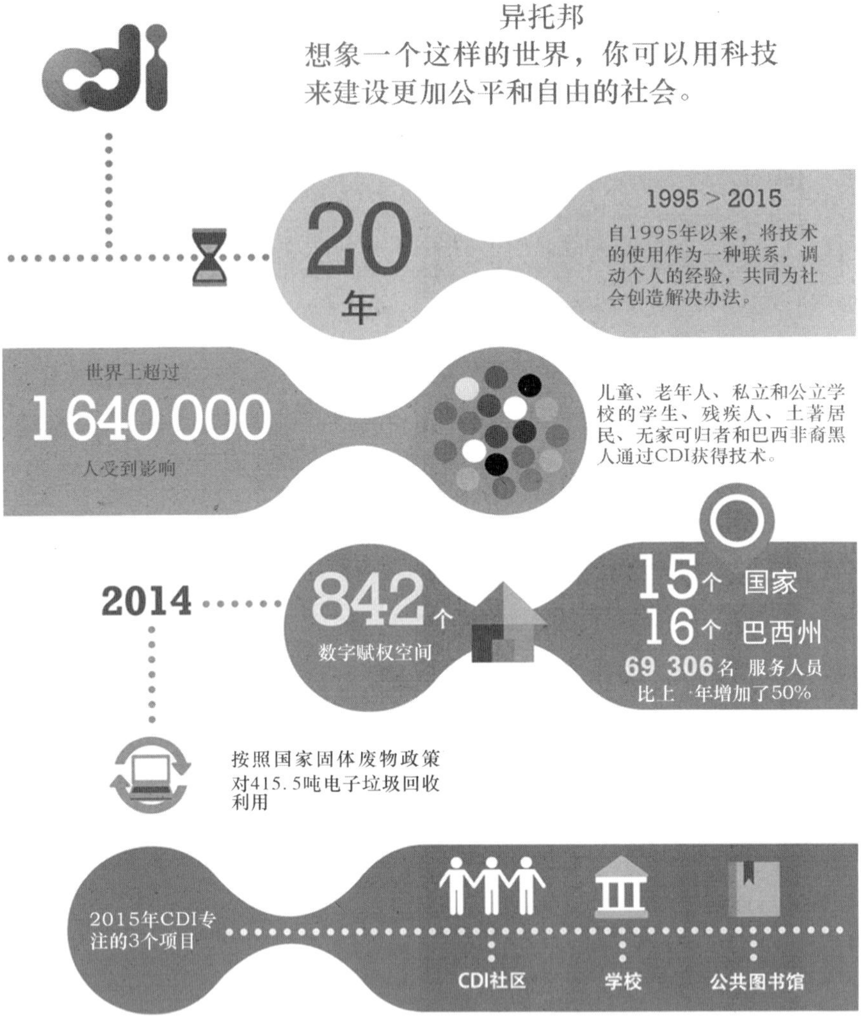

图 2.4　CDI 影响图

评估、测量和理解我们的影响力

比获奖或个人经历更重要的是，我看到了我在 1993 年那个晚上所做的梦现在正在全世界传播。今天在 15 个国家有 842 个 CDI 社区，已经有 164 万多人受到了 CDI 的积极影响。

改变世界

2015 年，在 CDI 成立 20 周年之际，CDI 发起了一场全球运动：“重新编码运动”。作为非政府组织使命演变的结果，CDI 希望人们能够通过这项技术重新规划自己的生活。我们邀请人们重新编写并建立一个全新的系统。我们看到通过量子物理学、分子生物学、科学的再创造以及促使人们追求新的生活质量的精神意识，一个新的思想在学术上启蒙，这就是我们的使命。当我们看到那些想要重塑民主的人，对政党和企业集团在我们国家获得权力的方式感到愤怒时，比如“占领魔鬼”运动（Occupy demon strations），它代表了社会的未来。

“重新编码运动”是一场数字赋权运动，旨在重新规划世界，让年轻人“重新审视”当前的体系，并与之联系起来，为全球问题提出新的解决方案。在学校、社区和图书馆，我们的目标是形成自主的、相互联系的个体，他们使用技术来促进社会的积极转变。一种持续和定制的学习方法可以使 14 岁至 29 岁的年轻人支持创业计划并进入劳动力市场。年轻人将成为生活的“再造者”和全球网络中的一员，与世界各地的创新体验联系起来。

我们希望形成自主的、相互联系的个体，从一个新的角度来看，他们将技术作为一种工具，对周围环境产生积极的影响。我们需要知道时间的挑战，要意识到技术的变革力量，并利用它，以便能够在生活中创造更好的解决方案。

作为社会企业家的未来

我目前住在华盛顿，在比尔·德雷顿身边，作为 Ashoka 的高级副总裁，领导着 CDI 的全球治理和一个发展社会企业家领域的全球项目。二十年前，当我在圣玛尔塔时，我甚至无法想象自己的未来。我觉得自己实现了对成功和幸福的追求。和二十年前我想的不一样，没有一个地方叫幸福。这个地方存在于现在，它就在这里流动，我们需要日复一日地去建造。我对这项任务感到满足。对我来说，现在胜过一切，因为过去已经过去，而经验是重新创造、进化和改进自我的途径。未来也是要靠现在去创造的，当然，在 Ashoka、 CDI 和我们的网络中，我们正在努力建设这个未来。

经验教训

1. 在困难的情况下寻找机会。1993 年，巴西在数字融合方面迈出了第一步。这仅限于精英阶层：大公司在计算机化，私立学校在创建它们的第一个实验室。我们当时的目标是把科技带给低收入人群，幸运的是，这让我们在当时涌现的许多其他创新中脱颖而出。我们不可能在任何其他级别上竞争。经验告诉我们，机会总是存在的，差距也总是存在的，即使是在最不可能的情况下。

2. 理解并尊重多样性。要在全球范围内持续扩张，我们必须理解和尊重多样性。当 CDI 开始扩张的时候，我们采用了社会特许经营的模式，以保证有质量的扩张。从那时起，我们的挑战就是要确保在不同的人之间保持一致。我们需要在 CDI 建立一个文化网络，在不同的合作伙伴之间建立文化多样性。

3. 连接在一起成长。一旦 CDI 组织形成，就有必要建立一个由目标和激情相连的人的网络。每个人都有不同的背景，但他们的观点必须符合我们的提议。他们将团结在一个拥有数字赋权文化的网络中。这是一项伟大的合作创造工作。

4. 可持续增长是成功的关键。我们制定战略，以激励和确保组织和领导人的成长。我们使用绩效评估工具，如影响力测量。我们还建议进行几项改革，以创造一个可持续发展的环境。

讨论题

1. 有两个促使我为社会变革而努力的因素。第一个是在十几岁的时候，我有机会调解无家可归的孩子之间的冲突，另一个是我做过的一个梦，因此，我把电脑带到了里约热内卢的贫民窟里。在你的个人经历中，是什么能够激励你成为一个改变者呢？

2. CDI 的方法包括使用技术来解决社会问题。你所在社区面临的最大挑战是什么？你能从中获得哪些商机？

3. 社交媒体和互联网正成为活动人士和关注社会的组织越来越重要的工具。是否存在这样一种危险，即我们可能过于关注在线发生的事情，而忘记了在现实世界中，线下的行动往往会带来最大的改变？

4. 大多数访问网站的人出于个人原因使用技术工具，只有极少数的人能够通过可用的工具创造社会变革。你能做些什么来帮助人们用科技解决社会问题呢？

5. 马丁·路德·金（Martin Luther King）有一个梦想，让人们参与民权运动。梦想有力量向你展示你能做些什么来改善自己和他人的生活。为了改善自己的生活、自己的世界以及全世界，你的梦想是什么？

延伸阅读

你可以在 www.koganpage.com/socialentrepreneurship 找到更多相关资料。

The Innovators – Walter Isaacson

The Fifth Discipline – Peter M Senge

Bold – Peter Diamonds and Steven Kotler

How to Change the World – Social entrepreneurs and the power of new ideas

The Kingdom of God is Within You – Leo Tolstoy

Anna Karenina – Leo Tolstoy

Origem do Paraíso – Francis of Assisi

Quem se Importa – Documentary by Mara Mourão

I Ching – O Livro das Mutações – Richard Wilhelm

Negócios com impacto social no Brasil – Marcel Fukayama

Banker to the Poor: Micro–lending and the battle against world poverty – Muhammad Yunus

Creating a World without Poverty: Social business and the future of capitalism – Muhammad Yunus

Building Social Business: The new kind of capitalism that serves humanity's most pressing needs – Muhammad Yunus

The Fortune at the Bottom of the Pyramid – CK Prahalad and Stuart Hart

Cannibals with Forks: The triple bottom line of 21st century business – John Elkington

The Singularity is Near: When humans transcend biology – Ray Kurzweil

03 专利战争：打击大型制药公司，让所有人获得药品

I-MAK——普里蒂·拉德哈基里什南（Priti Radhakrishnan）

陌生人心碎绝望的一面，令人难忘。当我准备与拉希姆（Rahim）会面的时候，基于保密原则，他的名字将会以匿名的方式呈现。

那时的我，还不知道我的生活即将面临巨大的改变。我作为一名受过专业培训的律师，在印度当地的法律援助组织中工作，并且担任项目经理的职位。该组织是帮助当地被确诊的艾滋病患者进行医疗诉讼或是其他活动的社会运动团队。在工作过程中，我经常遇到家庭贫困、没有足够经济收入的艾滋病患者，他们往往不能负担昂贵的医疗费用。

拉希姆的医疗案例获得了大众的重视。17 岁的他因为严重的营养不良，看上去只有七岁左右。拉希姆是个温柔体贴、情感丰富、认真学习的好孩子，贫困的生活也无法限制他想去学校上课的渴望，然而，在印度泰米尔纳德邦（Tamil Nadu）的一家官方医院中，因为医院的疏失，一名带有 HIV 病毒的捐血者的血液被输入拉希姆体内，感染破坏了拉希姆身体的免疫系统。

当我准备在法庭上提交他的损害赔偿和免费药物治疗申请书时，我感受到内心发生了一些变化。经过五年的律师生涯，我不再满足于仅仅为地方的贫困患者和社区进行辩护，我需要更大的改变，那就是改革妨碍贫困患者获得治疗药物的医疗体系。我需要召集一些专家，这些专家可能是研究 HIV 病毒科学领域的专家或是为了为贫困族群做辩护而奔波的律师，这些都是我所需要招募的人才。这些来自各个律师事务所或制药公司的专家都已经工作了一段时间，对于医疗体系相当了解，他们和我拥有一样的想法，也想解决存在于医疗体系中的弊病，改变医药公司对于药品订价的掌控，让更多贫困的患者获得治疗疾病的药物，这便是我成立 I-MAK 的起点：一个由律师和药物科学家所组成的团队，致力于让更多贫困的人获得治疗疾病的药物。

家庭的启发与鼓舞

事实上，我的运动精神开始于七岁，我在德里(Delhi)的祖父给了我一本字典，并向我描述了一段巴基斯坦诗人法兹（Faiz）曾经说过的话：我不会因为被锁链束缚而放弃说话。

我的祖父是工作记者运动的先驱革命家，也是甘地（Gandhi）争取独立运动中的自由斗士。他告诉我，当年，他被关在阿利普拉姆监狱（Alipuram Jail）时，创办了一份写在石板上的地下报纸，为那些没有希望或没有家庭关心的人提供温暖和希望，让他们对自己的未来不要过于绝望。那时祖父赠予了我一句极为珍贵的话：为了和平，运用才能，将文字转化为武器。这句话深深影响着我和家人之后的生活。

出生在一个致力于提升公民权益、实现社会正义的热血家庭，我从小便参与了各种社会运动，了解我的家庭是为了什么而从事社会运动的。

长大后我才意识到我的家人一点也不平凡。生长在一个由社会运动组织者、科学家、教师和记者所组成的家庭中，在餐桌旁激烈地讨论政治和社会时事，已然成为生活日常的一部分。

回到家中，身处在积极参与社会运动的氛围中，我才能找到属于自己的真理，深入思考现在的情势，制定精准的行动方针，为理想做实际的规划，而不是舒适地坐在洛杉矶的律所办公室中，也不是站在日内瓦高级人员的办公桌后面。和我想要帮助的社区居民同处于一个生活环境，体验他们所承受的挣扎、痛苦，而不是动动嘴皮子，只是用话语表达我对他们生活环境的理解。

静静地体验了一段时间类似于当地的生活方式，我想该是时候卷起袖子，将改变他们生活环境的重任负在身上了。于是，我走进一家旅行社，买了一张去德里的单程票。

挽救生命的药物，供应与否

最大的挑战即将来临，印度向大多数发展中国家提供了价格便宜的药物，但是，以目前的局势来看，印度已经走到了一个选择的十字路口。

印度政府制定政策，引入专利法，为制药公司提供产品所有权。药物使用权的未来走向令人不安。这是一个不祥的政策逆转，印度政府对廉价药品逐渐揽权。1947 年独立后，印度意识到自己拥有世界上最高的药品价格，于是，设立了一个委员会，专门调查殖民统治时期遗留下来的专利法是否满足当前的社会需求。

调查发现大多数专利的持有者都是跨国公司，于是印度政府采取了令人敬佩的行动，于1972年决定废除专利法，并允许国内的企业家成立为印度公民服务的专属公司。接下来的25年里，印度变成了一个自给自足的国家，没有跨国企业在药品上的垄断，印度当地的企业有足够的权利来发展自己的制药业，并为其公民提供更便宜的药品。

更重要的是，印度的制药业开始向其他发展中国家拓展，印度成为世界"穷人的药房"。印度的药品定价从世界最高走向最低，并借由废除殖民时期遗留的专利法，推动了印度当地制药业的发展，为世界各地提供了低价的药品。

2001年，印度打破了由西方殖民国家主导的药品供应模式。当西方制药公司声称它们不能将每年治疗HIV的药品价格降低到每个病人1万美元以下时，印度当地的仿制药业站出来，并且对外宣称说，他们可以提供这种药品，其成本价甚至不到西方制药公司成本的十分之一。从那时起，印度便成了为南半球国家提供低成本治疗HIV病毒药物的国家。

后来，印度加入了世界贸易组织（WTO），启动了一系列改革，其中包括对其他国家的制药公司开放药物所有权。在外国资金注入的同时，国内的医药行业所获的利润却在慢慢减少。世贸组织所支持的专利法案的出台，可能会摧毁印度国内的仿制药业，这是一个迫切需要应对方案的紧急事件。以邻国为例，如果法案通过，药品的价格会被提升700%。在印度政府表态愿意成为国际贸易体系的一部分后，药品的价格已经有了逐渐提高的趋势。

我们的团队开始了行动。两年来，我们拜访了印度较为落后的乡村地区，深入当地，组织民众进行社区活动，宣传我们的理念，让当地居民能够理解我们团队想要倡导的议题——专利法相关信息的传播。这是一个非常复杂的议题，我们希望先让与艾滋病毒和癌症患者一起生活的民众了解，专利法的实施将带来非常严重的后果。从建筑工人到性工作者，从高级领班到低层劳工，人们只有意识到专利法所带来的问题的严重性，才能产生深刻的感悟。

与团队合作，动员集体力量，组织全球性的社会运动，与世界各地志同道合的社会运动家联手，我们的抗议活动，从德里到内罗毕（Nairobi），从曼谷到里约热内卢，再从纽约到约翰内斯堡，全世界被带动起来，一起关注专利法的议题。

社会运动家的重生

2003 年，我加入了为贫困人群争取权利的非营利组织——“律师协会”（Lawyers Collective），前往深受 HIV 病毒影响的社区，进行医疗相关知识的宣传，并推动印度政府出台一项针对艾滋病患者的免费治疗方案。我努力地在全国宣传这个有益的政策，帮助更多民众了解福利政策的消息，印度政府扩大了免费治疗方案，拉希姆等患者在健康方面迎来了巨大的变化。

通过这次活动，我亲眼见证了“律师协会”为那些没有足够能力获得卫生医疗服务的贫困民众进行辩护，帮助他们找回应得的权利和接受治疗的机会。我体会到，社会团体对社会有着十分巨大的影响力。

不眠之夜：2005 年，印度专利法通过

经过几个月的组织和倡议，这一刻还是来临了。2005 年 3 月，“律师协会”在孟买召开了一次会议，与来自巴西、中国、斯里兰卡、南非、泰国等国的艾滋病毒感染者和主要的治疗积极分子会面。

我们的计划是花三天时间，为现场来宾讲解未来即将开展的社会运动，但那次会面并没有进行。纯属巧合，就在治疗积极分子运动的主要声音传到孟买的当天，印度议会开始讨论专利法案，该法案旨在为跨国制药行业提供不受限制的所有权。换言之，该法案中没有足够的公共卫生保障措施来确保民众获得负担得起的药物。我从来都不相信命运，然而在那个时候，我却找不到任何词汇形容当下的状况。

“律师协会”立即采取行动，阻止法案在没有订立明确的公共卫生保证法条的情况下通过。我们组织了一次记者招待会，召集来自世界各地的患者以及那些为了帮助人们获得药品而奋斗多年的社会运动家。

南非人用一首反对艾滋病怀疑主义的歌曲来激励自己；印度人带领我们喊着印度劳工和独立运动的抗议口号；印度癌症患者援助协会（Indian Cancer Patients Aid Association）的负责人用颤抖的声音讲述了低收入癌症患者无法获得救命药物的困境。

第二天早上，我们从孟买飞往德里，在德里我们日以继夜地工作了将近一个星期，游说议会否决这项不能保证公共卫生的专利法。我永远不会忘记，我坐在一个挤满了来自世界各地社会运动人士的办公室里，凌晨两点打电话给印度国会

议员，请求他们倾听我们的想法，我们需要在日出前阻止这项法案的通过，我们紧跟着议员来到他们的家门口，堵住门口的位置，让议员们接受媒体记者的采访，进而写出一篇又一篇的报道。数小时后，我们听说法案通过了，并且增订了保证药品成分符合公共卫生安全的法条。若是单靠社区或公司的力量是不可能在这场战斗中取得完美胜利的，这场胜利代表着来自世界各地的社会活动家的力量。动用全员的力量，化不可能为可能，使有法律保证的安全性药品能够生产出来。

印度迈出了巨大的一步，确保新的专利法不会凌驾于本国公民的公共健康之上，也不会摧毁国内仿制药业。该法建立了一个开放和民主的制度，允许“公民审查”，任何人都可以注册反对专利，印度政府还要求制药公司重新检阅过期的药物记录，并且更新药物数据，记录最新的药物对病人的实际治疗效果。这是史无前例的，印度是世界上第一个对制药公司提出以病人的需求为中心的国家。

第一个专利法案

即使这么多年过去了，我还是感到十分惊讶，我们居然赢得了这场战斗，将健康保障纳入了专利法。我们赢了，任何社会运动家都会告诉你，这样的胜利很少见，我们要去品尝胜利带来的甜美滋味，这场胜利为我们带来了动力，同时也不断地提醒我们，我们不是在做徒劳的斗争。专利法通过后不久，我还在“律师协会”工作，这时，我们成立了一个机动小组，专门利用新颁布的专利法案，对各种的药品专利进行“公民审查”。我们的目的是想确保非法、昂贵的专利药物不会阻碍便宜且符合资格的专利药物的审核。检阅过许多案例后，我们的团队使用新颁布的专利法提交了第一次“公民审查”。值得注意的是，我们从街上的抗议活动转移到与专利局官僚的斗争。我们的第一个案子是代表一个组织提交的，该组织为贫困的癌症患者提供救命药物，费用低廉，甚至不用付费。此案针对瑞士诺华制药公司（Novartis），该公司在印度获得了一种重要的白血病药物的专有权。伊马替尼（Gleevec），一种治疗慢性粒细胞白血病的药物，价格从每月200美元猛涨到2 600美元。在一个大多数公民每天生活费不到2美元的国家里，而且这个国家并未拥有全面的保险制度和任何社会救助的相关措施，这些癌症患者即使可以依赖这种药物生存下去，也负担不起。

在接下来的一年里，“律师协会”以倡议的方式，关注着诺华制药公司案的诉讼，以史无前例的方式使用了新型的法律制度，记录我们对于不顾贫困患者医疗权利的最新全球贸易制度的抵制。“律师协会”在印度各地的市政厅会议上进行汇报，解释法律间的细微差别，并带头撰写了媒体简报。在打击诺华制药公司案的过程中，“律师协会”在发展中国家帮助发起了一场限制私人权利滥用的政治抵制运动。我们在制定专利法方面的胜利孕育了一股全新的积极主义浪潮。在伊马替尼案的工作让我认识到我不再是一个社区组织者和倡导者。印度新的专利法要求律师们在自己的地盘上，与跨国制药行业和支撑该行业的体系较量。此外，印度是大多数其他发展中国家的供应商，所以这项工作不仅要在印度完成，也要在这些受援国完成，除非我们取消其他合作中的发展中国家和未开发国家的专利使用权。但要是这么做了，那我们之前的努力就都白费了。因此有必要成立一个具有顶尖知识产权和药学专业知识的全球性非营利社会团体，作为贫穷地区人民的代表，为全世界贫困患者争取他们应得的利益。

管理这个团队意味着我不能再做那些简单的、解决温饱的工作，我要与社区内患有疾病的人一起工作，满足他们当前的法律和宣传需求。但是，其他地方也需要我——帮助创建一个由能力强、反应快的律师和科学家组成的团队，他们可以帮助阻止看似势不可挡的制药行业，那就是 I-MAK。

然而，只要一想到要开始管理工作以及即将离开印度的社区，投身全球性的机构，我的心里充满着对未来的不安和迷惘，而且新的工作内容仅仅需要关注药品专利的相关问题，不再需要前往各个社区走访，开展研究、访问等工作，我为此感到不安。

事实上，当我实际体验这份新工作后，我实在想不出有什么工作能比坐在位于纽约办公大楼的办公桌后处理药品专利等问题更加轻松、有趣了，不用再每天外出和人打交道，也不用奔波于各个社会运动的现场，这些劳力活儿对于现在的我已经没有太大的吸引力了，这就是我目前的工作方式。

当时我没有停下来思考成为一个团队管理者的可能性，然而，在我走上人权律师和社区组织者这条漫漫长路后，我深刻体会到，若是想要开创一条全新的道路，并实现当初心中许下的承诺，我将面对更多的艰难和挑战。我必须做好心理准备，迎接这些挑战。对我来说，这不再是一种选择，而是应该肩负的责任。

根据经验，我向我的团队承诺，我会带领他们踏过苦难，实现当初许下的诺言。此外，I-MAK 的种子基金慷慨出资，才使我有能力将承诺变为现实。

早期的岁月

当初的我凭借着一腔热情和积极态度，抓住机会，走出了“律师协会”，前往另一个领域发展。正因为这个决定，才有了现在的成果，一个拥有全新的经营概念、面向全球并且集合各种人才的组织——I-MAK。我们要让世界认识我们。我和其他共同创办人、实习生以及咨询师一起坐在餐桌边，讨论议题，直到深夜。我们坐上飞机，来往于加尔各答（Kolkata）、钦奈（Chennai）、孟买和德里各地的专利局提交案例，与专利审查员建立良好的关系，从里到外学习专利法的专业知识。那是一段被孤立的日子，其他的非政府组织避开我们，因为他们认为我们本应该是他们旗下的一员，而不是独立出去的，我们觉得他们没有真正理解建立一个新组织的必要性。这个组织可以灵活应变，不会面临官僚主义的障碍和瓶颈。在他们无法应对的事件发生时，我们看到了表现机会，我们花了很多年来修复这段曾经破裂的关系。虽然被排挤过，但我们依旧慢慢地向前迈步，对于未来的愿景，我们充满信心。接二连三地完成任务，组建了律师和科学家团队，筹集到足够的资金，建立了董事会，还创办了一个网站，一步一步，I-MAK 慢慢成形。我记得在那些早期的岁月里，我每年乘坐 60 次航班，公开演讲，参加会议，访问发展中国家的专利局和社区。那时的我还不知道，建立一个持久的组织机构会是一件令人十分疲惫的事。

政治和个人斗争

2006 年 7 月，I-MAK 还处于萌芽阶段，我和未婚夫以及其他伙伴成了种族歧视的目标。我的未婚夫作为巴基斯坦与英国的混血穆斯林，在 2006 年 7 月 11 日孟买爆炸案发生的那一周，不幸从孟买飞往伦敦。他已经为非专利公司做了一次演讲，走上飞机时他的大脑都在想着工作，想着要回伦敦拜访年迈的父母，想着要回印度和我结婚，然而这些事，他却没办法做到了，在英国的印度领事馆，未经解释他回印度的签证就被拒绝了。我永远不会忘记警察来到我们位于班加罗尔（Bangalore）的公寓，调查、窃听他在印度使用的手机的那一刻，或是当我打开壁橱，痛苦地将他的衣服装进手提箱的那一刻。

一种不公平加剧了另一种不公正。我们分开生活了一年，但继续工作以确保人们获得药品，并通过在巴西、南非、美国和英国各地见面来维护我们的关系。不过，“9・11 事件”改变了很多事情，包括世界对穆斯林的看法。在我们访问美国和英国的机构时，我坐在一旁等待，因为，我的伙伴被带走进行“二次检查”或者被选中“随机安全检查”。在这段等待的时间里，坐立难安的我感到十分痛苦，我常常在想，我是否还能再次见到我的伙伴，或者我们是否被允许通关入境等令人忐忑的问题。我们感到受伤、生气，但选择宽恕，因为我们明白他们这么做的原因。我想这对于我是一个真正的考验。

2006 年底，我在德里收到了一封电子邮件，它永远地改变了我的生活。我最小的弟弟维奈（Vinay）得了白血病，我毫不犹豫地收拾好行李搬到了波士顿，将整个生活重心转移到了美国。我还需要适应一个全新的角色——维奈的看护员，照顾他的生活起居，以及带他去医院进行定期检查。维奈需要骨髓移植，然而目前还没有找到能够和他或是其他患者匹配的罕见骨髓资助者，于是我开始策划骨髓捐献活动。我们创造了一个纪录：八周内 5 000 个罕见骨髓捐献者参与了活动。在社团的努力推动下，我们获得了数以千计的支持。我一边策划捐献活动，一边继续我的社会工作。我在达娜·法伯癌症研究所（Dana-Farber Cancer Institute）里工作，还可以就近照顾维奈。我很幸运地遇到了像吉姆·金这样的守护天使，他让我能够有时间在哈佛公共卫生学院（Harvard School of Public Health）工作。在这段历程中，每当我遇到瓶颈时，都会出现帮助我的人，协助我跨越困境，继续前进。

在波士顿的房间里，I-MAK 向雅培实验室（Abbott Laboratories）提交了我们最重要的专利项目之一。这个项目是为了能够让更多贫困民众获得一种名为卡莱塔（Kaletra）的专门治疗 HIV 的药物。

2008 年初，我的童年好友普里亚（Priya）死于突发性的神经并发综合症。当她过世的时候，我们对着普里亚的遗体颂唱离别曲。没过多久另一则哀伤的消息传来，维奈也死于白血病。两个月里，举办了两次葬礼，我不愿看到父母向孩子朗诵道别祷文的画面。

“当生命的圆满被带走时，它依旧存在。”

在接下来的几个月里，我让自己完全沉浸在工作之中。我在印度每周工作 100 个小时，经常去乡村旅行，在南半球许多国家的城市中心进行访问。在深切的悲痛中，我发现我最亲爱的朋友逝去的原因，竟是和患有严重疾病的人一起工作多年所导致的病毒感染。我看到孩子们被带到孤儿院和修道院，因为他们的父母双双死于机会性感染；看着因为得不到艾滋病毒的治疗，父母只能抱着他们垂死的孩子哭喊的模样。年复一年地面对这些悲剧时刻，我的精神崩溃了。在失去朋友期间，我深刻地体会到时间竟长得让人无法忍受。30 岁的时候，我放弃了工作，内心深处产生一种排斥感，不愿再碰触和这些疾病有关的议题。

治愈受创的自我

2009 年整整一年的时间里，面对创伤性压力症候群，我每天都在做选择。不屈服于内心的负面情绪，我进行心理治疗，纵情跳舞、学习烹饪、练习瑜伽、放声大哭、编织小物、放声大笑、种植树苗、教授并练习普拉提。普拉提是一种训练身心的运动方法，在未来几年陪伴我度过艰难的时光。

在这一年中，我学会用温和的态度来面对自己。身为甘地家族的后代，我必须学会如何为他人服务，通过心理暗示来完成自我实践。我告诉自己，我和其他人没有区别，面对悲剧，我也会伤心，我需要保持对他人仁慈的心，平等对待每一个人。

经过这次的教训，我学会了放下工作。我不再盲目保持冲劲，不再在夜深人静的夜晚疯狂加班，不再假装坚强，也不再急于改变已经扎根许久的官僚体系。怀着沉重的心情和巨大的内疚感，我轻轻地放下了工作，放慢了脚步，只承担了自己力所能及的事，生活不再忙碌，也不再令人空虚。回首过往的种种，正因为放松了紧绷的心，我才有了足够的时间，好好疗愈受伤的内心，调整心灵。

这次的精神崩溃成了我这辈子最惨痛的教训之一。

另一个失去

在这条真理之路上，我心怀同情，学习如何通过冥想来思考问题，精进内心世界。

失去会改变一个人，因为失去会让我们体会到一件事情将不再完整，并被重新塑造成另一件事。我和丈夫之间的关系改变了。

原谅改变的自己成为这个历程中最艰难的一步。它迫使我接受现实，当我学会宽恕自己时，我亲密的家人、朋友便不会再那么担忧我。回望过往那些相爱的记忆，我不怨恨对方，我提起精神用最潇洒的态度和那个居住在我心中十几年的男人说再见。当发掘出潜藏在内心深处的勇气时，人会产生一种既害怕却又渴望的情感，在互相融合后，它会让人充满动力，带领着自我变得更加坚强。我听到一个声音对着我说："飞吧！翱翔在这广阔的天地吧！"

回到自我的道路

经过将近三年的心理治疗，我承认我对工作的态度已经完全改变了。我接受了这种转变，尽管依然会为可能对与我共事的社会团体产生的影响而感到惆怅。我看到了自己内心的蜕变，将年轻时期的棱角磨平，以更加圆滑、成熟的态度来处理事务。年轻的我总以为是我在改变世界，然而现实却是，我被世界改变了。理解到这点后，我调整心态，把过去作为一名积极争取社会权益、激进派社会运动家的日子当成回忆。这些回忆对于我而言，既有苦乐参半的慰藉，又莫名地带给我一股淡淡的罪恶感。当我决定尘封这些回忆时，又发生了一件事，它改变了我的想法。

有时候，不需要一个特别的时刻才能改变自身的想法。在漆黑、看不到头的人生长路上走了很长一段时间，没有光照亮前方的道路。我学会一步一个脚印，稳健地向前行走。直到有一天，在毫无征兆的情况下，我就这样走进了光明。我永远不会明白这一切是怎么发生的，也不需要深入探讨。重要的是，这些年来，我从未真正放弃过 I-MAK，我的团队成员、创始合伙人、董事会朋友和身边的每个人都支持我重新审视自己的角色定位，在那些困难的日子里扶持着我，让我有动力继续走下去，我会永远感激那些支持我的人。

在找回对工作的热情后，我发现和过往的自己相比，现在的我充满能量，并且有更多的心力去倡导解决药物资源分配不均的社会问题。随着 I-MAK 扩展到新的国家，接触新型病毒，我发现自己从中等收入国家的伙伴那里得到了鼓舞。我感到很高兴，因为发现自己能以挖掘信息和战略干预等方式，增加寻求帮助地区的患者拿到治疗药物的机会。

事实上，对我来说，职业倦怠感之所以会发生，可能是因为在工作的大部分时间里，我虽然会帮助他人争取药物治疗的机会，但很少和我曾经帮助过的人见面，并接受他们的感谢，这使我缺乏正能量的反馈来支持我继续前行。除此之外，私营部门会用薪酬或收入来确立个人或机构的价值，但在非政府组织部门，特别是卫生部门，大部分的价值来自公众形象，这就是为什么即使是最好的非政府组织也会被卷入自我价值怀疑的困惑之中。在缺乏个人价值认可的情况下，即便是拥有最高社会道德意识的人也会感到心情低落、思虑烦躁。我花了很多年去认清这个现实，甚至花了一段时间来探索一种能够让我充满激情、高效工作更有效率的生活方式。

在I-MAK，我终于消除了自己因为没有到第一阵线帮助民众而带来的内疚感。当我照顾癌症病人、积极进行骨髓运动、挽救患者生命、从失去两个好朋友的伤痛中恢复过来时，我会感到内疚，这对于其他人来说难以置信。虽然我对自己承诺过，会尽全力去对待这份工作，但我却不知道下一步该如何走，我只知道，当我将300%的精力都奉献给这项工作后，精神高度紧绷的我反而会拖累进度或是无法更好地为需要帮助的民众服务，这样疲累的工作方式耗尽了我全部的精力，让我无法继续工作。

正因为如此，如今，我对待工作的方式与以往不同了。我为自己十年来一直是药物专利问题方面的社会运动家而感到自豪。I-MAK现在已进入创立以来的第七个年头。当我登上飞机，来往于巴基斯坦、南非、阿根廷时，我停下来买了个颈枕，把这件事记录在日历上，等我回来后再来取货。在纽约，我每周运动三天，运动成为我发泄压力的渠道，帮助我平衡心灵，宣泄负能量，增加我对事物的正面看法。

不久前，一名员工意外死亡，我们承受了重大的打击。我们停下了团队的工作，一同为他的逝去哀悼。他不仅是I-MAK科学工作的主导者，还是我的朋友兼人生导师。即便过了这么多年，面对亲密之人的逝去，我觉得我还是没有做好心理准备。但是，这次我给了自己空隙去接受打击，去悲伤，去表达心中的痛苦，为他照顾他的家人。几个月后，我开始重建团队。在这次的过程中，我没有产生任何内疚感。我意识到一件事，面对生活中发生的任何意外，无论我们想怎样去反抗，最后的结果都只是徒劳。

对影响力和今后的路的反思

当我在思考什么是可以真正影响他人的做法以及如何去实施时，我意识到，对于社会运动家来说，爱与关怀才是最真实的表达方法，能够让人具体感受到变化。正如研究影响力方面的专家凯文·斯塔尔（Kevin Starr）所说的，影响力中有两个最重要的问题：①我们试图做什么？②我们所做的是否正在影响他人？我开始应用严格的工具进行影响力度量，并把它作为工作的重要组成部分。我将基于事实的影响研究带入增加药物获取机会的工作中，以说明哪些策略有效、哪些无效，以及如何改进。正如甘地曾说过的："做你想在世界上看到的改变。"学会理解和衡量我们所做之事的影响，同时通过心中的爱来实践，允许自身做出改变。

我们为此不知疲倦地工作，想要证明一个小群体也能够与不公正的大公司做斗争。同时，我们寻求"从技术面做引导"，向受影响的地区提供基础知识，并充当抵御大型企业的前线，围绕无效专利的诉讼案件，形成全球议题。若是这些现象被忽视，那便是以人命作为代价的。I-MAK 为全球多个贫困地区提供技术支持，用于挑战专利，其中包括阿根廷、巴西、中国、埃及、欧洲、印度、摩洛哥、俄罗斯、泰国、美国和乌克兰等共 42 个国家。我们已经对八种不同疾病（包括 HIV、HCV、HPV、肺炎球菌、轮状病毒、结核病、白血病和糖尿病）和 15 种相关疗法提出了专利诉讼。迄今为止，I-MAK 是全球唯一专门关注药物专利挑战、药物专利信息学、市场情报和社会公正的全球性法律实体社会团队。

通过这项工作，I-MAK 已经能够揭露不正当专利的隐蔽问题以及它们对全世界人民的影响。在过去十年提交的专利案件中，我们赢得了超过 90% 的案件，这些案件都是针对那些阻碍低成本药物版本进入市场的不合理专利。印度是全球艾滋病毒治疗药物的供应国，就三种艾滋病毒药物而言，这项挑战专利的工作在过去五年中便节省了 5 亿美元的成本。

这些胜利驱使我们想做更多的事。每年爆发性的丙型肝炎夺去了 70 万人的生命，社区成员联系我们并提交了针对丙型肝炎的专利诉讼，清除六个国家的药物阻碍（阿根廷、巴西、中国、印度、俄罗斯和乌克兰），这可能会节省超过 2 700 亿美元的成本。我们已经看到了结果：我们赢得了在中国的案件，这是中国第一个针对制药业的公民社会案件。这次胜利之后，吉利德科技公司（Gilead Sciences）（一家自称"专注于创新药物的发现、开发和商业化的研究型生物制药公司"）首次坐到了与中国政府的谈判桌前。印度和乌克兰的第一个诉讼案件也取得了成功，专利局决定拒绝关键专利申请，这些消息在全球主流媒体上有数百篇文章的介绍。印度和乌克兰之前已经与我们合作并支持当地 HIV 药物网络的建设。在写这篇文章时，我们正致力于确保生活在低收入和中等收入国家的人不会因为无理的丙型肝炎专利而无法接受可以拯救生命的药物治疗。

定义结构、策略和方法

2013年至2014年期间，I-MAK的收入大幅增加，超过了100 000美元。我们的行政成本和其他开销都很低，我们有意经营一个精简的组织，将83%的收入基金用于执行方案或社区服务，利用一批顾问进行有针对性的干预，以便有效地进行成本运作。

回顾过往，创办一个非营利性组织是一件困难重重的事。2006年，我和一个好朋友以及她的丈夫一同住在班加罗尔（Bangalore），他们是一对来自加利福尼亚的夫妇。一天晚上，我结束了市政厅会议，回来吃晚饭，然后我们一直聊到深夜。我对诺华公司的白血病药物在印度的价格感到愤怒，并对仿制药禁令下低收入患者如何获得药物感到苦恼。我的朋友问我是否考虑过自己组织团队来解决这个全球性问题。我说我还没有考虑，他们问我要花多少钱才能把这个问题从纸上谈兵变成实际行动。当我回答现在还没有具体的方案时，他们告诉我，他们想给我开一张20万美元的支票，看看我能否做点什么。

回想起来，我对自己的运气感到惊奇，大多数创业者都很期待能拥有这样的朋友以及这种时刻。当时的我并不知道，朋友的丈夫竟然会在一年后被诊断患有癌症，他回到加利福尼亚对抗癌症，他们的慷慨捐赠将确保其他无法获得药物的患者有机会得到治疗。

从接受那张支票至今已经近十年了。在这十年里，I-MAK的使命越来越显而易见，这要归功于无国界医生和无国界医生组织的支持。我们在更大范围内工作，因为一路走来所建立的关系壮大了我们的团队，给我提供了更多赢得诉讼所需要的资源。我利用这些证据来改变公众的看法，发现问题并找出新的解决方案。

今天，对于媒体、决策者和其他主要利益相关方来说，I-MAK已经成为一个在药品专利和定价问题上的关键社会组织。这种增长是需要时间经营的，也是我们不愿意在追求和原则上妥协的结果。我们在发展业务时非常谨慎，因为一不小心，非营利组织就会形成和其他企业一样的体制。我们用温和、毅力保卫使命，我们始终坚信，随着时间的推移，我们将有机会改变由强大企业主导的医疗制度。

关于一次尚未完成的旅程的思考

在作为社会运动家的旅途中，我遇到了一个关键的转折点。我开始整合我的朋友和社会运动家艾珍布（Ai-Jen Poo）教给我的一个原则——“用爱来组织活动”。

我们团队中的大多数人都是以满腔的激情、热血来面对不公正企业的社会运动家，他们化愤怒为动力，进行永无止境的斗争。不过，当用爱来组织活动时——把政府、公司、国际机构当作合作伙伴，而不是抗争目标，情况便会发生转变。我发现我不再盲目地追求心中的正义，心灵渐渐成熟起来。调整过后，我也不再固执于对抗分歧的想法，而是选择其他道路，和其他团体联手，为需要帮助的人创造更好的活动环境。

胜利

经过这几年的训练，我学会放下得失心。作为一个理性的社会运动家，我要学会如何冷静地和体制做抗争。多年的经验告诉我，想要改变这个根深蒂固的医疗体系是一件希望渺小的事。过往的我心怀远大的抱负，凭借着满腔的热血提出了许多重要提案。我希望这些提案能够为南半球贫困国家的人民打开廉价药物的大门，然而，现在的我已经学会了如何面对提案被退回时的失望。即便被退回，我也会继续寻找其他方法。

2011 年，我们赢得了对雅培实验室艾滋病毒药物的诉讼，这是我们第一次在波士顿当地赢得医疗诉讼。我还记得，当时的我完全不敢相信这是真的。在接下来的四年里，我一直在思考一件事，坐在办公桌前的律师和研究室里的科学家居然能够和拥有庞大资源以及一大群专业律师的医药公司进行抗争，这简直是一项不可能完成的任务。然而，印度法律为我们打开了胜利之门，法律中写道：执行专利的“公民审查”，只需要很少或零成本，所需要的只是一群关心并致力于医药方面的专家。单就前面三个病例而言，我们估计平均每五年里就有超过 70 万人的生命受到影响。这时候，我想起玛格丽特·米德（Margaret Mead）的一句话，这句话一直存在我心中，此时此刻，我才真正明白了它的含义：永远不要怀疑一小群有思想、有献身精神的人，他们拥有改变世界的力量，这不是瞎说，而是事实。

2013 年，这句话再次响起。在提出第一项针对诺华公司的诉讼后，时间又过了八年。在这八年里，团队的辩护律师、社会运动家、病患家属都在努力为人民争取权益。印度最高法院最后决定支持病人，让贫困的病人能够拥有获得药品的机会以及维护贫困阶级的病人享有国会制定的健康保障措施的权利。这是一场前所未有的胜利，我在震撼中静坐了一天来消化这个消息，我们团队赢得了白血病药物专利的胜利。第二天，《纽约时报》打电话给我，询问 I-MAK 对这次诉讼结果的看法，我迅速并且坚定地回答：全球各个地方都会感受到胜利所带来的连锁反应，其他低收入和中等收入的国家将跟随印度的脚步，除了让更多地区能够获得便宜的白血病药物，其他国家如阿根廷目前已经采取行动，在它们的专利体系下保护公众健康利益。

我们花了八年时间才取得了这场胜利。这段路程既漫长又孤独，更令人感到疲惫。那时的我想知道，我们的运动是否能够削弱制药业以利益为先、罔顾人命的制度。八年来，看着孩子们向父母道别，白发人送黑发人，这令人鼻酸。如果要说这十年的社会运动教会了我什么，那就是巨大的改革是需要时间来磨练的，耐心是寻找真理的基石。

就在今天，我明白了每个人对真理的理解都是不同的，它不是一种全心全意地以奉献自己、牺牲自己为代价来为他人服务的感觉。我在工作和生活间寻求平衡，同时作为年轻而积极的社会运动家、企业家的心灵导师，我帮助他们塑造自己的生活，以使他们活出自我价值，更好地面对工作。最后，我在一次冥想静修中学到了一个有关于二元性的道理：我和我所寻求的世界虽然在样貌上有所不同，但却没有互相脱离，我相信我们之间存在着某种联系。时至今日，我理解到真理存在于我的生活之中。这个道理令我不断回味。

结语

现在的我坐在这里，写着这些话。让我惊讶的是，在过去的十年里，居然发生了这么多事。祖父若是看着现在的我，坐在这张小木桌旁，将这些事情记录下来，他一定会感到十分骄傲。他灌输给我的话语是他一生谨记在心的，同时，也是他在进行社会活动时的动力。它不仅推动着祖父前进，也带领我向前迈进。祖父作为一名资深记者，一直工作到他不能再发动汽车或接听电话为止，他简单的生活价值观是我所共有的，也是我一直努力效仿的。我相信，如果他看到现在的I-MAK能够与各个国家和地区的团队联手解决各种疾病问题，若他知道我能够与一支不断壮大的团队一起工作，我想他会欣喜若狂。回首过去十年的生活，我有时会觉得未来没有希望，但事实上，我克服了苦难，并且获得了全新的生命意义。

这些苦难是组成生命的一部分。它们或许令人悲痛，但我征服了它们，以致最后这些苦痛已被我放置在了心中的某个角落。最后，我想说，我得到了一个简单却意义深长的真理：强迫自己跨越那道名为“痛苦”的墙，那便能看到墙后名为“喜悦”的美景。

经验与教训

1. 永远不要低估为无声之人发声的力量。在整个过程中，我亲眼目睹了倡议的力量和它的直接影响。尽管挑战巨大，我们仍需要全力以赴。

2. 胜利可以在出人意料的地方出现。即使你认为不太可能赢，你也不应该停止尝试。

3. 当拥有共同的目标时，看起来最不可能合作的联盟有时候也可以一起工作。就像I-MAK，如果没有一大批全球性的公司和积极分子，我们是无法获得胜利的。

4. 将愤怒转化为积极的东西。当你在世界上遇到不公的时候，把愤怒的情绪转化成动力，引导你去寻找解决办法。请尊重对方的声音，即使你不同意对方的观点。

5. 照顾好自己，别被怠惰的状态所吞噬。当我们用百分之三百的精力投入工作时，事实上我们并没有为工作和我们所服务的社区提供很好的帮助。

讨论题

1. 像普里蒂的祖父一样，在你的生活中，有没有人影响了你的价值观？他是谁？他是如何影响你的呢？

2. 你对人们缺乏治疗药物的感受如何？如果一种疾病的治疗方法存在并且可以进行，你觉得每个人都能得到治疗应该成为一项基本人权吗？

3. 高级知识分子，如律师、医药科学家等专业人士，对利润丰厚的商业生涯置之不理，而跑去参与药品专利等社会性问题，你觉得他们这么做值得吗？

4. 那些在研发上花费了大量资金的公司应该有权以任何它们喜欢的价格出售最终产品，即使这意味着社会中有一些最贫穷和最脆弱的人支付不起。你觉得这个观点正确吗？

5. 普里蒂的故事讲述了意想不到的悲剧，以及引领她前行的各种因缘际会，你的生活中有类似的事情发生吗？你认为你应该带着怎样的目的去生活？你希望世界发生怎样的改变？

延伸阅读

你可以在 www.koganpage.com/socialentrepreneurship，找到更多与本章相关的资料。

Dying for Drugs（film）: www.cultureunplugged.com/play/5080/Dying-For-Drugs[accessed 10 December 2015]

Fire in the Blood（film）: http://fireintheblood.com [accessed 10 December 2015]

Angell, M（2005）*The Truth About the Drug Companies: How they deceive us and what to do about It*, Random House

http://www.i-mak.org [accessed 10 December 2015]

http://poptech.org/popcasts/priti_radhakrishnan_health_access [accessed 10 December 2015]

Challenges to India's Pharmaceutical Patent Laws, Science Policy Forum, 29 July 2012

04 为社会公正服务的数据科学、技术和设计

“可视化影响”（Visualizing Impact）

——杰西卡·安德森（Jessica Anderson）、贾布里（Joumana al Jabri）

最近一次遇到让你发笑、哭泣或有所行动的电子表格是什么时候？我们的大脑是通过叙述和视觉连接起来的。相比表格化的原始数据，可视化信息更容易被有效地理解、记忆和采用，即使是训练有素的统计人员也不例外（Nate Silver，2014）。这是因为良好的视觉效果能够揭示隐藏的链接并减少数字干扰，将视觉置于最前沿的感官。这使得数据新闻成为信息传播的有力工具。同时，倡议团体的目标和策略可以将知识与具体的人类斗争联系起来。

“可视化影响”（VI）运用数据科学、技术和设计来传达关键的社会问题。其联合创始人拉姆齐·贾伯（Ramzi Jaber）和贾布里的经历为VI在中东和北非（MENA）地区社会、政治和经济动荡中的出现提供了背景。他们在TEDxRamallah的第一次合作使他们更深地接触了VI的核心问题：获取信息；权力不对称对知识传播的影响；现代通信趋势造成的“信息过载”所导致的“信息化”或“信息迷失”。

本章按时间顺序探讨VI的试点项目、可视化巴勒斯坦（VP），以及其向更大任务范围的过渡。VI现在涉及的主题包括革命后埃及的审查制度、中东和北非地区的青年失业问题和数字权利。它已在全球用于支持29个国家的79个城市的宣传和教育。在这里我们可以大致了解团队在没有网络连接的物理环境和不断变化的数字环境中远程操作的机制、影响模式和思维倾向。

星期一下午在贝鲁特（Beirut）

VI 每周的团队会议都是一个有趣的场景。大部分成员聚集在贝鲁特共同工作空间的花园中。那里的环境几乎是原生态的，它在充满活力但又混乱的城市中为人们提供了一个罕见的宁静之地。在桌子的中央，一台笔记本电脑将在贝鲁特的团队与安曼、迪拜、拉马拉、开罗、米兰和多伦多的同事连接起来。他们用多种语言交换了“hello”和“你能听到我吗”的重复合唱。贝鲁特时间下午 4 点，在多伦多总部的联合创始人拉姆齐·贾伯仍然在喝他当天的第一杯咖啡。VI 的技术团队在工作周内比其他团队成员有提前一整天的时差，他们在安曼、拉马拉和开罗时间的周日至周四工作。尽管远程工作已经司空见惯，但处理从停电到低于标准 Wi-Fi 接入等问题对于维持断裂的中东和北非地区的凝聚力至关重要。

自从 VI 开始运作以来，黎巴嫩贝鲁特的记者就是其主要的依靠之一，他们预测这个小国可能会被卷入邻国叙利亚的破坏性冲突中。在许多方面，贝鲁特是一个深受过去和现今冲突困扰的城市。2015 年 7 月，政府停止了清除废物的服务，留下了 2 万吨垃圾堆积在街道上，并因此引发了一场以政府腐败为重点的大规模抗议运动（Aljazeera，2015）。在垃圾危机开始一周后，为贝鲁特服务的一家主要发电厂突然关闭，这使已经面临能源危机的首都几乎在黑暗中度过了一周（Mohammad Zaatari，2015）。国际媒体言辞激烈地报道了欧洲的难民危机，黎巴嫩的难民比例超过世界上任何一个国家，其中包括保守估计的 120 万叙利亚难民和全国 430 万难民。然而，如果这些代表了贝鲁特的一方面，那么这座城市的另一面是其蓬勃发展的创意文化、艺术中心和企业家生态系统。

图 4.1 部分团队成员聚集在黎巴嫩的贝鲁特

贾布里

2004 年，在成为建筑师的几年后，贾布里和两个合作伙伴一起在贝鲁特成立了一家建筑公司。一年后，他们为一个打破常规的住宅项目争取到了第一笔投资。2005 年 2 月 14 日星期一，一场发生在离办公地点几百米远的大型爆炸破坏了屋顶办公室的玻璃。爆炸袭击了黎巴嫩总理拉菲克·哈里里（Rafik Hariri）和另外 22 人。在 24 小时内，投资者撤离，项目随之取消。暗杀事件使叙利亚撤离了在黎巴嫩的近三十年的军事存在，再加上哈里里的去世，这深深地改变了该国的政治格局。

一年后，公司的合作伙伴开始开发一个他们与其他六家创意公司概念化了数月的项目。他们将贝鲁特边缘的一个仓库变成一个容纳这些创意公司的空间，并提供公共项目，这种模式当时在该地区很少见。该项目的合伙公司已经处理了前六个月租金的预付款。2006 年 7 月 12 日，贾布里正在为承包商准备文件，她收到消息说，以色列军方袭击了贝鲁特国际机场，冻结了主要的经济活动。在随后 34 天的战争期间，合作伙伴分散，项目停止。该公司几个月后完全倒闭。

从政治到经济的不稳定

当贾布里反思当时的工作环境时，她会想到“不满”这个词，以及她没有为此发挥能量。她的经历激发她去探索，是否有可能通过较小的短期产出实现长期影响。这种方法可以逐步推进，同时可以有效避免可能出现的中断。她还对自己希望将职业道路与更大的个人、集体目标和潜力探索联系起来的愿望有了更强烈的认识。其中的一项探索就包括发起并共同组织巴勒斯坦儿童救济基金会参与 2010 年迪拜马拉松比赛。贾布里注册成为第一位全程马拉松选手。

拉姆齐·贾伯

在报名参加马拉松比赛时，拉姆齐的早期职业生涯是迪拜的一名结构工程师。像贾布里一样，他在经济危机的阴影下工作，但是在他的研究项目中，只有“迪拜明珠”（Dubai Pearl）受到了影响。他探索的动力不是外部干扰，而是当时偶然发现的对行为科学的热情。他对网络的力量以及研究思想、规范和行为是如何传播的特别着迷。例如，你最亲密的朋友中如果有肥胖者，你的肥胖风险将增加 45%。如果你朋友的朋友是肥胖者，你的风险仍高出 25%。即使你朋友的朋友——从未见过的人——是肥胖者，你的风险也要高出 10%（Nicholas Christakis，2010）。当读到有关人类心理学和经济学的文章时，拉姆齐发现自己将这些见解与他所经历的社会问题联系了起来。这种结合不断地激发他的创造力，一种视野开始形成。

在计划下一步的过程中，拉姆齐开始联系 TED 组织者。虽然参加即将举行的TED印度会议的申请已经截止，但坚持不懈的联系使他获得了一个额外的名额。他受邀参加了以“未来的召唤”（the Future Beckons）为主题的活动。在那里，他有机会与一群爱冒险并经历过失败的人交往，他们为他带来了创新的观点。在活动期间，来自纽约的 TED 组织者在拉姆齐的名字标签上看到了“巴勒斯坦”，并建议他组织一次 TEDx 活动——一个 TED 风格的独立会议。当他离开时，围绕这一想法的推动力促使他申请了一个以“鼓舞人心的巴勒斯坦故事”为主题的 TEDxRamallah 许可。

TEDxRamallah

从一开始，TEDxRamallah 就是一个独特但难以组织的活动，特别是从包容性的角度来看。它必须反映社区复杂的地理、政治和社会现实；关注那些在加沙地带（Gaza）被围困、在约旦河西岸（the West Bank）被占领，以及被禁止返回的流离失所者。在考虑这些情况的同时，TEDxRamallah 也渴望超越它们，找出人类的真理。一群充满激情的人加入了拉姆齐的团队，迎接挑战。贾布里加入了他们的第一次正式合作。来自伦敦的、未来VI信息架构师艾哈迈德·巴克利（Ahmad Barclay）开创了一个直播节目。获奖的贝鲁特多学科工作室 Polypod 的创始合伙人哈尼·阿斯福（Hani Asfour）提出要做 TEDxRamallah 的品牌推广。Polypod 后来成为 VI 的核心合作伙伴和创新主力。当它上线时，TEDxRamallah 在中东的三个城市举办了 28 场演讲，并将演讲直播到全球 20 个城市。演讲者多种多样，从普利策奖（Pulitzer Prize）获奖诗人艾丽丝·沃克（Alice Walker）到巴勒斯坦嘻哈集体DAM，再到喜剧演员、电影制作、建筑师、工程师、企业家和人权专业人士。

从故事到行动

在组织 TEDxRamallah 时，拉姆齐开始听到一些关于内容从社交媒体平台上消失的故事，且没有任何解释。2010 年，数字版权活动家吉利安·约克（Jillian C. York）撰写了一篇文章，内容是关于“脸书”（Facebook）阻止用户创建以“巴勒斯坦”为主题的新网页的发现，他们后来解决了这个问题（Jillian C. York，2010）。与此同时，著名的“We Are All Khaled Said”脸书页面背后的埃及活动人士因账户关闭而苦苦挣扎，因为在反对专制政权的革命斗争中，他们拒绝使用真名来管理这个页面（Anver Emon 等，2011）。特别是在表达自由受到威胁的国家，拉姆齐认为这些报道是数字空间中言论自由易受攻击的象征。作为斯坦福大学“波涛”（Ripples to Waves）社会企业家，他试图通过技术和平台收集社交媒体如何控制用户内容和数据的证据。丽贝卡·麦康瑞（Rebecca Mackinnon）是一位互联网自由倡导者、“全球声音”（Global Voices）的联合创始人和“高级数字版权”（Ranking Digital Rights）的总监，她与拉姆齐合作进行了该项目的第一次迭代。后来电子前沿基金会（Electronic Frontier Foundation，EFF）的国际言论自由主任约克（York）加入成为 Onlinecensorship.org 的联合创始人。2014 年，该网站赢得了“加强互联网表达和创新自由”的骑士新挑战奖（the Knight New Challenge）。

当他开发 Onlinecensorship.org 时，拉姆齐继续反思自己的经历和身份。“即使我是一个从小对某些关于正义的叙述感兴趣的巴勒斯坦人，”他指出，“但也有许多我不知道的社区信息和数据。”那么，他怎么能指望与巴勒斯坦人的历史和经历联系不那么直接的人表现出兴趣或关注呢？他开始将数据和统计数据与真实的故事配对。其中一个故事就是他与一位女士约会，他们的身份不同，拥有的权利也不同。虽然他们都是巴勒斯坦人，但她带有东耶路撒冷（East Jerusalem）身份证，他还有一张西岸身份证。据人权观察组织（Human Rights Watch）称，由于以色列的身份证政策，超过 640 000 名巴勒斯坦人面临被迫与直系亲属（配偶、兄弟姐妹、父母）分离的风险（Human Rights Watch，2012）。他们相距只有几英里，但不得不乘坐不同的交通工具、使用不同的道路才能见面。在西岸，79 公里的道路专供以色列黄色车牌的车辆使用，另外 155 公里仅限巴勒斯坦人使用。

可视化巴勒斯坦（Visualizing Palestine，VP）

拉姆齐需要更好地传达社会正义；朱玛娜（Joumana）需要不断探索如何解决她对当前工作方式的不满。他们发现数据科学、技术和设计与这些需求的相关性是一致的，于是 2012 年，“可视化巴勒斯坦”成为 VI 的试点和旗舰项目。加入 VP 的每个团队成员都有自己的个人驱动因素，他们具有不同技能和背景，但对挑战抱有共同的信念。他们合作的重要原则就是愿意反复研究不满意的事情并找出解决方案。

接触知识运动

想象一下，有人开发了一个复杂城市的有用地图。也许你是第一次来这个城市，或者你可能一辈子都住在这里。开发人员都是专家，地图最终免费并可以在线获得。以我们今天对待知识的方式，庆祝知识的产生而不是分析它的接收程度，那么地图的故事可能就到此结束了。但是对于找不到路的人来说，除非导航工具在他们手中，否则地图就没用。对于城市的长期居民而言，如果地图与他们用来理解空间的语言和文化没有共鸣，那么它可能根本没有意义。在这个假设情景中，许多其他因素可能会阻碍地图成为人们的资源，解决这些限制和开发地图本身一样重要。

2003 年，柏林的一次会议产生了一个传播知识的宏伟愿景。“互联网从根本上改变了传播科学知识和文化遗产的实际操作和经济现实”，“开放获取知识柏林宣言”（the Berlin Declaration on Open Access to Knowledge）启动了。“有史以来互联网第一次提供了将人类知识全球和互动表现的机会，包括文化遗产和全球访问的保障”（重点补充）。到了 2013 年，超过 450 个组织签署了声明，这是知识获取运动（Access to Knowledge，A2K）的一个重要里程碑。

该运动取得的巨大成就之一就是它有能力将某些类型的知识定义为公共产品。这种心态在许多规模较大、资金较充足的开发组织和创业空间中明显存在，其中知识共享和开放技术许可已经成为社会创新方法的象征。

今天，联合国有一个工作组，致力于发挥科学、技术和创新在推进千年发展目标（和新的社会发展目标）方面的作用，它将自己描述为“站在开放获取信息和技术的最前沿”（Calestous and Yee-Cheong，2015）。2012 年，世界银行在核心知识服务上花费了 6.9 亿美元（World Bank，2013），其中大部分可通过其提供的开放知识库在线免费获得。但重要的是，随着对 A2K 的投资和承诺的增加，人们要反思限制访问概念的挑战。

分析开放性

2014 年，世界银行开展了一项研究，评估其在开放知识库中分享的政策报告的有效性。不出所料，该研究发现，31%的报告从未被下载过，而 87%的报告从未在任何其他相关工作中被引用（Doerte Doemeland，2014），尽管报告的目的是影响关于发展政策的讨论。该研究并不是对开放获取的谴责，而是提醒人们即使是开放的知识也不能影响封闭的思想或封闭的空间。这是对更广泛的知识创造者领域的邀请，从学者到政策制定者，从替代媒体团体到人权倡导者，思考他们使用的工具以及他们为交流所做的选择。在个人层面上，该研究反映了 VI 团队成员的努力，即将新信息带入能够形成和制定社会问题的决策和意见的空间。

如果关于社会问题的知识是一种公共利益，是值得在世界范围内获取的东西，那么我们如何才能确保更多人，特别是那些通常被排挤在生产和传播知识之外的人获取呢？最终，问题是：我们的内容真的可以访问吗？给谁访问？知识创造者可以选择要定位的受众。这些选择会影响我们优先考虑的问题以及语言、语气和沟通媒介。受众已经养成了在何处以及如何寻求可信赖的信息的习惯，这也影响了对社会问题数据的吸收。最后，围绕媒体消费的快节奏和苛刻的环境导致了疲劳和不断缩小的注意力广度。

有关权力和正义的沟通

社区的权力不对称深刻地影响着信息的产生和传播。在组织 TEDxRamallah 期间，拉姆齐深刻接触了影响以色列和巴勒斯坦沟通的权力失衡。正因为如此，巴勒斯坦成为“可视化影响”的最初背景，因为它近距离探索了访问和沟通的问题。

在硬实力（军事、安全）和软实力（外交、公共关系）方面，以色列无疑是更强大的参与者。2008 年 4 月，以色列建立了国家信息局，集中了与其目标和观点相关的核心信息。以色列外交部花费数千万美元，通过“品牌以色列”（Brand Israel）运动（Sarah Shulman，2011）传播这些信息。美国以色列公共事务委员会（The American Isreal Public Affairs Committee，AIPAC）是最大的亲以色列游说组织，其年度预算超过 6 000 万美元，以影响美国的政策和公众舆论（Robert Dreyfuss，2009）。诸如此类的因素所提供的集中权力有助于模糊以人权和社会正义为重点的报道。

多年来，与巴勒斯坦背景相关的某些主题在主流媒体中是禁忌，例如非暴力抵制、撤资和制裁运动。在 2014 年“保护边缘行动”（Operation Protective Edge，OPE）之后，《纽约时报》公众编辑玛格丽特·沙利文（Margaret Sullivan）写了一封信，信中提到了一些与《纽约时报》记者的客观性有关的持续存在的具体问题（Margaret Sullivan，2014）。她强调的问题包括：

- 记者们待在西耶路撒冷，而不是巴勒斯坦地区。
- 几名记者在以色列国防军中有孩子。
- 没有涉及冲突的是阿拉伯语母语人士。

沙利文为《泰晤士报》的报道辩护，但也提出了一些关于如何改进的有趣建议，包括增加更多的历史背景和“停止趋同紧张”。中东理解研究所（Institute for Middle East Understanding，IMEU）等组织正在通过为报道巴勒斯坦和巴勒斯坦的记者搜集资源来支持他们的努力。“电子起义”（Electronic Intifada）、Jadaliyya 和 Mondoweiss 等替代媒体也有助于分享更加多样化的关注人权和社会正义的报道。《纽约时报》国际新闻编辑约瑟夫·卡恩（Joseph Kahn）推测，视觉方法可以对传统媒体进行补充，通过新的视角进行交流。

中东和平进程（The Middle East Peace Process，MEPP）是有关以色列和巴勒斯坦的知识创造中最引人注目的部分之一，但它在主要利益攸关方之间严重缺乏合法性。自 1993 年“奥斯陆协定”（Oslo Accords）以来的六个谈判周期中，以色列继续延长目前已长达 437 公里的西岸隔离墙，同时在被占领的巴勒斯坦西岸隔离墙上建造了 5 万个新的以色列定居点。

自 2010 年以来，以色列已花费了 63 亿美元扩大绿线的定居点。结果，西岸被划分为 167 个小飞地，每年都有可能在更远的地方建立一个可行的巴勒斯坦国。

在其关于巴勒斯坦的工作中，VI 明确选择在人权领域的规范框架内运作，该领域每年都会产生大量数据。在过去的 67 年中，著名的国际组织、以色列组织和巴勒斯坦组织共同提供了大量信息，以说明使世界不公正长期存在的权力动态。然而，大部分数据并未成为巴勒斯坦更广泛传播战略的一部分，无论是针对巴勒斯坦社区本身，这些数据试图反映他们的生活，还是以色列公众，他们经常受到隔离，并躲避占领的影响，或者是对冲突动态产生重大影响的国际社会。

数字双刃剑

近年来，全球范围内出现了大规模的在线媒体消费转变。在中东和北非地区，这一趋势伴随着高移动渗透率和访问率。大量用户，特别是在高危社区，首次通过移动设备上线。从突尼斯和埃及政权更迭到围绕美国国会“停止在线盗版法案”（Stop Online Piracy Act，SOPA）的大规模数字抗议活动，不可否认，互联网已成为传播近期鼓舞人心的社会运动的强大媒介。在这个新时代，普通活动家和公民是非常明显和有影响力的信息来源。

然而，希望通过简单地在等式中加入技术就可以解决中东和北非地区或其他环境中根深蒂固的结构性不平等，这简直过于简单化了。印度微软研究实验室的前领导人富山健太郎（Kentaro Toyama）表示，在处理互联网和技术时最安全的假设是它们将“放大人力”，无论是积极的还是消极的（Kentaro Toyama，2015）。除了创造新的机会，互联网还增加了活动家作为政府监督和审查工具的风险，并夸大了存在的某些现有差距。与实体城市不同，我们在网上表达政治和

图 4.2　不为人知的加沙故事。这个信息图是在“保护边缘行动”结束一年后绘制的，记录了被杀害的 2 219 名巴勒斯坦人中大多数在死亡之前流离失所的情况。更大版本请参阅 http：//visualizingpalestine.org/visuals/gaza-refugee-deaths

社会观点的空间往往不是真正公开的，容易受到私人公司的控制，虽然它对我们的生活越来越重要。在线通信空间也具有竞争力和超载能力。2010年，每天会有34GB的信息抨击美国普通工人的工作现状，这大约包括100 500字（全球信息产业中心，2010）。如果有意识地阅读这些信息，其中绝大多数信息都不会留下持久的印象。视觉效果在这个空间中具有优势，因为相比文本，我们能更快地吸收视觉内容，并且在更长的时间内更准确地记住它们。

在当今“信息化”环境中，与广大受众分享信息需要跨越多个领域和学科的专业培训和技能。代表边缘化视角的组织和独立团体往往没有足够的资源来充分利用数字通信空间或降低其风险。“可视化影响”的存在是为了解决在独立、透明和无党派的空间中获取信息的问题，并不断探索有关社会问题的新模式和沟通方式，这样团队就能深入了解那些沟通社会问题的人所面临的需求和挑战。数据科学、技术和设计是VI目前应对挑战的主要工具，团队还开展了用来试验新方法的独立和协作试点项目。

产生初期、磨合期、规范期和表现期：VP团队走到了一起

2011年7月和10月，VI的旗舰项目“可视化巴勒斯坦”召开了两次研讨会，一次在安曼，一次在迪拜。拉姆齐利用研讨会把设计师和研究人员召集在一起来制作图表，后来朱玛娜也加入进来。尽管可以访问许多有趣的数据并产生具有视觉吸引力的概念，但早期还没有经过测试，还处于初级阶段。所以，它对所有参与者都是挑战。

2011年10月至12月，在研讨会结束后，拉姆齐和朱玛娜继续与十几位设计师远程合作，测试生产内容所需的过程和技能组合。2011年底，艾哈迈德·巴克利制作了第一个完整的信息图表。卢玛·希哈贝丁（Luma Shihabeldin）创建了“可视化巴勒斯坦”的标志。在这一点上，所有团队的参与都是无偿的。

2012年1月，艾哈迈德·巴克利辞去了他在伦敦的建筑师工作，全职担任副总裁。他从远程工作开始，然后在2月搬到安曼，将拉姆齐的客厅变成一个临时办公室。这个由三人组成的部门运转了一个多月，以完善流程。

2012年2月，巴勒斯坦囚犯哈德·阿德南（Khader Adnan）进入绝食抗议的第二个月，他抗议行政拘留和以色列监狱的条件。医学专家宣称他可能随时死亡。在另一个凌晨结束的漫长工作会议后，拉姆齐注意到一个标签在推特（Twitter）

上流行——#DyingtoLive。他和艾哈迈德开始关注阿德南的故事，主流媒体开始接受它。

2012 年 2 月 19 日，朱玛娜在巴黎打电话给设计师纳吉·埃尔·米尔（Naji El Mir），询问他是否会加入团队制作有关阿德南故事的信息图。随着阿德南的健康状况濒临崩溃，该团队紧急工作，为他的绝食提供了背景，它超越了巴勒斯坦和冲突，突出了这种非暴力形式的普遍要素。

2012 年 2 月 22 日，经过 72 小时的密集工作和熬夜加班，“可视化巴勒斯坦”公开发布了第一个信息图，用阿拉伯语和英语双语发布。最后的想法借鉴了著名历史绝食者的信息，例如纳尔逊·曼德拉（Nelson Mandela）（绝食 7 天）、圣雄甘地（绝食 21 天）、莱拉·苏伊夫（Layla Soueif）（绝食 22 天）和鲍比·桑兹（Bobby Sands）（绝食 66 天，并最终导致他在狱中去世）。根据医学研究，信息图还描绘了人们在完全自愿禁食期间可能发生的事情，这是大多数人无法理解的饥饿程度。尽管他们没有做任何宣传“可视化巴勒斯坦”的事情，也还没有网站或完整的品牌，但“饥饿打击”在 24 小时内被观看了 15 000 次。

2012 年 3 月，Polypod 的哈尼·阿斯福尔加入艾哈迈德、拉姆齐和朱玛娜的团队，定期在安曼进行 48 小时的制作冲刺。该小组达成了第一份愿景文件，最初的愿景是“为社会正义，讲述以事实和权利为基础的巴以局势”。简言之，他们用标题性的“视觉故事”弘扬社会正义。

2012 年 3 月至 8 月，副总裁发布了另外七个具有明确品牌方向的英文和阿拉伯文图表。通过在页脚标注包含 Creative Commons（CC）许可信息和图表中所有数据的详细来源，强调可信度和开放度。经过几次成功的制作后，VP 团队将创建强大信息图所涉及的步骤文档化。

他们在“处理轮”中标注了这些步骤，处理轮映射了 VP 方法的核心附加值：它具有将复杂信息转化为引人入胜的见解并广泛传播的能力。支持者围绕着 VP 有机地发展起来，发布的视觉资料在主流媒体和其他媒体中报道。外部资金于 2012 年夏季开始引入 VP。一名早期资助者在 48 小时内回复说：“好吧，我能够让几个朋友聚集在一起，投入 10 000 美元来为这项伟大的计划作贡献。”

2012 年 9 月至 2013 年 4 月，VP 又制作了 8 个视觉资料，同时它开始从自筹资金试点转变为非营利性社会企业。拉姆齐和朱玛娜将注意力从内容转移到商业模式和运营结构上。在没有积极寻求客户的情况下，VP 收到了潜在合作伙伴

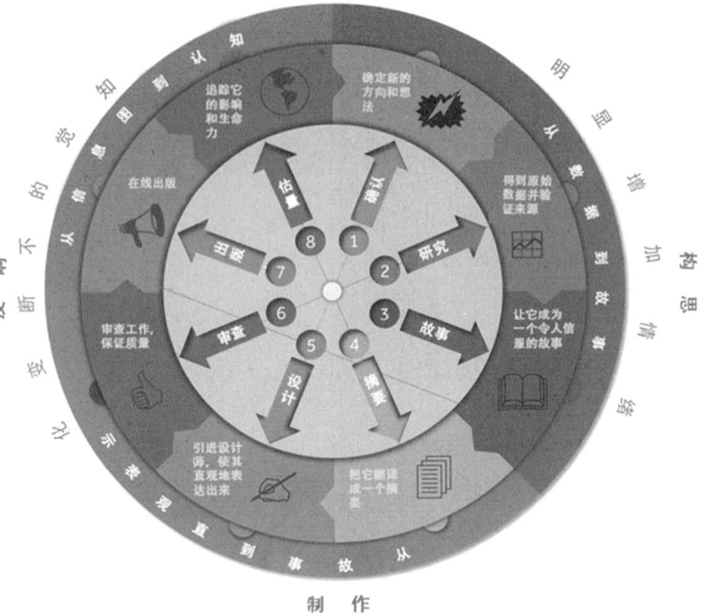

图 4.3　处理轮。VI 定期使用“处理轮”将新合作伙伴引入从数据到故事，再到设计的过程

的请求。尽管如此，采购并不容易。作为中东和北非地区首批数据可视化专家，他们正在开拓一个前沿市场，这个市场既渴望产品，但又不了解其价值。

在正式登记为巴勒斯坦组织后不久，以色列边境安全部门拒绝关键的 VP 团队成员入境。由于在整个地区缺乏行动自由，无法以适合每个人的方式解决这个问题，所以 VP 开始在拉马拉、贝鲁特和安曼之间制定远程操作程序。

2013 年初，拉姆齐收到邀请，在贝鲁特的阿拉伯网上发言，并获得了进入黎巴嫩的签证。这是一项艰难的任务，因为黎巴嫩经常不向巴勒斯坦身份持有者签发签证。与此同时，朱玛娜和拉姆齐在寻找合适的设计师加入安曼团队方面面临限制。由于几位创意团队成员已经在贝鲁特工作，因此正式将团队定位在那里并挖掘城市的创造力是很有意义的。

从 VP 到 VI

2013 年 5 月，团队开始对孟加拉国、印度、埃及和叙利亚的工作机构表现出兴趣。为了开辟发展途径，朱玛娜和拉姆齐于 2013 年 5 月在黎巴嫩注册了“可视化影响”（VI）这家非营利性公司，并扩大了授权范围。VI 重新定义的愿景将其定位为数据科学、技术和设计交叉点的创新实验室。在 VI 下，“可视

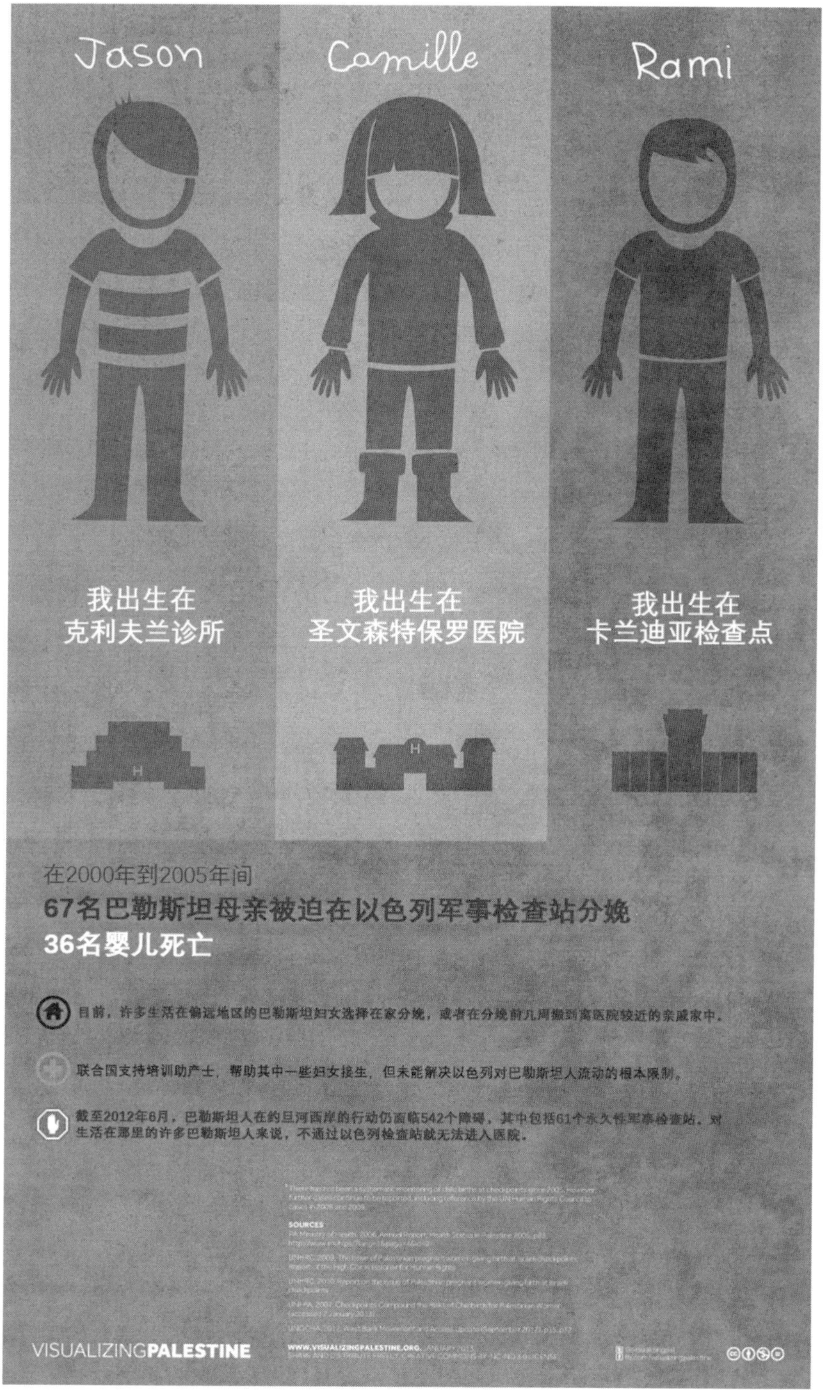

图 4.4　检查点出生。这个信息图是一个用数据来讲故事的例子。它在普通读者的故事和那些生活在占领地的人的故事之间建立了一个对比点。2013 年 1 月发布。更大版本请参阅 http：//visuatingpalestine.org/visuals/checkpoint-births

图 4.5　连根拔起。这个信息图是一个用数据来讲故事的例子，目的是让美国观众对数据产生共鸣。2013 年 1 月发布。完整版本请参见 http：//visualizingpalestine.org/visuals/olive-harvest

化巴勒斯坦”将继续站在不断挑战关键社会问题的沟通的更广泛视角的前沿。2013 年 6 月至 2014 年 12 月，拉姆齐和朱玛娜都获得了奖学金，以支持 VI 的发展—— 拉姆齐成为 Ashoka 研究员，朱玛娜成为 Synergos 阿拉伯世界社会创新研究员。VI 的大部分初期工作都是实验性的。该团队制作了视觉资料；设计并发起了第一次公共广告活动，参与者达到了 10 万多人；与艾哈迈德·古纳姆（Ahmad Ghunaim）合作建立了一个技术团队，并与新合作伙伴共同开发了几个一次性视觉材料。在“可视化巴勒斯坦”以外，VI 与黎巴嫩非传统媒体团队 Raseef 22 合作开发的第一个视觉材料“政治家薪资和收入不平等”（Politicians's Salaries and Income Inequality）在肯尼亚传播开来。

在此期间，VI 因其在奥地利的作品 Prix Ars Electronica 而获得国际认可，在伦敦获得 Kantar 的“美丽信息奖”（Information is Beautiful Awards）以及德国之声最佳社会行动奖（Deutsche Welle's BOBs Award for Best Social Activism）。

通过努力，VI 的收入来源和运营结构日趋成熟，并获得多项大额拨款。VI 在中东和北非地区举办了人数最多的众筹活动，募集了七万多美元。它接受了政

图 4.6 在 2014 年全球媒体论坛（2014 Global Media Forum）上，杰西卡·安德森（Jessica Anderson）代表“可视化巴勒斯坦”接受夏伊都尔·阿兰姆（Shahidul Alam）颁发的德国之声最佳社会行动奖

府和非政府组织的委托，推出一批印刷品，包括杯垫和海报。拉姆齐和朱玛娜选举了一个顾问委员会来增加组织的透明度和问责制。

2014 年底，VI 开始测试名为 Visualizing X（VX）的扩展模型，合作伙伴可以根据地理或专题专业知识登录 VI 平台。“X”可能是叙利亚或孟加拉国，也可能是贫困、精神健康或性别。在 VX 模型下，VI 从其合作伙伴的知识中受益，而合作伙伴将受益于 VI 的创造性和技术专业知识，以及其财务和运营支持。根据合作伙伴的优势、主题和团队兴趣，第一个 VX 合作伙伴是马达·马斯（Mada Masr）。他是 22 名驻开罗独立记者中的一员，他们在政变后的西希时代（Sisi era）因禁止言论自由而失业。他们一起开始研究“可视化埃及”。与此同时，拉姆齐和吉利安·约克的新兴项目 Onlinecensorship.org 赢得了“加强互联网自由表达和创新骑士新闻挑战赛”（the Knight News Challenge on Strengthening the Internet for Free Expression and Innovation），正式开始了以数字版权为重点的工作。该拨款促成了 VI 与美国著名数字权利组织电子前沿基金会（EFF）的合作。

未来的目标和方向

进入第五年，VI 继续完善模型并重新评估了优先级。2015 年的活动主要集中在以下领域：

加强业务。该团队现在由九名全职员工，轮岗实习生，多个设计、创意和内容合作伙伴以及专业人士组成。该团队的分散程度也比以往任何时候都高。因此，制定严格的业务结构和流程一直是首要任务。

改进影响测量和方式。以前，VI 主要从受众规模的角度来讨论影响。然而，可获得只是打开潜在影响的大门，并不代表实际的参与或行动本身。2015 年，该团队专注于开发超越受众规模的影响力指标，并改进其传达预期和实际影响的方式加强伙伴关系。2014 年和 2015 年初出现了几个有希望的新的长期合作伙伴。合作伙伴关系对 VI 的业务模式越来越重要，特别是在扩展方面。学习如何积极有效地与这些合作伙伴互动，并与他们进行知识交流，一直是团队的重点。

加强技术组合。VI 在 2015 年的大部分工作都是基于技术的输出，这些输出保持了强大的数据驱动焦点，而非静态的信息图表。

社交商业模式

2015 年 4 月，VI 成为麻省理工学院企业论坛阿拉伯创业大赛社会创业类（MIT Enterprise Forum's Arab Startup Competition in the Social Entrepreneurship Category）的获胜者。5 月，它被世界银行的 WE' REsilient Cities 创业竞赛选为半决赛选手。这些发展象征着 VI 能够传达创新、可行和以社会为中心的商业模式。

以影响为主导，以实验为基础

2014 年，超过 75 个不同的组织与 VI 取得联系，要求进行与社会问题相关的数据可视化工作，而不涉及任何营销。VI 的第一个问题始终是“你的目标是什么”。如果问询者的回答与产出密切相关（即“我们想要一个干净、清晰的信息图”），VI 很乐意引导他们加入其合作伙伴网络，并提供服务。这与 VI 的第一个核心原则有关：其他人可以做得和 VI 一样好的事应该由其他人来做。这使 VI 可以专注于实验性的边界推动项目，这需要大量的时间、创造力和资源的投入。VI 的第二个原则是将影响力作为成功的主要衡量标准。团队选择与受影响力相关目标驱动的客户合作，例如，将 100 000 个新观众扩展到特定消息的范围，吸引以前尚未开发的观众，或探索不熟悉的媒体和用户体验。这是 VI 向数字风暴发展的方向，以数据科学、技术和设计为起点。

价值比率

除了 VI 的数据可视化、技术和设计专业知识外，其解决方案也从市场上的其他产品中脱颖而出，原因如下：

• 开放。VI 几乎完全使用知识共享和开放许可。

• 与目标社区的接近程度。VI 团队拥有在中东和北非地区复杂的社会政治环境中工作的经验，并使用双语制作流程。

• 合作伙伴驱动的方法。VI 不与那些强加可交付成果的“客户”合作，而是努力与合作伙伴合作，这些合作伙伴愿意接受挑战，目标一致，并乐于探索各种解决方案。

• 影响重点。VI 的作用并不以制作的结束而结束，它参与传播并评估其有效性。

团队结构

VI 是一个跨学科领域的多学科团队，涵盖社会科学、数据科学、通信、设计和技术领域。它分布在四个时区的六个城市，在网络和合作伙伴的基础上运作，形成具有适当技能组合的团队，以解决特定的社会问题和挑战。该模型需要在操作和管理方面具有高度的灵活性。这是朱玛娜和拉姆齐作为联合董事带给团队的愿景和力量，每个人都有不同的责任范围。外部领导层包括一个积极的顾问委员会。

该团队（包括外部合作伙伴）横向围绕两个角色构建：以项目为中心，以区域为中心。基于项目的 VI 贡献者将他们的精力投入特定的工作中 —— 例如关于巴勒斯坦经济的项目，或埃及的审查，或青年失业问题。这些团队成员包括专注于“可视化巴勒斯坦”多个投资组合的艾哈迈德 · 巴克利以及专注于“可视化埃及”的马达 · 马斯。

基于区域的贡献者涵盖以下几个领域：研究、信息架构、设计、技术和影响战略。这些人可以从事许多不同的工作。例如，网络开发人员巴萨姆 · 巴勒姆（Bassarn Barham）和莫拉德 · 塔莱布（Morad Taleeb）在“可视化巴勒斯坦”“可视化埃及”和数字版权小组中工作。艾哈迈德·古纳姆是一名全面的 Web 开发人员，他从第一天开始就对 VI 中技术的作用提出了建议，并指导技术团队。作为研究网络负责人，希琳 · 塔威尔（Shireen Tawil）负责管理一个由区域研究人员、挑战者和实习生组成的网络，VI 可以根据每个项目的需要利用这些网络。

内容策略

目前，VI 的内容主要集中在巴勒斯坦，在那里团队测试方法，希望把内容扩展到其他问题。VI 还为埃及和数字权利领域的工作播散种子。在他们可以选择的几乎无限的主题中，这些主题是基于合作的力量、主题的重要性和团队的热情而开发的。VI 领导层每年都会重新审视其内容战略，以确保组织背后的动因仍然是围绕内容和创作媒介做出选择的核心。

财务结构和可持续性

作为非营利组织，VI 有意识地将自己与非政府组织区分开来，因为非政府组织严重依赖欧洲和美国组织和政府的资金。为了支持内容的客观性和可持续性，VI 旨在实现财务独立，更像是社会企业而非非政府组织。它的可持续发展模式利用其主要优势—— 高度参与的利益共同体及其品质和创新的品牌形象——通过多个渠道获取收入。2015 年，其收入来自：

• 慈善捐赠；

• 客户佣金；

• 高价值支持者关系网的捐款；

• 联合创始人和设计合作伙伴的无偿支持；

• 实验性的资金来源，包括印刷、众筹、小额但经常性的捐款以及提供知识服务，如培训、咨询等。

随着收入的增长，团队将逐渐减少对不太可持续来源的依赖。VI 目前的支出主要与人力资源有关。

市场

VI 工作的主要“市场”或受众是那些由于没有就相关问题进行有效沟通而生活受到影响的社区。“诀窍”是找到一种在上述背景下有效的工作方式，保持市场逻辑。因此，我们发现自己经常通过证明我们作为社会变革传播者的价值和相关性来“创造”一个市场。有鉴于此，我们的市场由“拥有”问题的个人组成，其中包括：

表 4.1 VI 工作的市场

物主	视角和痛点
参与过快速增长的知识获取（A2K）运动	将知识视为一种公共产品，必须尽可能公开和广泛地分享，但要有效地实现这一愿景，还需要付出努力
知识投资者，如精英大学或机构	相信知识在社会变革中扮演着重要的角色，但往往是在一个与其预期受益者脱节的空间运作
弱势群体或边缘化问题的代表	近距离地观察和感受关键社会问题的痛苦，但往往缺乏广泛沟通这些问题的技能或资源

VI 还依赖于所谓的“病毒式市场”，以及在线共享、使用和重新发布媒体的群体之间的内容市场。

竞争与合作

在企业领域，“适应、发展、竞争或死亡”的想法占主导地位。在一个拥有超过 70 亿人口的世界和众多尚未解决的挑战中，VI 更倾向于将这种口头禅转变为“适应、进化、合作或死亡”。虽然社会企业家确实在竞争空间中运作，但竞争在很多机会下可以转化为合作。协作不仅是一个利他目标，而且是建立社区、交换知识和展示相关性的策略。VI 的目标不是为了自己而生存，而是在正确的时间以正确的理由去死，例如解决团队开始解决的问题或迁移到更好的模型来解决它们。

专注于信息可视化的成功公司的数量正在全球范围内增长。这些公司比其他设计机构更专业，因此避免与设计师竞争。有许多非政府组织专注于在激进主义中使用信息，例如战术技术集体（Tactical Technology Collective）、Internews 和 Small Media。VI 还意识到在媒体和人权组织中建立自己的内部数据可视化团队，如《纽约时报》和人权观察组织。

虽然这些实体在很多方面都是潜在的竞争者，但它们中的许多人都对协作和交流感兴趣。VI 已将项目提交给这些组织，制定联合提案，参与联合筹款和计划，作为辅导员和实习生参加培训，并合作创作。

从接触到投入，再到影响力

如何跟踪分散在几乎无穷无尽的平台上的众多内容？2015 年初，杰西卡·安德森解决了这个问题，因为我们开始修改VI的影响力测量方法，挑选出在组织早期开始的系统线程，它们或因过于密集而无法维护，或因没有包含正确的指标而被删除。有时会再次拾起VI没有标准的系统来测量与数字媒体内容相关的影响力，因此我们面临的挑战是建立一个有意义的系统，包含有效的指标，并且对于初创团队来说这是可维护的。有时候，找到一个系统所需的时间和精力会让人感觉像是在完成核心工作。

让我们从看似显而易见的问题开始吧。为什么要衡量影响力呢？对于VI来说，这像是在回答广泛的问题，例如，为什么这项工作很重要？我们的价值是什么？它还涉及收集有助于决策的细节，帮助团队评估其优势和劣势以及扩展其想法的潜力。影响力不仅仅是为了证明成功，而是认识到失败，并知道何时可能需要思维的小转变或主要的支点。最后，一个团队不仅相信其影响力，而且对其实际成就和局限有清晰的认识，在可持续发展的道路上有明显的优势。

进入第五个年头，VI在理解影响力方面的能力仍在增长。它倾向于从几个有利位置来看待这一点：对受社会不公正影响的特定社区的影响；对上述社区有关组织和团体的影响；希望将社会意识建设成为他们生活工作核心的团队成员和合作伙伴。

VI影响力测量方法目前包括四个步骤：

• 为每个新项目设置“SMART”目标——具体、可衡量、可实现、注重结果和有时限。

• 在整个实施过程中监控和评估目标进度，并为所有已结束的项目进行最终影响力评估。

• 培养团队文化，每个成员都能清楚、自信地讲述预期和实际的影响力。

• 清晰、定期地向VI社区传达有影响力的见解。

VP试图完成什么

“可视化巴勒斯坦”的目的是利用有关以色列和巴勒斯坦的低估数据来加深主流知识和意识，特别是在美国和西方观众中。在操作过程中，我们正在努力改变态度、信念和规范。VP还旨在为巴勒斯坦范围内的一系列强有力的新兴思想和运动提供实用工具，以提高组织和集体执行任务的能力。

VP 与谁合作

线上

根据 VP“脸书”和“推特”账户以及 VP 网站的分析数据，VP 最大的受众群体位于美国、英国和约旦。2014 年，其受众规模增长了 45%，“脸书”粉丝在 2015 年突破了 20 000 名。自 2012 年以来，保守估计，通过努力已有 250 万名观众观看了 VP 的作品。具体的努力包括 2013 年的制度化歧视运动，超过 100 000 名观众参与其中。2015 年上半年，共计超过 160 000 人观看了 VP 的三个最广泛分享的作品。

线下

截至 2015 年 3 月，VP 一直在向从其网站下载视觉资料的个人发布简短调查。这是了解离线互动的重要一步，为使用 VP 工作的人员和组织提供了数百个数据点，以及人们使用它的目的。该团队定期清理传入的调查数据，以消除无效或重复的案例，并按用例对其进行编码：

- 学术用途；
- 宣传活动；
- 政治运动（游说）；
- 文化展览；
- 媒体；
- 其他。

基于此流程，VP 知道其视觉资料已在至少 79 个城市和 29 个国家 / 地区脱机使用，平均每月个人下载量为 88.5。用户往往是记者、教授、研究人员、学生、活动家以及人权和发展专业人士。通过有针对性的努力，VP 或其合作伙伴向美国国会议员、英国议员和联合国官员展示了视觉资料。最后，通过合作伙伴，VP 直接与在以色列、加沙、西岸、美国和英国工作的 11 个组织进行了接触。

这些受众如何与 VP 合作

社交媒体的青睐，以及分享和评论的数据并不是 VP 对参与度的理解的核心，因为我们认为这是有限的参与。团队必须假设社交媒体上的青睐或分享仅仅意味着接触或消费内容，而不一定是吸收或行动。更深层次的参与形式的例子可能包括：

- 利用内容采取切实行动；
- 作为无偿专业人士或资助者贡献内容；
- 围绕内容启动协作和合作伙伴关系。

我们的用例数据有助于进一步了解这些更深入、积极的参与形式。

表 4.2　案例数据

VR使用场景	使用次数（2015年3月—6月）
文化展览	42场展览
公开演讲	20场演讲
课堂、课程或研究目的的学术使用	5所大学
主流和非主流媒体的引用	20篇文章
校园学生组织倡议活动	8次学生倡议活动
倡议活动（不包括校园学生活动）	33次社会倡议活动
展示巴勒斯坦境况的人权和发展专业组织	3家组织

VP 的内容已经由著名的英国媒体重新出版，如《卫报》（*Guardian*）、赫芬顿邮报（Huffington Post）、《华盛顿邮报》（*The Washington Post*）和华盛顿邮报数据博客（Washington Post Data Blog）、每日野兽（Daily Beast）、半岛电视台英语（Al Jazeera English）、开放民主（Open Democracy）、政策麦克风（Policy Mic）、快速公司（Fast Company）和《爱尔兰时报》（*The Irish Times*）。这些内容也一直通过巴勒斯坦最大的媒体重新发布，如蒙多维斯（Mondoweiss）、贾达利亚（Jadaliyya）和电子起义（Electronic Intifada）。VP 的一部分受众选择通过财务支持进行参与。在 2013 年的众筹活动中，VP 收到了 400 多人的捐款。

参与 VP 团队

在整个运营过程中，VP 核心团队的合作非常紧密，仅受核心团队组织和监督志愿者的能力的限制。自成立以来，志愿者一直与 VP 的设计师合作，用英语和阿拉伯语以外的 10 种语言翻译视觉资料。VP 在研究、设计、技术、通信、活动组织和筹款方面与至少 100 名专业人士、实习生或志愿者合作。2015 年 3 月至 6 月，32 名新志愿者通过注册 VP 社区开始与 VP 合作，同期志愿者在 VP 项目上已经登录了 1 500 个小时。

VP 的观众也将个人团队成员视为思想领袖。该团队成员曾在哈佛大学设计研究生院（Harvard Graduate School of Design）、麻省理工学院公民媒体中心（MIT Center for Civic Media）、塔夫斯大学（Tufts University）和哥伦比亚大学全球中心（Columbia University Global Center）举办了关于 VP 的研习班和讲座，在联合国中东和平媒体会议（UN Media Conference on Peace in the Middle East）和妇女数字新闻企业家峰会（Women Digital News Entrepreneurs Summit）等会议上发表演讲，并获得过斯坦福大学、Ashoka、Synergos 和 Ford-Mozilla 开放网络计划（Ford-Mozilla Open Web Programme）的奖学金。

最后，总部位于巴勒斯坦的组织和运动不断向 VP 提供他们希望更广泛和有影响力地传播的想法、数据或信息，这意味着其工作有机地促进了与主要目标群体的伙伴关系。VP 从这些团体中收集证据，以便在原始数据中增加定性深度。

改进的余地

“可视化巴勒斯坦”不仅从规模和人口统计学的角度，而且从心理统计学的角度来考察它的受众，包括成员资格、心理状态、信仰和行为等因素。目前，有关 VP 受众的信仰的数据还不足，但可以肯定的是，在参与的受众中，有相当一部分在接触 VP 之前已经对巴勒斯坦采取强势的立场。这种“为唱诗班讲道”的效应困扰着许多社会进步的方法。因此，最为关键的受众包括通常对社会问题感兴趣但可能对巴勒斯坦问题感到疏远、中立或未定的个人。无论是在线还是离线，有针对性的消息传递都可以帮助 VP 扩大受众群体。

此外，VP 必须继续挑战自我，以实现其影响力的转换，提高整体覆盖面，吸引具有高度影响力的个人，鼓励线下行动，并让社区作为志愿者、资助者或合作伙伴参与其中。

得到的教训

1. 优先考虑信任。VI 在其核心团队成员和合作伙伴中最强大的资产之一是对两方面的信任：对愿景的信任，以系统性的长期变化为中心；相信每个团队成员能为愿景带来的价值。地理距离、经济现实以及日常运作和地缘政治压力可能会使信任的发展受到压力。因此，重要的是投资面对面的时间、制定良好的沟通实践，并寻找在类似模式下工作并熟悉挑战的导师。

2. 培养灵活性。在动荡的环境中工作可能会扼杀创新。愿意建立非常规工作安排，例如远程团队，实际上可以成为一项创新，因为它有助于开发弹性模型。愿意将一个大创意分解成小的部分也可以帮助确保不可预测的挑战不会摧毁整个项目。但是，灵活性并不意味着会影响运营的最佳实践。事实上，加强这些实践对于确保代表灵活性做出的牺牲不会成为组织文化或愿景中的牺牲至关重要。

3. 在团队成员中寻找创新者。称自己为“创新者”的标准似乎很高，参与者的领域极具竞争力。实际上，创新是情境化的。它不取决于天才或身份，而取决于建立促进创造的过程和实践，几乎任何人都可以学习。优秀的领导者在各地寻找创新的火花。对于VP来说，这不仅意味着创意和技术团队成员，还意味着所有团队成员和扩展网络。

4. 与竞争对手合作。典型的商业思维要求你放弃竞争对手。虽然重要的是要知道谁和你在同一个领域工作以及你的产品与他们的产品相比如何，但是保持相关性是确保你成为一个热情的合作者并支持在你的空间工作的其他人的一种方法。我们认为社会正义生态系统中缺乏协作动力，但它的需求是惊人的，这对任何社会企业来说都是错失的一个巨大机会。

5. 渠道质量和诚信可持续发展。VI可以单独就筹资学习曲线写一个全新的章节。刚开始团队专注于工作质量和第一批资金的延伸。随着VI的扩展和专业化，很快就需要更加慎重地寻求资金和开发独特的收入来源。现在比以往任何时候都有创造性的方式来获得资金，但最重要的方面仍然是这一点—— 做正确的高质量工作，并了解其价值。

6. 对失败保持开放的态度。威廉·福克纳（William Faulkner）曾经说过，“在写作中，你必须杀死所有的宠儿”。作为一名企业家，你有时需要放弃可能花费很长时间建立和培养的想法或项目，以专注于具有更大潜力的领域。这也为影响力的测量提供了依据。我们都投资于成功，但将影响力测量视为证明成功的一种方式是自我挫败。有时候，你很可能会听到自己讲述一个非常有吸引力的故事，然后看看你实际取得的成就或你的工作并找到巨大的差距。这种差距可能源于对机会过于开放，选择短视的方式解决财务问题或其他问题。因此要有耐心地去影响，但也要愿意承认什么时候指标不符合标准。当你偏离视野时请注意花时间思考工作背后的“原因”。

7. 伸出手。如今，熟练和有才能的人正在寻找有意义的工作。如果您注意机会并且明智地提出要求，那么导师、员工和志愿者都可以使用。也就是说，如果没有大量的能量输出，就不要指望获得能量。这适用于导师、员工、志愿者、实习生、合作伙伴或其他任何参与工作的人。

8. 不要失去对细节的热情。当攀岩者在攀岩过程中紧靠着墙壁时，很难看到地面上的人可以明显看到的立足点。我们知道我们面前的岩石质地与其他人一样，但不是顶部的视野，也不是我们站在出发点时对挑战的热情。对于初学者来说，当一名登山者停滞不前时，地面上的“保护”人员通常会指出最佳路线。社会企业家倾向于从充满激情的地方开始他们的项目。你会喜欢这个主题，或者对你的解决方案如何适应挑战感到兴奋。日常工作可以迅速压倒这种观点，取而代之的是财务、法律和运营方面的细节。这些细节并不一定会直接影响你的热情，但会很容易让你忽视立足点。请让你和你的伙伴保持这份激情。重要的是，要花时间记住你为什么开始攀登并接触生活中那些可能能够帮助你看到整体情况的人，或者只是下一个关键步骤。

9. 标记成功。把它们铭刻在你的脑海中，手牵手，深深地回忆获得成功的真实经历。

讨论题

1. 你是否认为在大学这样的空间或世界银行等组织中产生的知识是孤立运作的？举一些例子来支持你的观点。

2. 你认为哪些知识创造网站的代表性不足？ 为什么？

3. 你是否遇到过在不稳定环境中运行的创新模型？它们是如何培养弹性的？

4. 分享你认为有影响力的媒体或内容创建项目的示例。你是怎样亲自参与的？为什么内容会在你身上留下印记？

5. 你是否曾使用影响力指标来支持一个观点或者摆脱以前深度投资的想法？

6. 你如何看待竞争与合作之间的关系？能举一些潜在竞争对手联手的例子吗？

7. 考虑一下你正在进行的项目。这个项目是否与你终身的愿景有关？它们是如何相关的？

8. 技术在社会变革中的作用是什么？以技术为主导的方法获得成功的例子有哪些？失败的例子有哪些？技术真正发挥了什么作用？

9. VI 有一个退出机制——工作完成就关闭。为什么非政府组织很少有退出机制？这是否意味着许多组织只是为了自己的利益而存在？或许，具有讽刺意味的是，它们需要坚持才能生存。

延伸阅读

你可以在 www.koganpage.com/socialentrepreneurship 找到更多相关资料。

关于 VI 和 VP:

visualizingpalestine.org [accessed 10 December 2015]

visualizingimpact.org [accessed 10 December 2015]

onlinecensorship.org [accessed 10 December 2015]

关于数据新闻和社会影响力：

Tactical Technology Collective: Visualizing Information for Advocacy, https://visualisingadvocacy.org/ [accessed 10 December 2015]

Data Journalism Handbook: http://datajournalismhandbook.org/1.0/en/ [accessed 10 December 2015]

Heath, Chip and Dan: Made to Stick

关于影响力测量：

Learning for Action: Deepening Engagement for Lasting Impact, a framework for measuring media impact and results: www.learningforaction.com/wp/wp-content/uploads/2014/08/Media-Measurement-Framework_Final_08_01_14.pdf [accessed 10 December 2015]

关于巴勒斯坦：

Adalah – www.adalah.org/en [accessed 10 December 2015]

Al-Haq – www.alhaq.org [accessed 10 December 2015]

The Institute for Middle East Understanding – www.imeu.org [accessed 10 December 2015]

The Boycott, Divestment, and Sanctions movement – www.bdsmovement.net [accessed 10 December 2015]

Pappe, I, *The Ethnic Cleansing of Palestine*

关键流程相关词汇：

Biomimicry

Sharmer, Otto: Theory U

Scrum Methodology

Reed's Law

注释

1. Silver, N (2013) *The Signal and the Noise: The art and science of prediction*, Penguin Books Ltd

2. 'Lebanese protest against waste-disposal crisis', Aljazeera English, 26 July 2015 [accessed 19 August 2015]: http://www.aljazeera.com/news/2015/07/lebanon-beirut-trash-rubbish-crisis-150725060723178.html

3. Zaatari, M 'Power shortage causes massive blackouts' , *The Daily Star*, 5 August 2015 [accessed 19 August 2015]: http://www.dailystar.com.lb/News/Lebanon-News/2015/Aug-05/309734-power-shortage-causes-massive-blackouts.ashx

4. Christakis, N 'The hidden influence of social networks' , TED Talk, 2010 [accessed 19 August 2015]: http://www.ted.com/talks/nicholas_christakis_the_hidden_influence_of_social_networks/transcript?language=en

5. York, J 'Facebook: No Palestinian Pages' , 25 July 2010 [accessed 19 August 2015]: http://jilliancyork.com/2010/07/25/facebook-no-palestinian-pages/

6. Emon, Anver *et al* 'We are all Khaled Said' , *Boston Review*, 3 November 2011 [accessed 19 August 2015]: http://www.bostonreview.net/khaled-said-facebook-egypt-revolution-interview

7. 'Israel: End Restrictions on Palestinian Residency', Human Rights Watch, 5 February 2012 [accessed 19 August 2015]: https://www.hrw.org/news/2012/02/05/israel-end-restrictions-palestinian-residency

8. Berlin Declaration on Open Access to Knowledge in the Sciences and Humanities, 22 October 2003 [accessed 19 August 2015]: http://openaccess.mpg.de/Berlin-Declaration

9. Juma, Calestous and Lee Yee-Cheong, Innovation: Applying Knowledge in Development, UN Millennium Project [accessed 19 August 2015]: http://www.

unmillenniumproject.org/documents/Science-complete.pdf

10. World Bank Budget FY14, September 2013 [accessed 19 August 2015]: http://documents.worldbank.org/curated/en/2013/08/18105068/world-bank-budget-fy14

11. Doemeland, Doerte; Trevino, James, 2014, Which World Bank reports are widely read?, Policy Research working paper; no WPS 6851. Washington DC: World Bank Group. http://documents.worldbank.org/curated/en/2014/05/194563 76/world-bank-reports-widely-read-world-bank-reports-widely-read

12. Shulman, S 'A documentary guide to "Brand Israel" and the art of pinkwashing', Mondoweiss, 30 November 2011 [accessed 19 August 2015]

13. Dreyfuss, R 'Is AIPAC Still the Chosen One?' Mother Jones, September 2009 [accessed 19 August 2015]: http://www.motherjones.com/politics/2009/09/aipac-still-chosen-one

14. Sullivan, M 'The Conflict and the Coverage', *The New York Times*, 22 November 2014 [accessed 19 August 2015]: http://www.nytimes.com/2014/11/23/opinion/sunday/the-conflict-and-the-coverage.html

15. Toyama, K Geek Heresy: Rescuing social change from the cult of technology, *PublicAffairs*: 2015

16. 'How Much Information', Global Information Industry Center, January 2010 [accessed 19 August 2015]: http://hmi.ucsd.edu/howmuchinfo_research_report_consum.php

05 把硅谷的技术和商业革命引入全球卫生事业

Magpi——乔尔·塞拉尼基奥（Joel Selanikio）

数十年来，全球卫生事业一直遭受着数据饥荒。旨在改善儿童健康的计划不知道有多少儿童生病。目前致力于减少疟疾的组织，因为使用多年前收集的疟疾流行率数据而陷入困境，甚至关于人口的基本数据也是过时的。尽管移动电话和互联网等信息和通信工具已经普及到地球上最贫穷和最偏远的地方，但这种数据饥荒依然存在。

在数字革命初期，儿科医生兼流行病学家（同时也是前华尔街计算机顾问）乔尔·塞拉尼基奥被送往撒哈拉以南的非洲中部，收集公共卫生的数据。面对现有的既费力又不环保的纸质系统，塞拉尼基奥直觉地认为，来自Hotmail、谷歌（Google）和Skype等的新技术和商业模式可能正是改变全球卫生数据收集工作的必要条件。因此通过数据收集应用程序Magpi，他致力于将硅谷方法带到地球上一些最偏远的地方。

从技术员到医生，再到技术医生

20世纪80年代末，当我离开大学时，我获得了社会学学位。虽然当时正处于个人计算革命的最初阶段，但是也有学校开设了计算机科学课程。我很幸运能够在大通曼哈顿银行（Chase Manhattan Bank）[现与摩根大通（JP Morgan）合并]担任计算机顾问，并在该银行工作多年，帮助他们弄清楚如何将基于大型机的数据库与当时出现的个人电脑连接起来。考虑到几年前在我高中毕业时既没有计算机也没有计算机科学课程，这样的经历非常不错。

虽然收入不菲，但在那个年轻而理想化的年纪，我一直在找寻能实现自我价值和人生意义的事业，而不仅仅是一份工作。我很快就离开了大通，开始医学预科课程，然后又读了医学院。因为在我看来，医学能挑战智力，也可以服务他人。是的，它会让我过上好日子。

那时候，我一直以为我离开了信息技术工作（那是因为我并没有意识到 IT 海啸只是加快了世界变革的速度，而且我对 IT 的技能和理解可能对这个世界是有用的）。虽然当时没有意识到这一点，但我的计算机专业知识后来成为人生道路的主要驱动力，因为 IT 在我们的生活中变得非常重要。

教训一：我们大多数人都没有注意到周围发生的巨大的社会和技术变化。

众所周知，医科学习漫长而艰巨，我的也不例外。我花了一年的时间学习我从未读过的大学本科医学预科课程，然后在布朗大学医学院学习了四年——这不是我一生中最好的时光，却是最有趣和最具挑战性的。再接下来是在埃默里大学进行了三年更具挑战性和令人筋疲力尽的儿科住院医师实习。

在医学院期间，我通过为大通的老同事编程赚取食宿费和书本费，这是巨大的经济帮助。这件事也让我一直在思考技术，尽管当时我仍然认为它不适用于医学事业。实习的最后一年，我可以有两个选择：在儿科内进一步“亚专业化”（例如，成为儿科肾病专家或儿科肿瘤科医生），或进入私人执业。

这通常被认为是唯一的两种选择，但我发现了第三种：在佐治亚州亚特兰大的 CDC（美国疾病控制和预防中心，the US Centers for Disease Control and Prevention）用奖学金进修。

我敢肯定，大多数儿科住院医师都不知道这种可能性的存在，我几乎不知道 CDC 是什么，也不知道它做了什么，但幸运的是，我在亚特兰大做过住院医师，那里离 CDC 只有一两英里。在埃默里大学也有许多人与美国公共卫生署有过联系。

与 CDC 有联系的人似乎觉得我在那里会做得很好。到今天为止，我还不太确定他们在我身上看到了什么，也不知道他们为什么认为这是一场比赛，但我很好奇地向流行病情报局（Epidemic Intelligence Service，EIS）提出申请。这是一个持续两年的 CDC 奖学金计划，在这个计划中研究员被要求学习统计学、流行病学和更重要的公共卫生方面的实际操作，从媒体关系到疫情调查。

由于美国对冷战中生物恐怖主义的恐惧，EIS 自 1951 年成立以来，对全世界的死亡和疾病进行了各种各样的调查。电影《传染》（*Contagion*）完整地说明了 EIS 的作用。电影中，凯特·温斯莱特（Kate Winslet）扮演一名 EIS 官员，调查一个肆虐的流行病，这种病最终杀死了她。

在 EIS 学习期间以及之后在疾病预防控制中心的几年中，我调查了芝加哥、婆罗洲和海地的疾病爆发，应对飓风和炭疽袭击，帮助从德克萨斯州的乡村回收注定要毁灭的哥伦比亚号航天飞机碎片，在疟疾、麻疹和其他传染病方面开展工作，这些疾病在较贫穷的国家很常见。

最后一项工作涉及收集大量数据，它使我想到了信息技术应用的可能性，特别是开始出现的移动技术，以满足全球卫生事业的需要。

在这段时间里，我认为 CDC 是我职业生涯的全部，也是终点。回首往事，我意识到自己在大通、埃默里和 CDC 的时间都只是三个初步阶段，帮助我将计算机、医学和流行病学三种技能组合起来。这些技能后来与我在 Magpi（前身为 DataDyne）的实际工作结合在一起：创建解决全球卫生和国际发展问题的技术。

未知的疾病可以杀死我们

疾病预防控制中心的所有活动的唯一共同点是“数据”，那不是我作为儿科医生所习惯的数据。疾病预防控制中心向我介绍了“公共卫生”的概念，与“临床医学”（即在诊所发生的事情）相对立，并告诉我与确定一个病人的病因相比，在整个人群或一组人中确定疾病的病因涉及一套不同的技能和一种不同的思维方式。

临床医生通常一次只关注一个病人的数据，而我们呈现数据的方式通常是按时间顺序或“病人历史”。在乔治敦大学医院的临床实践中，我很少看电子表格之类的东西，也不记得对任何病人的数据进行过统计分析。

相比之下，公共卫生关注的是人群，而不是单个患者，其最有效的工具之一是大型数据集的收集（只要想象一个大的电子表格）。这些数据可能与美国 HIV 阳性人群的特征有关，也可能与玻利维亚无法获得洁净水的农村居民比例有关。他们可以量化赞比亚有资格接种疫苗的儿童中实际接种者的比例，或者缅甸孕妇因感染而死亡的比例。

这些数据使公共卫生专业人员能够建立基线、计划活动、衡量进展（有时是缺乏进展），并有效地开展许多其他重要的、挽救生命的活动。

如果没有这些数据集，我们就只能靠猜测、近似和外推，而这些从来没有实际知道的数据有用。即使是不完整的数据也比没有好得多。引用计算先驱查尔斯·巴贝奇（Charles Babbage）的话：“使用不充分数据的错误要比完全不使用数据的错误少得多。”

问题是，在全球卫生和全球发展中，我们通常不会在“好数据”和“更好的数据”之间做选择。我们通常面对的是最小的数据、旧的数据或没有数据。

教训二：我们不知道你以为我们知道什么。

我发现那些不在全球卫生领域工作的人往往会惊讶地发现这一点。我也直到进入撒哈拉以南的非洲中部收集数据，才开始意识到问题的严重程度。

我的一位朋友将我的反应比作电影《黑客帝国》（*The Matrix*）中尼奥（Neo）的反应，当摩耳甫斯（Morpheus）向他解释他对这个世界最基本的假设是不正确的：我以为我生活在一个由数据驱动的世界里（或者至少大部分是由数据驱动的），但我发现情况不是这样。就像尼奥一样，在我意识到这点后，调查得越多，发现的情况就越糟糕，我就越有决心改变这一切。

大多数从事全球卫生工作的人似乎采取了两种方法中的一种：他们习惯于没有数据操作，就这样在数据沙漠中工作，或者他们否认存在问题。

以下只是一些我们不知道的事情（即我们没有的数据）的例子：

这个星球上有多少难民；

贫穷国家目前有多少诊所没有救生药物；

去年在玻利维亚或不丹出生的儿童人数；

去年柬埔寨或刚果有多少儿童死亡。

多年来在非洲总共花费了数十亿美元用于艾滋病研究（应该注意到，这些投入并没有产生效果）。长期以来，相关组织都没有告诉我们，在非洲大陆感染艾滋病或出现症状的人口比例是否上升或下降。

我们经常缺乏最基本的数据，造成这个现象的原因有很多，但最常提到的原因“缺钱”显然不适用于非洲的艾滋病问题。

其他原因可能包括卫生部门组织不善、缺乏监督、缺乏对数据重要性的理解、对变革的恐惧、战争和其他安全问题。当然，人们和组织（以及资助者）往往不太热衷于收集可能显示成果不佳的信息。最近 Magpi 软件用户收集的评论中提到了这一点，他们正在收集有关教育的数据，撒哈拉以南非洲地区表示：“教育部不喜欢我们收集的数据，因为它表明他们没有做好自己的工作。”

即使对于大型组织或团体来说，处理所有这些问题也是困难或不可能的。鉴于我在计算机、医学以及公共卫生方面的背景，在 CDC 期间我开始觉得自己可能特别适合去解决一部分的问题：使用纸质表单来收集所需数据的效率令人难以置信。

纸质表格的问题

我认为我在银行、医学院和政府的经历可能使我处于一个很好的位置去解决这个问题，它涉及过去（现在仍然主要是）用于收集所有全球卫生数据的纸质表单技术。

无论是在临床医学还是公共卫生领域，纸质表格都主导着卫生数据的收集。想想在一个诊所使用的所有表格：患者登记、药品供应手册、血液供应记录、患者医疗记录、同意书、员工记录、实验室报告，等等。

在贫穷国家，很少有人进入诊所。公共卫生从业人员通过清洁水运动、疫苗接种活动、床网分发等活动负责大多数人的健康。如果不在其他活动中收集数据，你就不可能充分了解人口情况。如果你想知道是否有人吸烟，你需要问他们，如果恰巧被调查人住在塞拉利昂，你就必须去塞拉利昂问他们。

由于在公共卫生领域需要收集和分析大型数据集，所以纸质表格是贫穷国家卫生管理中最大的问题（充分尊重目前美国和其他地方推行电子病历的努力）。

纸质表格很慢

想象一下，对一个贫穷国家的 5 000 户家庭进行一项调查，要在 20 张纸上提出几百个问题，这相当于 100 000 张纸。在许多贫穷国家，至少需要几个月才能“进行数据输入”（将这些纸张上的数据输入计算机中分析）。有时甚至可能需要数年才能将数据用于挽救生命或改善健康状况，而此时数据早已过时。

而且，并非罕见的是，数据根本不会真正进入计算机。考虑一下数据收集的所有成本，数据收集者的劳动、花费的资金、可以从收集的数据中获得的好处……都没有结果。

当然，当我们开始考虑使用电子形式收集数据时，我们发现不再需要耗费数据输入的时间和精力，并且永远不会出现收集数据但未录入的情况。

一场环境灾难

通常情况下，一次实地调查需要使用数十万甚至数百万张办公纸（然后，通常被堆在仓库或丢弃）。在一项针对 5 000 户家庭的调查中，每户需要 20 张纸，大约相当于 12 棵树，而每年都有成千上万的调查和其他数据收集活动。浪费树木并不是纸质数据收集成为环境噩梦的唯一因素。由于纸很重，因此增加了用于将其运送到现场的车辆的燃料成本。在上述 5 000 个家庭调查的例子中，这 10 万张纸重约 1 100 磅（500 公斤），美国环保署（Environmental Protection Ageney，EPA）表示，每增加 100 磅，汽车的燃油经济性就会降低 2%。

最重要的是，生产一张纸需要使用至少 1.5 杯（0.35 升）、至多 3 加仑（11.3 升）的水，这意味着家庭调查消耗的“最少水量”为 10 000 加仑水（约 38 000 升），最多可能高达 300 000 加仑（超过一百万升）。

所以，5 000 户家庭的调查共消耗：

12 棵树；

数千加仑的燃料；

数十万加仑的水。

这仅是一次调查。你能想象 2010 年美国人口普查消耗了多少树木、多少燃料和多少水吗？尽管有很多美国人可以上网。

全球卫生事业的数据收集已经成熟，这正是我们打算去做的事。

一线希望：Palm PDA（20 世纪 90 年代末）

虽然 CDC 让我沉浸在数据处理中，但我开始意识到我们实际拥有的数据很少。一个旨在帮助商人安排日程的设备 —— Palm PDA —— 给了我一线希望。

Palm PDA（“个人数字助理”），最初被称为 Palm “Pilot”，是第一款真正经济实惠的掌上电脑。它在 1996 年以 249 美元的价格首次亮相。

对我来说，该软件以一个名为 Pendragon Forms 的程序的形式出现。Pendragon 是我所知道的第一个允许轻松设计移动电子表格的软件。我很快就接受了它，并开始尝试将其用于贫穷国家的现场数据收集。

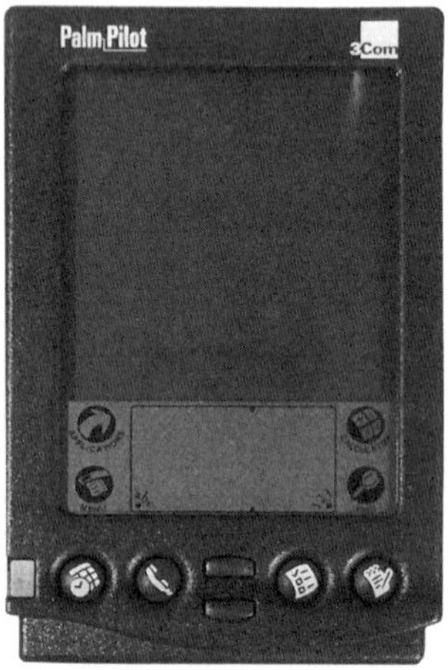

图 5.1　口袋世界变革者

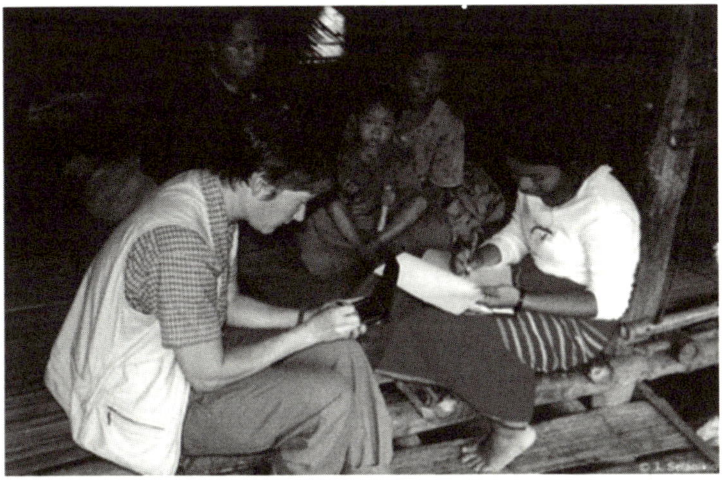

图 5.2 使用 Palms 在泰国收集数据，大约在 1998 年

1998 年，我与一群美国陆军营养学家合作，在泰国难民营对缅甸难民进行营养调查。这次调查后的出版物《人道主义援助环境下的移动计算：概述和步骤》（*Mobile Computing in the Humanitarian Assistance Setting: An Introduction and Some First Steps*）于 2002 年出版，这是第一次在国际卫生或人道主义环境中详细说明移动电子数据收集的使用情况。

当时我希望将新的 Palm 技术用于人道主义公共卫生的闸门会就此打开。既然我们已经把这项新技术告诉了他们，大家肯定会想使用它吧。但事实并非如此。

闸门没有打开（2000 年）

事实上，出版物出版之后最值得注意的是，人们普遍没有使用 Pendragon 或任何其他软件来收集数据。这并不是说没有人使用这种或类似的技术，但我怀疑在 PDA 时代的鼎盛时期，甚至只有 1%的公共卫生数据是以这种方式收集的。

在试图理解这一点时，我设法抓住了一个原因：它太难了。我刚才说 Pendragon 允许我轻松设计移动电子表格，这是真的。很长一段时间我都认为 Pendragon 很容易。然而，在某个时刻，我意识到它对拥有计算机科学和编程背景的我来说很容易，但对大多数人来说它并不容易。充分使用 Pendragon 需要一些编程技能，而绝大多数人根本没有这种技能。

想象一下，有这样一台咖啡机，每天早上需要一个计算机程序员来设置它，那你还会去使用它吗，除非你是一个计算机程序员。

教训三：技术人员总是低估自己专业知识的稀缺性和成本。

这让我相信，推广 Palm PDA 等技术进行数据采集的关键是让普通卫生工作者能够轻松使用它，而无须聘请任何技术专家。

EpiSurveyor 第一阶段：这是技术（21 世纪初）

当我在 CDC 用 Palms 和 Pendragon 工作时，我未来的商业伙伴罗斯·唐娜（Rose Donna）正在美国红十字会（American Red Cross，ARC）做类似的工作。ARC 参与了将成为历史上最成功的全球疫苗接种运动之一的麻疹倡议。一个关键的成功因素是他们率先使用移动技术收集数据，这有助于他们了解何时做得好，何时达到计划目标，以及何时无法实现目标。

我在 2002 年遇到了罗斯，那时我被暂时分配到 ARC 工作。我们两个人都厌倦了大型组织中的官僚作风，决定共同努力，希望能够进一步、更快地开展工作，减少会议次数。回想起来，我意识到见到罗斯是我生命中最重要的一刻，因为：

教训四：你不能单独做一件事。

我们很幸运能够在相对较短的时间内获得来自世界银行和 ARC 的资助，这足以让我们雇用了一名程序员。我们很快就开始创建我称之为“EpiSurveyor”的东西，这是第一个自行开发的移动电子数据收集系统，不需要任何技术专业知识（2013 年，由于它在全球卫生领域之外日益普及，因此改名为 Magpi）。

EpiSurveyor 包含一个 PC 程序，允许用户设计表单，以及一个 Palm PDA 的程序（我们现在称之为“应用程序”），用来在设备上部署表单。

人们很快能够初步使用该软件，但我们发现它仍然不够简单。特别是有两个问题难以克服。

易于使用，难以安装（2004 年）

当我们开发了一个最初版本，然后是第一个真实版本的 EpiSurveyor 时，罗斯和我开始在世界各地飞行，培训可能想要使用它的卫生项目的工作人员。其实这个行为非常具有讽刺意味，因为该软件旨在实现自己动手。

一个主要问题是 EpiSurveyor 的初始版本遵循当时所有软件的模型：PC 组件必须下载并安装到笔记本电脑或台式机上，许多人在这个过程中就遇到了困难。此外，他们还需要安装随 PDA 一起提供的 Palm Desktop 软件和 Java 实用程序软件。

个人电脑上安装三个软件，PDA 上安装一个软件，然后就可以开始操作了。这衍生出一系列阻碍许多人进行尝试的障碍，我们需要解决这个问题。不幸的是，最初没有任何人知道如何做。

非洲没有 PDA

除了安装之外，我们在早期遇到的第二个主要问题是 Palm PDA 本质上是一个属于富裕世界的产品。在我们最初关注的非洲国家，购买 PDA 是困难且昂贵的。缺乏当地可用的数据收集技术是一个巨大的障碍，我们花费了许多时间试图找到方法，也就是获得足够的资金为每一个非洲卫生工作者购买 Palm PDA。和其他人一样，我们在这些年内从未想象过 Palm PDA 能在非洲或其他发展中国家出现。

教训五：电子比分子更容易移动：在全球范围内构建和扩展软件要比硬件容易得多。

奇迹一：Hotmail

当我正在努力解决 EpiSurveyor 用户在安装软件时遇到的困难时，我偶然注意到，在撒哈拉以南非洲地区工作的几乎所有的医务人员都有一个 Hotmail 账号。

起初我并没有多想，但一段时间后我开始看到我们试图做却失败的事情和 Hotmail 工作人员做的事情之间的相似之处，我们都试图将软件分发给每个需要它的人，无论他们身在何处（但 Hotmail 非常成功，它最初是一家独立公司，从 1998 年开始成为微软的一部分）。

但是，我在政府工作中学到的所有发布技术的方法都要飞到世界各地的每个国家，还有很多会议和大量的培训课程，也就是说，这会产生很多每日津贴、酒店账单、常旅客里程以及培训师和顾问的合同。显然我应该知道，因为我就是那些培训师 / 顾问之一。

但 Hotmail 根本没那样做，Hotmail 向用户提供软件，但不会飞到世界各地培训。Hotmail 没有培训人员，也不用支付每日津贴、酒店或机票费用。当然，Hotmail 只是一个开始，我很快就看到我的非洲同事使用 LinkedIn、Flickr、Gmail 和谷歌地图，这些都不需要任何培训、程序员或顾问。

教训六：技术创造新的商业模式；新的商业模式驱动技术。

我意识到，这种巨大的差异不是由技术而是由商业模式驱动的。Hotmail 使用了所有可用的工具来降低成本。首先它使用 Web 和共享的“云”服务器来降低硬件成本，然后简化了软件，因此无需培训或支持。

每个用户的成本接近于零。Hotmail 不用像大多数开发组织一样，到世界各地进行培训和咨询，相反，它还可以通过广告收入来收回其非常低的成本。

Hotmail 也不是一个“开源”应用程序，Gmail、Flickr、LinkedIn 和谷歌地图也不是。也就是说，构成 Hotmail 程序的计算机源代码并未向公众公开。为什么？因为如果公开的话，那么任何拥有服务器的人理论上都可以部署自己的 Hotmail，没有人会使用 Hotmail，他们将再也无法获得广告收入。

当然，普通用户对查看源代码不感兴趣。他们只想完成自己的工作，例如收发电子邮件。通过浏览器任何人都可以免费使用简单的电子邮件程序。Hotmail 迅速传播到地球上最贫穷的地区（不是对于野外的牧羊人，但绝对针对首都办公桌边的专业人士）。

我对通过广告支持 EpiSurveyor 并不那么感兴趣，但我对全球规模感兴趣。我意识到，如果我们可以将 EpiSurveyor 移到网上，那就意味着没有人需要再安装（无须安装网站，你只需将网址输入浏览器并点击“Go”）。最重要的是，没有人需要聘请顾问或培训师，甚至我们有可能让人们在地球上的每个国家使用 EpiSurveyor。

因此，2009 年，EpiSurveyor 成为第一个为国际发展而创建的 Hotmail 风格的 Web 应用程序。它是免费的，通过浏览器在线，并且操作简单，任何有文化的人都可以在不需要有组织的培训的情况下使用它。

奇迹二：手机

网络确实使我们能够更容易地在世界各地使用软件，但这并不能解决硬件问题。我们仍然需要一台廉价的移动电脑来运行这个应用程序——正如我提到的，Palm Pilot 还不够普及。

众所周知，这个问题已经通过手机的普及而得到了解决，无论是在发达国家还是贫穷国家（见图 5.3）。我们意识到，如果我们编写的公共卫生软件在手机上运行，那么向贫穷国家出口设备的成本将由手机制造商和分销商或者全球卫生界承担，而不是我们。当我们将 EpiSurveyor 从个人电脑移到网络时，我们也将组件从 PDA 移到诺基亚的通用塞班功能手机平台上。

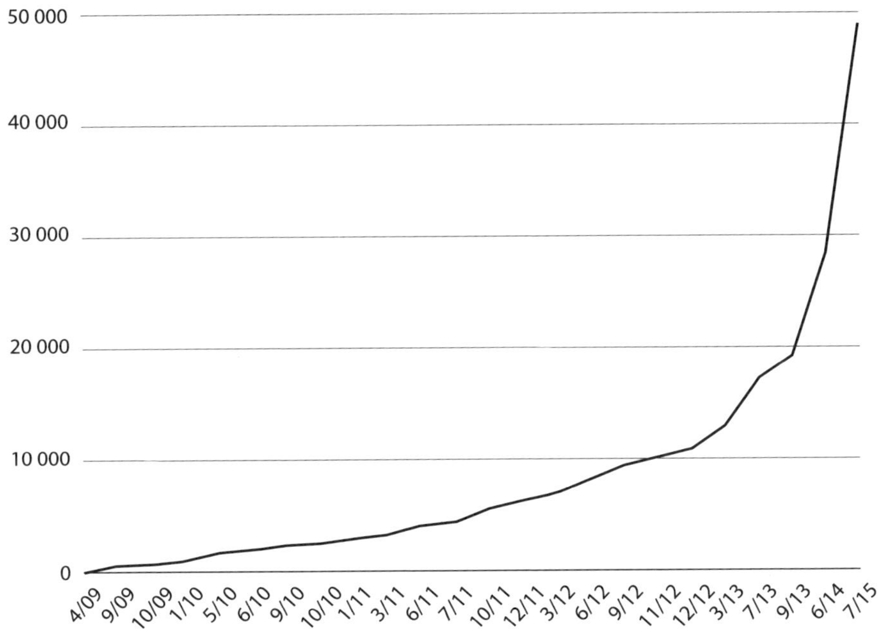

图 5.3 2009—2015 年每百人拥有的移动电话数

之后，掌上电脑开始迅速崩溃，这令我们感到震惊。如果我们没有转向手机，EpiSurveyor 就会消失。但随着塞班退出市场，随着“苹果”(iPhone)和安卓(Android)手机开始抢占市场份额，塞班平台也很快陷入了困境。所以我们很快添加了苹果和安卓版本的移动应用。

教训七：永远不要依赖单一的硬件平台。

EpiSurveyor 第二阶段：快速增长（2009—2012 年）

我最初的预感是，我们需要遵循 Hotmail（以及“脸书”、Flickr）的技术模式，这一点从我们的经验中得到了证实。从 2009 年 6 月到 2012 年 12 月，EpiSurveyor 的在线用户从 0 增加到了 1 万多人。正如 Hotmail 模型预测的那样，这些用户活跃在 170 多个国家——我们甚至从未与他们中的绝大多数人交谈过。

那是一个惨痛的教训。我一直喜欢到实地去培训，在异国他乡旅行。我犯了错误，但得到了一个非常重要的教训：

教训八：如果你的技术每次使用都需要实地专家的培训，那么它就不可能成规模。

事实证明，我们在实地进行的愉快的培训对广泛使用来说本身就是巨大的障碍。消除这些障碍极大地增加了我们的用户群。自助服务绝对是最好的选择。鉴于这与利润丰厚的咨询方法背道而驰，这个教训在全球发展中并不太受欢迎。

不仅针对流行病学调查（2013年）

尽管我们从一开始就为流行病学调查开发了 EpiSuryevor，但当我们把销售渠道转到网络上时，我们很快发现其他用户正在使用这个软件，并用它来收集各种各样的数据。这可能是最令人惊奇的部分。几乎每个月，我都能了解到其他用户或组织发现了 Magpi（2013 年 1 月起，EpiSurveyor 使用的新名字），并用 Magpi 做一些我们意料之外的事。

以下是一些具体的例子：

Camfed

Camfed 是一家总部位于英国、旨在促进女童教育的慈善机构。在五个撒哈拉以南非洲国家开展的项目中，Camfed 向家庭支付费用，让女孩上学，并监督她们的学校活动。

之前的纸质监测系统需要一两年的时间才能将数据汇总成管理报告。然后 Camfed 开始使用 Magpi，对项目进行实时监控。老师们在手机上收集的数据被上传到 Magpi，然后发送到 Salesforce.com 进行分析，并显示在网络仪表盘上。总而言之，这是一项惊人的技术应用——五个国家每年的运营成本加起来不到1.5万美元。

约翰·斯诺公司（John Snow Inc.，JSI）

JSI 是一家总部位于美国、致力于全球发展的组织，它广泛使用 Magpi。它还为我们提供了资金，以便为 Magpi 添加能让所有用户受益的额外功能。

JSI 率先使用 Magpi 进行供应链管理——这也是我们没有想到的——每季度在坦桑尼亚、加纳、利比里亚和赞比亚的卫生机构中高效地收集和分析疟疾药物的库存和案例管理数据。

根据 JSI 网站的统计，EpiSurveyor（Magpi）已经取代了纸质的数据收集方式，通过自动化数据的录入分析，提高了完成和研究季度报告的速度和准确性。通过移动电话收集到的信息可以为伤病员运动项目（PMI）、美国国际开发署（USAID）、卫生部（Ministries of Health，MoHs）和国内合作伙伴提供关于缺货、监督和培训

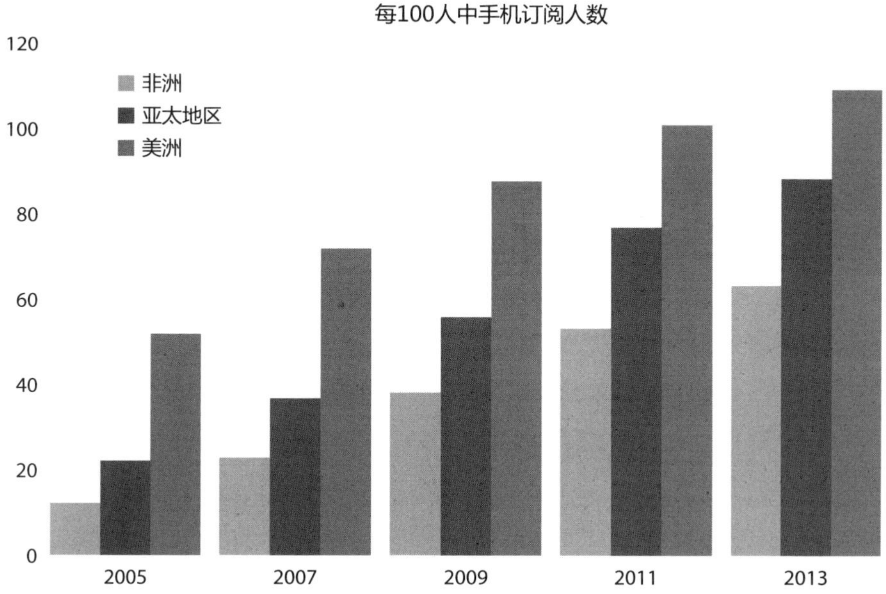

图 5.4 2005 年 7 月—2013 年 7 月 Magpi 用户情况

以及药物使用等方面快速、可操作的信息。它使决策者能够更早地进行修正，以解决潜在的问题。

肯尼亚公共卫生部（MOH）

在开发 Magpi 的过程中，肯尼亚卫生部一直是我们的长期合作伙伴。它是我们在 PDA 时代第一个进行软件测试的地方，也是第一个使用手机测试软件的地方。

现在卫生部有许多经验丰富的 Magpi 用户。他们使用 Magpie 开展各种活动，从一次性调查到追踪小儿麻痹症的爆发，再到与联合国儿童基金会合作的每年两次的“儿童健康周”监测——肯尼亚红十字会（Kenya Red Cross）也开始使用 Magpi。

其他人也在使用 Magpi。人权医生利用 Magpi 记录刚果和其他地方的性暴力；Abt 协会（Abt Associates）用它来监测结核病治疗；南美洲的研究人员使用 Magpi 来研究人类乳头瘤病毒；加拿大政府利用 Magpi 监测商业养猪场的疾病爆发情况。

当然，所有这一切传递出的信息是，世界人民比任何组织或个人都更聪明、更足智多谋。通过使几乎所有用户都能简单、免费地使用 Magpi，我们希望每个

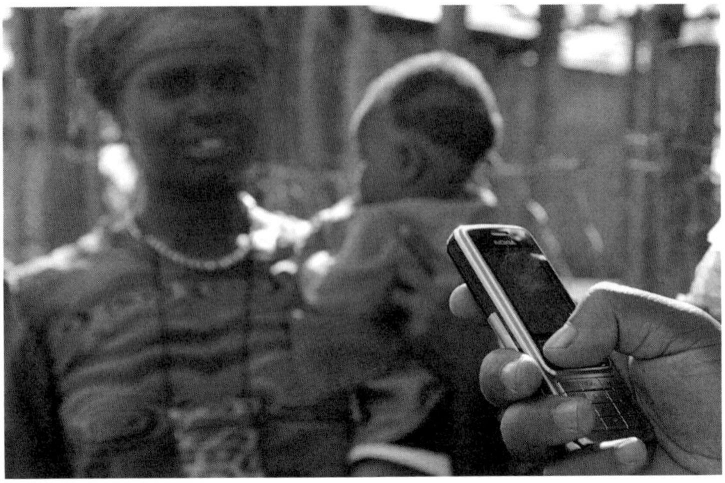

图 5.5　肯尼亚公共卫生部使用 Magpi 对抗小儿麻痹症

人都能获得移动数据收集带来的好处，不管他们有多少钱或有什么联系，也不管我们是否知道他们的存在。

机制：这是商业模式（2009—2010 年）

向云平台的转移不仅能让更多的用户注册，也让我们了解到谁正在使用软件。我们可以实时地看到哪些人、哪些组织在上网，哪些人没有。这导致了一些令人不安的发现。

我是一个职业的 PowerPoint 制作者

在浏览在线 EpiSurveyor 应用的用户活动日志时，我很快意识到我们的资助机构中没有一个被列其中。没有一个支持我们的人见过我们的软件。

这似乎有道理。谁会花钱去支持一个从未看过的软件呢？如果我们的资助者没有看到过这个软件，那么他们是根据什么信息来决定是否资助我们的呢？

慢慢地，我感到很不舒服，我意识到自己作为一个技术专家的想法是错误的。毕竟，我并不是被雇来创造伟大技术的。我们的资助者根本就不知道我们的技术是好是坏，甚至不知道它是否存在。

我曾经是个讲故事的人。我的工作是制作关于技术拯救贫穷国家生命的故事。我每年都以 PowerPoint 的形式把故事卖给资助者，然后他们再把这些故事告诉选民。

教训九：你的工作就是别人付钱让你做的事。这有时与你所认为的工作不同。弄清楚你真正的工作是什么，如果这是你真正想做的事。

我不能过分强调这一点。我有信心，即使我们没有制作任何软件，我优秀的PowerPoint技术也能让钱源源不断。根据我的经验，这在国际发展中非常普遍。良好的沟通技巧会让糟糕的技术,甚至根本不存在的技术,闻起来像一朵玫瑰——制作好的幻灯片比开发好的技术更便宜、更快。

记住：我不是说拥有伟大技术的人不应该讲故事。我是说，在很多情况下，我看到一些关于技术的故事取代了真正有用的软件的持续和规模化开发。

教训十：国际发展中的一些组织已经认识到，讲述可持续、规模化技术的故事的成本比创造技术更低——而且同样有效地获得了资金。

对我来说，问题在于如何评估我们的技术，而不是PowerPoint技能。我们如何才能成为真正的技术专家，而不仅仅是技术方面的说书人?

这是另一种说法:“我们如何从技术中获得报酬,而不是通过讲故事的方式？”

免费的增值模式是信息

在再一次向硅谷寻求灵感后，我为EpiSurveyor找到了新的商业模式，我认为这非常符合国际发展的趋势，它被称为免费增值。

大多数使用Skype的人都很熟悉免费增值服务（“free”+“premium”）。大多数人都知道有一个免费的版本用于电脑对电脑的通话，还有一个付费版本的Skype用于电脑对电话的通话（反之亦然）。

由于网络传输数据的效率很高，每单位的成本非常低，而且在计算机对计算机的调用中成本接近于零。这一成本效率最高的技术使Skype能够提供电脑对电脑的通话，同时通过电脑对电话的通话赚取足够的收入，从而实现盈利。

即使在今天，在微软收购Skype并推动提高付费用户比例后，大约75%的用户从不付费。

我认为这种模式对国际发展很有好处，因为根据我的经验，有一小部分组织拥有大量的资金，但大多数组织几乎没有资金。

因此，只有一小部分有钱的组织可能成为我们的客户，购买我们的技术产品。当然，我们仍然会讲故事，但那将不再是我们的主要工作。这些组织会为我们的软件付钱——如果我们的软件不够好，他们也不会付钱——因此，我们的生计不能完全依赖于故事的质量，而是技术的质量。

和 Skype 一样，免费用户得到了很多，但付费用户也得到了很多。在几乎每一个例子中，为我们的软件付费的成本只是纸质收集数据成本的一小部分，而且比其他需要技术顾问和程序员的电子系统更便宜。

在国际发展中，组织通常倾向于获得它们负担得起的技术。富有的组织——或者那些能够成功地吸引资助者注意的组织——能够有钱开发伟大的技术。其他组织经常得到很少或什么都没有。

但是，正如 Gmail 对每个人都可用一样，不管赚多少钱，Magpi 对每个组织都可用——从最小的本地项目到最大的跨国活动。组织的规模或者预算不再是使用像 Magpi 这样关键的，甚至是拯救生命的技术的障碍。在我们的免费增值模式中，只要愿意，小型组织就可以使用 Magpi 的免费版本。而购买 Magpi 会员的那些拥有巨额预算的项目最终支持了其他组织的免费使用。

分享是好的，但分享一切就是自杀

你会记得早些时候我提到过，Hotmai 和诸如 Skype、谷歌地图之类我们早期的灵感来源，都不是开源产品。换句话说，它们的核心源代码受到保护，没有公开。这是一个使它们拥有竞争力的决定。Skype 和谷歌确实共享了一些代码，但通常只够连接其他软件。这些软件被称为应用程序编程接口（Application Programming Interfaces，API）。例如，谷歌地图 API 允许其他任何软件与谷歌地图“对话”。例如，对于每个餐馆的列表，Yelp 会将餐馆地址发送到谷歌地图，谷歌地图会很好地将显示餐馆位置的地图发送回来。

谷歌这样做的部分原因是想让更多的人使用谷歌地图，并让他们看到付费展示的广告。如果他们让谷歌地图的所有代码都可用，那么 Yelp 就会自己复制，再也没有人会从 Yelp 点击到谷歌地图了。

对你的主要产品代码保密，这样它就可以成为一个收入来源，并且提供一个 API 使你的主要产品更加有用（因此更赚钱）。这个模型已经被证明是非常成功的。遵循这一模式的硅谷初创企业已经赚了数十亿美元，其中许多资金用于改进产品以抵御竞争。最终用户受益；在很多情况下，包括那些没有多少钱的用户。

不幸的是，在国际发展中，几乎每一项资助技术都是开源的。虽然支持者经常说，这意味着“任何人”都可以为了自己的利益修改每一个软件，但问题是，

“任何人”的真正含义是“知道如何阅读和编辑计算机代码的任何人”，而不是“每个人”。在实践中，这意味着这些技术：

• 很难或不可能货币化

当你同时免费赠送的时候，你就很难卖掉它。

• 取决于补助资金

正如我们所讨论的，这使他们成为“讲故事的人”。这意味着他们的客户是真正的资助者，而不是软件的用户。

• 依赖顾问

由于“讲故事”的原因，这些技术似乎不像 Hotmail 或“脸书”那样简单。尽管微软是免费的，但这是一种需要昂贵的技术顾问来安装、维护和使用的免费服务。就像一辆免费的车需要你雇一个司机来为你开车一样，这不是真的免费。

因此，2010 年在 EpiSurveyor 成为第一个面向国际开发的基于网站的应用程序之后，它也成了第一个免费增值应用程序。与此同时，并非巧合的是，我们也从一个开源（因此获得了资助）的方式转变为一个标准的硅谷方式。

正因为如此，Magpi 也成为第一家（目前仍是唯一一家）向发展和全球卫生组织提供免费技术的技术公司。尽管只有不到 1% 的用户付费使用我们的软件，但公司完全自给自足，没有任何赠款收入。

现在的 Magpi

云计算以及免费增值、封闭源代码的 API 业务模式推动了进一步的变化，包括从 EpiSurveyor 更名为 Magpi，因为我们的用户开始向我们展示，它的作用远不只是流行病学调查。

此外，我们最初有两个价格级别（免费版和每年 5 000 美元的“专业版”），后来增加了每年 1 万美元的“企业版”，具有适合大型组织的功能和容量。

2013 年秋季，我们添加了“Magpi 消息传递”——超级简单、超级便宜、超级快速的基本消息传递功能，让每个组织都能在几分钟内创建一个基于短信息（SMS）的教育系统或录音接收提醒系统，或者只是为了让现场工作人员工作得更有序。2015 年，我们添加了“交互式短信数据收集”功能，允许通过短信“对话”的方式从手机上收集数据（实际上，Magpi 表单每次通过短信发送一个问题，

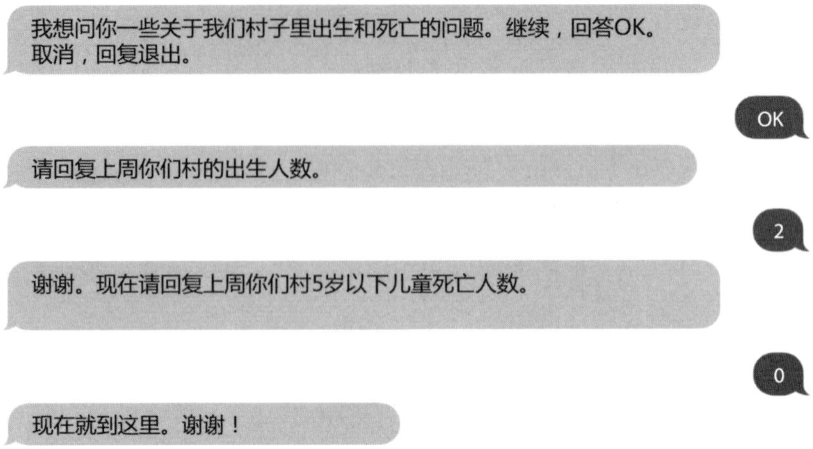

图 5.6 Magpi 的“交互式短信数据收集”功能

如图 5.6 所示）。

我怀疑 Magpi 消息传递将比 Magpi 数据收集更受欢迎。毕竟，更多的人只是为了交流而不是收集数据。只有时间能告诉我们答案。

我们的工作对世界意味着什么

2015 年，Magpi 在全球范围内拥有 50 000 多名用户，更多的创新用途不断涌现。使用我们平台的组织包括国际红十字会联合会（International Federation of the Red Cross）、国防高级研究计划局（DARPA）、疾病预防控制中心（CDC）、肯尼亚红十字会（和许多其他国家的红十字会）、联合国儿童基金会（UNICEF）、华约（PACT）、国际红十字委员会（IRC）、联合国人口活动基金会（UNFRA）、世界卫生组织（WHO）和约翰·斯诺公司等。早在 2011 年，世界银行就帮我们做了大量工作，记录和评估 Magpi（当时的 EpiSurveyor）对其数据收集活动的影响。

在中美洲，一篇名为《削减成本、提高质量和实时收集数据》（*Cutting Costs*，*Boosting Quality and Collecting Data Real-Time*）的报告指出，与之前的纸质系统相比，使用 Magpi 数据收集的成本下降了 71%。

想想每年在国际发展、全球卫生，甚至政府和商业中使用纸质表格进行数据收集活动所花费的数百万美元。再想象一下，我们节省了近四分之三的成本，使之可用于复印纸质表格以外的用途。成千上万的组织为了每一个数据收集活动节省了数千或数十万美元——总共节省了数百万美元。更好的数据驱动和更好的决策改善了无数人的生活。

与节省成本同样重要的是能够用于决策的实时数据。现在，即使是小型组织也能对几分钟内收集和分析的数据做出更快的反应，而不是花费几个月或几年，甚至永远不会做出反应。

以节省 71% 资金的成本获得更快的数据和更好的决策，这就是真正的影响。

在 2014—2015 年（持续）西非埃博拉危机（Ebola Crisis）期间，Magpi 在时间和金钱上的效益得到了充分体现。红十字会与红新月会国际联合会（IFRC）、CDC、IRC 等组织在数据管理的各个方面都使用了 Magpi。

一个强有力的例子是 CDC 利用短信数据收集功能在受影响国家进行“零报告监测”。Magpi 和基本移动电话的低成本使 CDC 有可能在每个受感染国家安排数百名卫生记者，每个人都配备了基本的移动电话，每天发送一条短信，报告当天出现的疑似埃博拉病例数量。谢天谢地，在大多数情况下这个数字是零（因此得名“零报告”）。这样，每个国家都有大量的记者，但每个国家技术的总成本每年不到 10 000 美元，包括短信的费用。对于一个全国性的监控网络来说，这是非常低的（通常这样的系统每年要花费数十万美元）。

另一个例子来自 IFRC，该组织致力于在几个国家为埃博拉患者提供有尊严和安全的埋葬。作为这项工作的一部分，IFRC 使用 Magpi 记录下了一些身份不明的尸体的信息，包括他们的照片，希望这能让他们的家人以后知道他们所爱的人安息在哪里。对于 IFRC 来说，每年的技术成本低于 10 000 美元。重要的是，IFRC 能够自己创建和部署基于 Magpi 的系统，不需要昂贵的技术顾问或程序员，他们的差旅和酒店费用可能就需要数万美元。

最后，在 2014 年 12 月至 2015 年 1 月期间，作为塞拉利昂 IMC Lunsar 埃博拉治疗中心的首席临床医生，我设计了一个基于 Magpi 的电子健康记录系统，它可以减轻治疗中心卫生工作者每天面对的令人难以置信的数小时文书工作的负担。

我不知道在 Magpi 消息和交互式短信后未来会发生什么，但我认为在 Magpi 我们将

图 5.7 作者于 2014 年 12 月在埃博拉治疗中心记录临床患者数据

继续做我们一直在做的事：

1. 确定一种类似移动数据收集的技术，它有用但很少使用，因为它太复杂和昂贵；

2. 通过使用云计算、移动和免费增值服务，使其简单、实惠；

3. 坐下来，看看人们用它做的那些疯狂、酷炫和拯救生命的事。

经验教训

我们中的大多数人对发生在周围的巨大社会和技术变化一无所知。在我的职业生涯中，我一次又一次地获得了各种领域的广泛信息。我是通过广泛阅读医学领域之外的书籍来达到这一目的的。我建议每周至少阅读三分之一的《经济学人》（*The Economist*），包括一篇关于商业的文章，以及一本在你主要领域之外的书，至少一年几次。

1. 我们不知道我们知道什么。虽然我们不断增强的连通性（多亏了互联网和移动电话）已经把更多的世界呈现在我们眼前，但重要的是，我们要意识到自己还有很多未知、未有测量、未图表化的东西。

2. 技术人员总是低估自己专业知识的稀缺性和成本。如果每当一个受雇于我的程序员将某个开源软件定义为“免费”时我都能得到一美元,那么我就成了富人。

3. 你不能单独做这件事，或者至少我不能。非常幸运，我有一个合作伙伴一起构建 Magpi。他的思维与我完全不同，但我们有同样的价值观——包括理解如何友好地解决分歧。谢谢，罗斯。

4. 电子比分子更容易移动：在世界范围内构建和扩展软件要比硬件容易得多。这是我们在互联网 / 移动电话世界的基本经验之一。另一些人则为了将允许移动电话和网络成为可能的技术与允许这种可能性成为现实的商业模式结合起来，进行了艰苦的工作。一旦设备和网络就位，理论上每个人都可以通过他们的艺术创作、写作或软件接触其他人。

5. 技术创造了新的商业模式。新的商业模式驱动着技术。我经常遇到在国际开发领域工作的人——Gmail 和“脸书”的每日用户——他们不相信有一个真正免费的 Magpi 版本存在。然后，当我向他们保证确实如此时，他们很难理解它是如何可持续发展的。他们在互联网规模经济的海洋中游泳，但他们不懂水。为此，我建议每周浏览一下《经济学人》。

6. 永远不要依赖单一的硬件平台。对我来说，这只是常识。尽管支持多种平台（PC/Mac 或 Android/iOS）更加困难，但它确实正在变得更容易，而且从不破产的角度来看，它的地位要强大得多。

7. 如果每次使用技术都需要一名实地专家，那它就永远不会发展。我们和全世界都可以使用的技术之所以存在，是因为我们已经发现了降低升级成本的方法。最重要的方法之一就是尽可能地用软件取代所有的人类专家。它适用于“优步”（Uber）（它取代了人类出租车调度员），也适用于谷歌地图（它取代了人类地图制作者），而且它可以适用于你正在做的任何事。

8. 你的工作就是人们付钱让你做的事。这有时和你认为的工作不同。弄清楚你真正的工作是什么，如果那是你真正想做的事。我花了数年的时间赚钱来“讲故事”，而我认为赚钱是为了创造技术。多年前，我就应该注意到，投资者对我们大吼大叫的唯一时刻，就是当我们迟交稿件和报告的时候。他们从来没有因为我们添加功能速度太慢，或者用户体验不行，或软件可靠性问题而对我们大吼大叫。

9. 一些国际发展组织已经认识到，讲述可持续发展和规模化技术的故事比创造可持续发展和规模化技术更容易、更廉价，而且同样有效地获得了资金。如果你想做的不仅仅是讲故事，请确保你的组织真正专注于它的项目，而不是PowerPoint。确保你获得的资金能促使你在想做的事情上出类拔萃。如果那不是PowerPoint，你应该强烈考虑避免投资，或者尽快减少对它的依赖。让用户为你的产品付钱会让成败取决于产品的好坏，这才是最重要的。

讨论题

1. 以顾问为基础的技术和国际发展商业模式如何促进对受援者的依赖？强调“免费和开源”技术比免费的闭源工具需要更多的技术援助，这是顾问驱动模式的结果吗？

2. 考虑到国际开发中的自由开源技术通常比自由闭源需要更多的技术援助，这是否解释了开发技术顾问对开源的偏好？还有其他原因吗？你如何看待开源和闭源的方法？

3. 为什么像“脸书”和谷歌这样简单、免费的自助应用程序在消费者应用程序中如此普遍，而在国际开发中却如此罕见？这是技术问题，还是商业模式问题？

4. 将“苹果”或谷歌的商业模式与“技术促进发展”组织的商业模式进行比较。它们的收入从何而来？产品是什么？谁是客户（即谁提供收入）？

5. 技术（如移动电话）通常由使用该技术的用户付费。当第三方（如资助者）为这项技术付费时，会发生什么变化？每种方法的优缺点是什么？如果第三方是广告商，而不是资助者呢？这如何影响生产的技术质量？

延伸阅读

你可以在 www.koganpage.com/socialentrepreneurship 找到更多相关资料。

Munk, N *The Idealist: Jeffrey Sachs and the quest to end poverty*

Moyo, D *Dead Aid: Why aid is not working and how there is a better way for Africa*

Christiansen, C *The Innovator's Dilemma: When technologies cause great firms to fail*

My TED Talk: http://bit.ly/magpi-ted-talk

06 让世界不再饥饿
——食物循环企业 FoodCycle

FoodCycle——凯文·张（Kelvin Cheung），迈克尔·诺顿（Michael Norton）

FoodCycle（食品循环）的故事始于凯文·张和迈克尔·诺顿。迈克尔是一个多次创业的社会企业家，并且是志愿行动创新中心（the Centre for Innovation in Voluntary，CIVA）的创始人。他还与其他人共同创立了UnLtd——社会企业家基金会，用基金给那些希望改善社区的人颁发奖项。

凯文2007年在MyBnk实习，这是CIVA启动的另一个项目，他当时在伦敦正想参与一些有趣的事情。2008年，凯文和迈克尔初次相遇，他们被分在同一个项目：食物过剩和食物匮乏。人们一定想知道世上为何存在这样的悖论。

与其在导致这两个巨大问题的原因上钻牛角尖，不如直接将关注点放在用食物过剩来减少食物匮乏的问题，从而一举两得。然而，食物过剩能作为解决方案吗？

迈克尔和CIVA非常重视学生和年轻人在改善社区方面的潜力，他们请凯文帮忙准备一个围绕志愿服务、过剩食物和多余厨房空间展开的项目。

凯文带着三个月的生活费动身去美国研究和开发FoodCycle。在那里，他联系到了校园厨房项目，这是一项非常成功的由学生发起的饥饿救济倡议：一个解决老问题的新方法。凯文和迈克尔想研究类似的模式在英国是否可行，并在英国进行为期一年的试验。凯文对项目的前景满怀期待。

项目启动之初凯文和他的团队意识到，在FoodCycle中也存在着社会隔离的一面。人们得到一顿免费的饭不是什么新鲜事了，有着丰富的社区活动也是常态。但是看上去让人耳目一新的是，食物浪费将成为这一倡议的载体。

FoodCycle 之旅

一名华裔加拿大人最终是如何在英国经营一家食物慈善机构的呢？

凯文是加拿大人。2006 年，他带着攻读国际发展的硕士项目和取得教师资格证书的计划来到伦敦，并打算回到多伦多，在他的高中母校从事教育事业。

2008 年，他遇到了改变未来的迈克尔·诺顿。因为迈克尔的缘故，他参观了美国的校园厨房，并看到了一个与之相似的以食物为基础的项目在英国成功的可能性。莉莉·拉帕娜（Lily Lapenna）是另一个关键人物。莉莉是 MyBnk 的创始人之一，MyBnk 是一个专注于教授年轻人财务管理技能的组织。她把凯文带入了社会企业这个友好而充满激情的世界。凯文在 MyBnk 实习的 6 个月是这个组织即将大获成功的时候，实习的经历给了他很多在创办 FoodCycle 时需要的常用技能。UnLtd 给了他第一笔 5 000 英镑的项目启动资金，让他去某个地方实践这一创意。最为重要的是，这给了像他这样缺少工作经验的年轻人一个创造未来的机会。

凯文认为父母对他的影响十分重要。企业家父亲的影响和父母的支持是其中的关键。幸运的是，他的父母从来没有以过来人的姿态，用“找一份真正的工作”这样的老话劝导他放弃。

2009 年 5 月 10 日永远值得铭记，这是 FoodCycle 历史上最关键的一天。花了 6 个月采集完关键食材后，志愿者们和厨房开始了有史以来第一次的“食品循环烹饪”，“游戏”正式开始了。

当注视着一锅棕色的泔水时，我们意识到这不是我们想要的美食，无论如何，我们不会半途而废。相反，挑战和困难只会激励我们每一周做出更美味的食物——如果你看到过我们刚开始做的食物，你会相信我们现在都是米其林大厨了！

匆匆四个月过去，到了 2009 年 9 月，FoodCycle 意识到当务之急是完善核心创始人团队。如果没有更多人加入，就难以扩大规模和影响。值得庆幸的是，两名研究生被我们的项目前景所吸引，他们抓住机会加入了食物循环运动。

托里·科茨（Tory Coates）和杰西·维尔特曼（Jessie Veltman）成为团队的第二和第三名成员。托里说：“我是 2009 年 9 月和杰西一起加入的。我们两个都快要完成硕士学业，出于不同的原因加入了 FoodCycle。杰西正在完成她的公共健康营养学硕士学位，所以她提出了改善营养的想法并开始了一个咖啡馆项目。以一种独特的方式利用浪费的资源，这个简单的想法让我十分感兴趣。我也希望在校园学习之外有机会掌握一些其他的技能。当然，我们也都喜欢食物，而把所有 FoodCycle 践行者联系起来更让人激动！”

所以，从 2009 年 5 月到 8 月，当凯文第一次和朋友们一起进行“食品循环烹饪”的时候，在伦敦的某个地方，另外两名学生也正临近毕业，打算动手大干一番。

食物浪费与食物匮乏：连点成线，建立联系

一切都始于食物浪费。我们意识到可以用浪费的食物来使人们饱腹，我们还意识到很多饥饿的人和制造食物浪费的人生活在同一个社区。然后我们注意到众多志愿者是如何建立联系，并在制作膳食过程中合作、创新的。

在继续分享前，我们需要思考什么是食物浪费和食物匮乏。

食物浪费、食物匮乏和社会隔离

事实上，导致上述三个现象的根源是复杂的社会政治因素。

2007—2008 年金融危机的影响导致全球贫困加剧，英国也不例外。金融危机的一个症状是“食物匮乏”的加剧——人们无法获得健康的、买得起的食品。这可能是由于收入或知识的缺乏，也可能附近没有商店，或者不方便到商店去，或者当地的商店没有储备很多健康食品，或者人们烹饪水平低。如今，随着房租、水电费和其他家庭开支的上涨，许多人只是单纯地付不起食物费用。由于这些复杂的综合因素，低收入人群的水果和蔬菜摄入量普遍较低，更容易患上与饮食有关的疾病，如癌症、糖尿病、肥胖症和冠心病等。

过剩食物可以给人们食用，但它没有丝毫商业价值而且销售受标签上保质日期的限制。食物可能被贴错标签、损坏、包装不正确、订购过多或供应过多，也可能超过保质期。虽然零售商尽量使食物浪费最小化，但从我们收集到的食物来看，仍然有足够多的过剩食物以供诸如 FoodCycle 这样的服务使用。

尽管近在眼前，食物浪费和食物匮乏双重问题的并存似乎很少在初创企业中被提及。将过剩食物与解决食物匮乏相结合，似乎是解决这个日益严重的问题的一个十分明显的办法。也许令人惊讶的是，推动 FoodCycle 传播的力量不仅只在凯文的朋友们中，还来自正在寻找大学中所缺乏的重要工作经验的学生和研究生。

当你没有经验，没有钱，但有时间的时候，尝试一件事的风险并不大。你可以很快确定某个想法是否可行。“我认为，在大社会（Big Society）、政府削减

开支和食品价格上涨的时代，这一点变得更加突出，而且看起来非常明显和简单。”托里说，“利用那些本来会被扔掉的食物，让人们能够吃饱饭。开始的时候，缩小年轻人之间的技能差距与社会隔离和食物浪费的问题同等重要。作为一名刚刚硕士毕业的学生，与竞争激烈的就业市场相比，FoodCycle 吸引了我。”

FoodCycle 的第一次烹饪活动开始了他们对食物浪费和食物匮乏两个矛盾问题的试验。但后来大家意识到，烹饪活动也可以用来解决社会隔离问题。当我们看到可以把集体用餐作为社会隔离的应对措施时，将两个问题结合起来的简单想法开始变得更有意义。

社交隔离指的是孤独，或与他人和社区缺乏接触。这可能影响任何人，但它与身心健康、残疾、年龄、失业、交通、失去配偶和社会经济背景有着特殊关联。老年人在失去朋友和家庭、行动能力减弱或者收入有限后，特别容易被社会隔离。2014 年“英国老年人协会”（Age UK）的一项调查显示，超过 100 万老年人说他们经常感到孤独，近 60 万老年人每周只离开一次家甚至频率更低。

“起初我们想到的是食物浪费，然后又想到社区里的人们还在挨饿。”凯文说，“巨大的食物浪费和数量惊人的饥饿在同一个社区共存。但我们一开始并没有意识到，直至后来才看见这个问题的社会隔离层面。”

我们的第一次烹饪

从 2009 年的 5 月到 8 月，FoodCycle 开始试运营。凯文和他的朋友带着所有已获得的食物和资源去寻找捐赠——食物、时间和厨房空间，并尽力将三者结合在一起。

经过大致的侦察踩点、跟踪线索、网上搜索和陌生电访，FoodCycle 在伦敦的“舰队河面包店”（Fleet River Bakery）找到了露西（Lucy）。舰队河面包店距离 FoodCycle 的送货地点不远，有一个可以免费提供的专业厨房，也许最重要的是，“舰队河面包店”还有露西这样的创业者。露西很认同 FoodCycle 想要达到的社会目标，并十分乐意帮助实现这个目标。

我们团队对 FoodCycle 早期阶段的反思：

我们只是一群大学生，我们实际上并不知道自己在做什么。每个人都有自己的想法，所以事情都是拼凑在一起的。当我们第一次得到食物、第一次烹饪的时候，我们的食材来自一个叫“有机星球”（Planet Organic）的有机超市，新鲜蔬菜是一个朋友分配给我们的。最后我们煮了一大堆垃圾——完全是一种大杂烩。

我们并没有考虑太多物流问题——我们知道第二天要送货，但直到前一天晚上 11 点我们才烹饪好。每个人都非常累，都很想回家。

舰队河面包店必须在第二天早上 5 点开门做面包。不用说，第二天早上还能在厨房看到前一天烹饪的残余物！于是，我们接到一个愤怒的面包师打来的电话，他问：“为什么会有这些东西在我的厨房里？”当时确实很混乱。

两周过去了，事情仍然不是很顺利，但这就是创业的本质。它生来就不是一帆风顺的，而且根本不是你能决定的。正如凯文所说：“我认为这是每一个 FoodCycle 的成员和 FoodCycle 中心必须经历的过程”。

第一个受益团体是“无名唱诗班”（The Choir with No Name）——这是一个很特别的活动，它为无家可归的人开办唱诗班并提供食物，食物是超市购买来的现成的三明治。但这并不好，一个三明治并不能代替一顿家常饭，我们非常想让人们聚在一起并且真正地烹饪。我们和无名唱诗班一起待了两个月。然后我们搬到了圣十字区，每周都要烹饪和提供服务。这很有挑战，因为我们要提供两种服务——我们在帝国理工学院（Imperial College London）也有一个中心，在周日为难民中心的人们送食物。

此时，尽管缺乏专业知识，FoodCycle 还能勉强应付着各种难题，并且没有失败过。不过，意识到三明治送货服务的局限性，FoodCycle 把他们发展策略的重点调整到改善送货服务和用餐者体验，还有供应的食物的质量上。

一开始，我们向潜在客户的推销词都类似于：“现在有什么东西会让你花钱？为什么不让我们给你免费提供呢？”然后我们会进一步帮助他为更多的人提供更好的食物，而且是完全免费的。这是一个突破性的时刻。只有当我们开始提供以前没有的服务时，比如这个全新的社区公共餐活动，我们才意识到这个项目的社区主义精神是多么重要。我们开始意识到食物可以作为一种团结社区居民的强大工具。

最初，FoodCycle 在向团体推销时面临的挑战是，人们希望看到事先准备好的菜单。如果没有菜单，那就要口头概括，描述将要提供的食物。但是处理过剩食物的时候并不总是知道每天都有什么食材或食物可供利用，应对这一挑战绝非易事。然而，凯文认为这也是 FoodCycle 的机会，是 FoodCycle 使命中的关键组成部分，即一旦你在实际行动中遇到挑战，就能明白这正是需要创造力、团队合作以及每个人一起来解决问题的时候。FoodCycle 无法利用传统的烹饪方法——那种先决定要做什么，考虑现有什么，然后购买所需食材的烹饪。

我们正在努力改变人们做饭的方式。利用现有食材，然后根据对食物和烹饪的了解进行一场“赌博”——看看烹饪创新是否真的有效。当然，没有人知道结果，但没有尝试就没有结果。

当然，今天的 FoodCycle 仍然保留着这样的做法。一直以来，“随时准备烹饪”的基本宗旨不仅是处理当天过剩食物的最佳方式，而且对那些想做志愿者的人来说也具有很大的吸引力。

FoodCycle 项目的进展情况

正如前面提到的，FoodCycle 已经开始与帝国理工学院的一个中心合作，该中心向难民中心的人们提供食物。该中心的饭菜一开始较好，因为是他们亲自购买的食材，但过了一段时间，他们开始从肯辛顿附近的一个农贸市场接受捐赠的食材。这对我们来说是另一个关键的时刻，它使我们意识到在附近建立具备当地食物来源的中心的好处。FoodCycle 在很大程度上仍处于试验性、起步性阶段，思路总是局限于自身。但新策略和方法开始渐渐出现。

托里于 2009 年 9 月加入，负责项目发展。起初这个项目模式是基于大学的，因为学生有足够的时间来运作项目，所以这个模式运作得很不错。不过，有时也会遇到麻烦，尤其是在漫长的暑假期间——受益者和超市在此期间需要这一模式继续运行。

尽管面临着挑战，但项目仍在积极进展。在伦敦大学亚非学院（School of Oriental and African Studies，SOAS）的中心建立后不久，第三个 FoodCycle 中心迅速崛起。

我们创办中心的策略是在同一时间找到所有关键的组成部分——志愿者、厨房空间和过剩食物。这可能很困难，因为需要识别并追踪所有社区空间的线索，与社区的人们交谈，获得他们的信任，然后找出最近的市场在哪里。时间也得匹配才行，比如合适的场地可能在周六可用，但是你只能在周日得到食物。

在此之前，FoodCycle 仅仅在伦敦提供服务，但当凯文在培训课程上遇到了一个叫麦克斯（Max）的人之后，这一切都改变了。麦克斯是布里斯托尔大学（Bristol University）的一名学生活动热心人和积极分子，他对参与 FoodCycle 很有热情。

随着越来越多的人开始谈论 FoodCycle，越来越多的人对我们正在做的事情感兴趣。而每个人在其他大学都可能有朋友，所以他们会交流关于 FoodCycle 的事情。口碑可以成为强大的助力，但一切都进展得有点太快了，事态上升得有点失控。此时，FoodCycle 已经有了 14 个中心，团队决定是时候停止扩张并进行盘点了。数量增长太多、速度太快并不总是件好事。

凯文自始至终都是一个现实主义者。有些中心会崛起，有些根本不会正式运作起来，有些会倒闭，有些会暂停运作，有些则需要重新制定策略和方法。但这似乎就是 FoodCycle 的本质——一个在短短一年内就从两个项目发展到十几个项目的机构。

“回想起来，事情进展得太快了。中心的领导者们面临着挑战，而且我们还没有测试不同的项目如何在不同的地方运行。”托里说，“有时候，一些中心需要做大量的工作，尤其是在很难找到厨房的地方。其他中心则需要我们没有预算到的财政支持。在尝试和发现错误后我们不得不关闭了爱丁堡项目，因为让那里的志愿者们致力于志愿工作比较困难。”

咖啡馆项目

在托里扩大中心的同时，杰西发起了一个咖啡馆倡议来改善社区人们的营养问题。“设立咖啡馆的想法最初是为了推动食品大环境的改变。”当时的 FoodCycle 社区咖啡馆经理尼古拉·科尼（Nicola Corney）解释说：“我们决定不再只关注那些食物极度匮乏的人——那些买不起食物的人，还要把那些由于其他原因无法获得健康食物的人包括在内。我们的咖啡馆提供了一种更健康的选择，而不是像堡内门利（Bromley-by-Bow Center）的鸡肉店和廉价便利小吃店提供的那样。”

此时，FoodCycle 已经进驻了伦敦东部的堡内门利中心，并开了一家名叫“空中馅饼”（Pie in the Sky）的店。也正是在这个时候，随着中心的扩大和社区咖啡馆想法的提出，两种模式应运而生。这两个模式是相辅相成的，都是在解决食物浪费和食物匮乏问题的宗旨下运营的——中心致力于在集体用餐的前提下打造一个免费健康的、每人三道菜的社区共餐场所，咖啡馆则作为案例表明如何用成功的社区培训课程让人们吃上买得起的健康食物。

第一个咖啡馆位于堡内门利——英国食物最为匮乏的区之一，并且那里失业率高、健康水平低下。在那里，我们支持志愿者学员，包括未就业、未接受教育或培训的年轻人，从监释放的年轻人以及长期失业者。咖啡馆每天提供超过50顿饭，更重要的是咖啡馆项目给了人们增强信心和获取技能的机会，这些技能都是在酒店和食品行业就业必需的。FoodCycle形成了一种结构化的培训模式，提供了在高压厨房环境下工作、烹饪和营养搭配技能、顾客服务、咖啡师培训等方面的入门课程。志愿者学员还获得了二级食品卫生认证。咖啡馆同时经营我们的餐饮企业，供应用剩余食材手工制作的美食。所有的餐饮盈利又投回咖啡馆，以帮助支持和培训更多的志愿者。

然而，尽管“空中馅饼”社区咖啡馆很受欢迎，在帮助年轻人重新就业方面取得了积极成果和一定成功，但它没有盈利，也没有完成我们的慈善使命。一家管理咨询公司为我们无偿进行了专业性的策略评估，揭示了我们在产生深刻社会影响和实现财务可持续性这两个方面仍存在问题。以上两种因素将会在短期内强烈冲突。在这样的经济形势下，一个非常真实的困境出现了。2015年6月，在开张四年后，我们做出了一个艰难的决定——关闭“空中馅饼”社区咖啡馆。

FoodCycle的社会特许经营模式

FoodCycle的社会特许经营系统是为使FoodCycle项目在英国规模化发展而开发的。目标是在持续提供优质服务的同时，增加项目的社会影响力。FoodCycle的社会特许经营系统是由FoodCycle与国际社会特许经营中心（the International Centre for Social Franchising）合作开发的。

两种不同的社会特许经营模式形成——组织特许经营模式和社区特许经营模式。预计大部分FoodCycle加盟商将来自现有的集团或组织，但也可能会有全新的机构申请第二种社区特许经营模式。作为协议的一部分，FoodCycle的社会加盟商必须指定联系人，作为FoodCycle总部和当地中心之间的沟通桥梁。

特许经营参照了反复验证的模式——商业特许经营复制了商业企业，社会特许经营复制了社会企业和慈善机构。此外，为了确保质量和一致性，必须有一个特许经营协议，中心必须传达出社会影响力并且在财务上可持续。

FoodCycle 详情

基金

2009 年 8 月，我们收到了艾斯米·费尔贝恩基金会（Esmée Fairbairn Foundation）的资助，这是在我们有了最初想法的一年后，也是在第一次烹饪的几个月后。他们同意资助 FoodCycle 三年。

信任

FoodCycle 需要开发成一个品牌以获得人们的信任。我们必须创造出一种卖得出去的、既酷又有趣又能吸引人的东西。所以我们拍了人们做饭时的照片，我们制作了 T 恤、名片和一个“脸书”主页。我们创造了一个人们都想要加入的品牌。我们对于 FoodCycle 项目运行实践和面临的挑战也非常开放和诚实，这样人们就会信任我们，相信我们会说到做到。

保险、食品安全和消费者信心

我们从一开始就明白保险、食物安全和消费者信心的重要性。要说服人们食物没毒、我们不会毒害他们是不容易的，特别是因为我们用的是剩余食物，没人真正知道那意味着什么，但是当我们阐明所有食物不用腐变肉类食材，并且都是刚做好的，而无须重新加热的时候，人们很快就接受了。

志愿者管理

这相对比较简单。我们当地中心的领导承担了大部分责任，因为他们就在当地。我们试图让正式的管理程序到位，以确保能吸引真正优秀的人才，但老实说，大多数情况都是志愿者出现了我们就接收了。中心使用它们自己的管理系统——谷歌群组空间（Google Group Spaces）、Excel、谷歌驱动（Google Drive）和谷歌多宝箱（Google Dropbox）相结合。

可持续发展计划、结构和商业模式

起初，我们没有一个整体结构、可持续发展的计划和筹资机制。这些都是在我们前进的过程中形成和发展起来的。一些刚接触社会企业的人可能会对此感到惊讶，但对于许多试图顺利起步的人来说，这是千真万确的。

在此过程中有一些危机，但对项目的信心和使命感使我们成功地化解了危机。当接连取得成绩的时候，特别是当财源滚滚来的时候，一切似乎都很顺利。我们又开始考虑通过校友关系网获得其他来源收入。

2010 年 2 月，FoodCycle 在英国慈善委员会（UK Charity Commission）注册。这一方面有助于解决信誉问题，另一方面也有助于筹集资金和账户得到官方认可。成为合法的、官方认可的正式组织是获得信誉和信任的另一步。

FoodCycle 如今的资金来源依靠的是个人捐款、与私营部门的合作关系、补助金以及加盟商的管理费（见下文）。

中心发展

在此之前，新的中心都是由不断发展壮大的 FoodCycle 总部直接分配资源的。然而，当每个中心都对中心管理者的投入需求极大时，就很难维持中心数量的快速增长。

FoodCycle 发展历程中的一个重要里程碑是其社会特许经营模式的发展。这个与国际社会特许经营中心合作开发的模式，意味着 FoodCycle 项目可以让当地的合作伙伴运营主办——比如住房协会、卫生服务或社区组织，这样我们的工作会更有效率和影响力，我们可以和它们合作，从企业、补助金发放机构和当地社区筹集资金。

FoodCycle 使用这种模式开设了五个新中心，每个中心都由当地的合作伙伴组织并在社区运营。因为有了 FoodCycle 品牌授权，这些中心在成立前就能得到信托机构、基金会、企业和地方政府的支持。作为 FoodCycle 网络的一员，他们更能够吸引志愿者，有获取过剩食物的渠道并与当地社区建立联系。FoodCycle 与各大超市建立了密切的关系，以确保安全使用它们完全可食用的剩余食物。

作为对管理费的回报，FoodCycle 为合作伙伴提供了许多支持，包括我们的在线志愿者管理系统、品牌和营销渠道，以及年会上的培训，随后是定期的支持和评估，以确保中心持续提供优质服务，并产生真正的社会影响。

商标和营销

对凯文而言，确定FoodCycle的商标极其重要。FoodCycle 最初被称为 FoodWorks，其标识相对来说比较单调、乏味。

目前使用的商标图像灵感来自一款后启示录太空时代（post-apocalyptic space-age）的电子游戏《辐射 3》（*Fallout Three*）。凯文对这个游戏非常着迷，就用了辐射小子（Vault Boy）作为商标的灵感。他花了六个月的时间试图让所有人相信这是我们的商标，结果这确确实实是我们的商标。当第一件 T 恤、水瓶和徽章问世时，FoodCycle 迎来了历史上最激动人心的时刻之一。伟大的商标能给生活带来愿景，而这一点我们的确实做到了。

图 6.1　食物循环的标志

早期，我们从来没有真正的营销策略。然而，这个新商标一问世，FoodCycle 就凭借商标声名远扬。我们在社交媒体上保持活跃，确保每个直接参与的人都有 T 恤和围裙，让他们感觉自己融入了我们的品牌，成为意义非凡事业的一分子，成为宏大社会使命的参与者。这对 FoodCycle 来说是非常重要的一项运动。

2015—2020 年—— 50 个中心

为了能够通过使用过剩食物提供健康膳食来解决食物匮乏和社会隔离问题，我们不断迭代我们的商业模式，并精简了我们的愿景。在近期进行策略评估以及做出关闭“空中馅饼”社区咖啡馆的艰难决定之后，我们将聚焦在中心项目上。在志愿者的帮助下，我们用过剩食物为面临食物匮乏和社会隔离风险的人们烹饪了一顿有三道菜的公共营养餐。我们的目标是通过这样的活动重建社区精神。如果客人愿意，他们可以选择捐赠，但这不是吃到食品循环餐的先决条件。目前，FoodCycle 已经拥有 20 个中心，规划在未来五年内建立 50 个中心。此外，我们发现 FoodCycle 实现规模化发展的有效途径之一是选择合适的社会特许经营合作伙伴，只有在合适的环境和条件下，FoodCycle 才能在社区产生真正的影响，就像粮食的生产离不开合适的土壤。

因此，FoodCycle 在正处于发展历程中的新阶段，蓄势待发。记住我们是谁、我们从哪里来，这比以往任何时候都更重要，这样我们才能在未来五年越做越好。

FoodCycle 的数据和影响

自 2009 年我们开始烹饪以来，FoodCycle 已经：

- 提供超过 105 000 餐；
- 每年举办超过 1 000 场集体用餐活动；
- 回收 12 万公斤以上过剩食物；
- 与 3 000 多名志愿者合作；
- 获得 78 000 小时志愿者时间；
- 扩展到 20 个中心。

此外：

- 87% 的客人表示，他们觉得自己更融入社区；
- 85% 的客人交了新朋友；
- 60% 的客人表示，来到 FoodCycle 后他们的自信心增强了；
- 73% 的客人在吃完食品循环餐后会吃更多的水果和蔬菜；
- 70% 的客人更注重健康饮食。

经验教训

1. 和朋友一起头脑风暴、集思广益。获得有价值的创意，并保持活动的趣味性。

2. 从小事做起。一步一步来。善于利用零散、闲暇时间。

3. 如果不是“新手”，那么就积极帮助别人实践他们的想法。

4. 有了想法，就去实现它。

5. 明确任务。元素越多，越容易引发混乱。你能开发一个兼具两种模式的初创企业吗？咖啡馆总是挣扎着定义自己与中心的关系。看到一个模式的潜力时很难放弃关于这个模式的想法，但重要的是要学会什么时候说“不”。

6. 财务可持续性。调整模式以配合资助者的目标可能导致任务或使命偏移。社会目标的微小变化可能会保证你的资金来源，但可能会削弱财务的长期可持续性。

7. 确定如何展示你的影响力。例如，如何衡量信心提升的程度？

8. 快速扩张与可持续发展是互不相容的。要小心地平衡两者。

9. 可靠的志愿者是必不可少的。对我们来说，跨大学和当地社区的工作效果更好。

10. 为志愿者、监管和财务创建快速简单的管理系统。

11. 保持良好的沟通和人际关系至关重要。

讨论题

1. 在什么情况下绿色运动需要专业化？事实上，它需要专业化吗？

2. 凯文评论说，食物作为团结人们的工具是多么强大。你认为食物为什么会有这么大的影响力？

3. FoodCycle 是如何利用食物来帮助实现其“建设社区”的使命的？

4. 对于 FoodCycle 来说，食物浪费是一个问题，但它已经变成了解决食物匮乏的办法。你能想到类似的情况吗，一个问题可能变成一个解决方案？

5. 你如何看待 FoodCycle 的社会特许经营模式对其未来发展的作用？它能适用于不同领域的其他组织吗？

6. FoodCycle 的商标在其成功中有多重要？

7. FoodCycle 的一条建议是从小做起，一步一步来。你认为你项目的第一步是什么？

8. 有两种模式 / 方法会是好事吗？如果你的想法中出现了两个模式，你将如何处理？

9. 你如何衡量幸福、友谊和自信等影响？我们是否对社会生活中的这种“软”影响足够重视？

延伸阅读

你可以在 www.koganpage.com/socialentrepreneurship 找到更多关于本章的内容。

关于 FoodCycle：

Our homepage: http://foodcycle.org.uk/ [accessed 10 December 2015]

Personal words from our founder and CEO: http://foodcycle.org.uk/about-us/our-story/

Projects: http://foodcycle.org.uk/locations/[accessed 10 December 2015]

Food waste meets food poverty: closing the loop 145

食物匮乏：

Food Ethics Council: http://www.foodethicscouncil.org/society/food-poverty.html [accessed 10 December 2015]

Food Ethics magazine: www.foodethicscouncil.org/uploads/publications/Food_HumanrightsHumanwrongs.pdf [accessed 10 December 2015]

Evidence to the APPG on Hunger and Food Poverty to which FC contributed evidence: https://foodpovertyinquiry.files.wordpress.com/2014/12/food-poverty-appgevidence-review-final.pdf [accessed 10 December 2015]

The Guardian food poverty section: www.theguardian.com/society/food-poverty[accessed 10 December 2015]

食物浪费：

WRAP: www.wrap.org.uk/content/solutions-prevent-household-food-waste [accessed 10 December 2015]

WRAP: UK household waste in 2012 www.wrap.org.uk/content/household-food-and-drink-waste-uk-2012 [accessed 10 December 2015]

07 非洲的硅谷式创新

USHAHIDI——埃里克·海尔斯曼（Erik Hersman）

2007年12月27日，肯尼亚举行了五年一次的总统选举。人们期待能有一个和平的结果。毕竟，直到那时肯尼亚才有了相对和平的选举和权力转移。然而，事与愿违。现任总统齐贝吉（Kibaki）被宣布为获胜者并宣誓就职，尽管反对派领导人拉伊拉·奥廷加（Raila Odinga）对外声称自己才是获胜者。紧张的局势一触即发。全国各地爆发了暴力事件。官方没有关于正在发生的事情的可靠报道，这更增添了场面的混乱。政府和肯尼亚媒体的某种令人毛骨悚然的沉默也没有任何帮助。国际媒体在获取相关信息方面比肯尼亚政府做得更好，但他们并不能报道各个地方的所有状况。网上的博主们正在尽最大努力填补许多信息的空白。这是一个充满恐惧和不信任的时期，人们对正在发生的事情以及发生在哪里一无所知。一群肯尼亚技术专家和网络博主，其中包括埃里克·赫尔斯曼，深切关注并远距离观察着危机的发展。来自他的一名同事的博客文章引发了一系列事件，这些事件导致在极短的三天时间内Ushahidi平台被创建了起来。Ushahidi——在斯瓦希里语中意为“见证”——允许人们使用电子邮件、网络表单和短信来报道他们居住的地方发生了什么。人们可以在地图上看到各种信息，这也产生了可以用于应对当下危机的最准确的图片。Ushahidi从卑微的诞生发展到如今被众多具有广泛信息需求的组织使用，并且它还是国际社会对2010年海地地震回应的核心平台。

上空的风景

空气凉爽，气味似乎来自飞机和干洗店。红色虚线显示了我们接下来七个小时的路径。当我坐在最前排时，我感到很幸运，因为电脑可以放在我的膝盖上，而不会碰到前面的座位。

不久我将降落在伦敦。在那里，我将与一些世界上最大的科技公司的高层管理人员会面。在那里，我将站在讲台上，向几百人讲述非洲近况。在那里，我会尽力获取项目资金。当我于三天后回到肯尼亚时，我将与当地初创企业家会面，并参加大型年度七人制橄榄球锦标赛，我的摩托车会在城市拥堵的汽车间穿梭。

是什么让我能在两个世界中穿梭

此时飞机下面的三万六千英尺就是我度过年轻时光的地方。我们正在越过边界，从上空看，这是一个模糊的区域，南苏丹、肯尼亚和乌干达在这里对峙。此时，我模糊的记忆中浮现出尘土飞扬的道路、灌木丛中的金属马巴提房子、在沙河中丢失的玩具、和妹妹一起躲避山洪暴发、捕猎蜥蜴，还有我的小狗和小羚羊宠物。

我的记忆闪回到20世纪80年代的内罗毕城市，就在政变之后。在足球场上，我摆弄着小小的电动引擎，把毛巾像超人的斗篷一样披在背上。我踢着罐头，和其他传教士的孩子一起坐着面包车穿过城镇，来到学校。在那里我只对一样东西感兴趣，那就是只要取得好成绩就可以不被打屁股。

我记得有一次去美国短途旅行，拜访我并不知道有什么血缘关系的家人。我擅长美国人不喜欢的运动，但不擅长他们喜欢的运动。我记得我到处骑自行车，学习钓鱼。当我们结束那段时光，返回非洲的家时，我心存感激。

13岁时，我意识到我想上寄宿学校：我是为之而生的。校园位于可以俯瞰东非大裂谷（the Rift Valley）的悬崖峭壁上，橄榄球、篮球、足球、这些东西让一个十几岁的孩子在这里不会感到无聊。

学会竞争；学习怎么经营友谊；学习如何提问；通过实际行动和成为企业家的白日梦来学习经商。总的来说，这一切都很好，这是一段我不愿与人交换的记忆。正是这段不同寻常的经历让我能够在不同的世界和文化中轻松地穿梭、交流和构建。

导致我性格形成的原因是一种奇怪的混合物。它包括世界各地的旅行、多元的文化体验、艰苦的教育设施、艰苦奋斗的胜利和失败、为一个比我自己更大的信念的基础而进行的培训。这些是因为我接触了两个不同的世界——原始的、艰难困苦的祖国，以及充满财富和安逸的我父母的国家。

当我被问及为什么要做我现在做的事情时——作为Ushahidi、iHub、BRCK、萨凡纳基金（Savannah Fund）、AfriLabs、非洲制造商展览会（Maker Faire Africa）等的联合创始人——这必须透过这个镜头才能看到。这个镜头帮助我看到什么是可能的，并让我在文化、商业和技术之间构筑桥梁，并使可能变为现实。

不同寻常的童年

我的父母是苏丹南部的语言传教士。大多数在传教士家庭长大的人都不经商。然而，我有其他的想法。从 8 岁起，我将一个木箱倒过来，在上面开了个洞，然后用我的迷你售货亭在内罗毕的传教站卖口香糖。我只把它看作一种赚零花钱的方式，因为我的零花钱不多。因为父母没有钱，所以我攒钱买了第一辆自行车。爸爸认为这样的过程会帮助我提升自行车的价值，他是对的。

赚钱的想法对我来说是很自然的。当我和一个同样着迷于赚钱的肯尼亚室友在寄宿学校混在一起的时候，这个想法变得更加坚定了。我们策划并开始了出售旧衣服、在城里买食物并在学校里转售的计划，这对其他人来说几乎没有吸引力，也不总是有利可图。

这一切导致了有一天我在家里度假的时候，妈妈和我讨论，她告诉我她担心我会把精力集中在赚钱上，而生活中还有其他更重要的事情。这次谈话为我的生活定下了基调。如今，我仍然追随自己的商业直觉和创业道路，但不愿让金钱成为主要驱动力。我们最近推出了一款面向肯尼亚教育的平板电脑，这款电脑由我们发明的电池驱动的互联网路由器 BRCK 提供动力，就是一个很好的例子。

图 7.1　从 1980 年开始，每天早上爸爸带着我和妹妹去南苏丹的朱巴示范学校（Juba Model School）

一切都变了

2007 年是令肯尼亚人兴奋的一年。经济蓬勃发展，上一届总统任期也即将结束。尽管在政治竞赛中出现了一些令人讨厌的短信活动，但肯尼亚人的情绪处于历史最高水平。像历年一样，肯尼亚人在假期前往“乡村”（家），并在圣诞节后立即投票。然后沉默来临。

这种令人不安、令人咬牙切齿的沉默让人们想知道到底发生了什么。局势变得更加紧张。在上一次选举中，新任总统齐贝吉白天在乌胡鲁公园（Uhuru Park）宣誓就职。当时我就在那里，那是我亲眼所见。这次他晚上在某个地方宣誓就职，并向肯尼亚公民广播。沉默最终被压抑的愤怒和怨恨打破了。关于袭击、死亡、路障和焚烧的谣言四处散布。

从内罗毕的贫民窟到埃尔多雷特（Eldoret）乡村和沿海地区，各地爆发了暴力事件。政府对大部分发生的事都没有报道。国际媒体在获取信息方面做得更好，但他们不能提供所有的信息。网络博主们尽力填补缺少的信息，但这还不够。当时我在国外生活，在美国关心所有这些情况。

地图平台的建立

我沮丧地坐在电脑前，躲在佐治亚州乡下的一间农舍里，关注着肯尼亚传出的有关紧张局势和暴力事件升级的消息。这是多么糟糕，在我的国家处于水深火热的时候，这里的互联网接入却是受限的。

断网让我有时间思考、写作、写博客并阅读别人的想法和做法。如果技术能帮助我们克服低效率，那这不正是我所期望的吗？目前信息肯定是缺乏的，那么我们可以使用技术来做些什么呢？

幸运的是，奥瑞·奥科罗（Ory Okolloh），一名博客上的肯尼亚籍老朋友，有了一个想法，它把自己的博客作为记者和其他人发表观点的平台。她写道：

据推测，“谷歌地球”（Google Earth）非常详细地显示了地面上的破坏发生在哪里。这让我想到如果一个人考虑的是长期问题，那么把这些记录下来是很有用的。要使和解进程在地方一级进行，首先必须查明事情的真相。想做点什么的人——有哪个不在这个地区的技术人员愿意用谷歌地图来记录一个暴力和破坏发生的地方？

我和她通过 Skype 聊起了这个想法，然后通过 Skunkworks 电子邮件（一个本地技术联系人列表）向肯尼亚的技术社区发送了一封电子邮件，然后等待。什么也没有。至少现在是。也许肯尼亚的朋友和同事都太忙了，现在没有时间做任何事情。我在等待的时候，给大卫·科比亚（David Kobia）打了电话，他是肯尼亚最大、最古老的在线论坛之一 Mashada 的创始人。几个月前，我写了一篇关于他和他的组织的博客，所以也许他会愿意讨论我正在构思的想法。

后来我熟悉了大卫的一些习惯。例如，他不经常接电话。幸运的是，在一次长途驾车去亚特兰大的路上，我终于联络上了他。我们谈了几分钟，讨论了建立平台的想法，让肯尼亚人能够报道他们周围发生的事情，并收集来自这个国家的新闻。

大卫是犹豫的。他还没来得及说“不”，我就要求他不要做决定，而是答应在他到达亚特兰大之前提供一些模型，这样我们第二天就可以有更多的时间聊天。三个小时后，我向他快速地展示了一些早期的设计。

第二天大卫给我发了一个链接。这后来成为 Ushahidi 的第一个版本。

我们赶紧组织所有人，和奥瑞、朱莉安娜·罗蒂奇（Juliana Rotich）、达迪·沃尔（Daudi Were）用 Skype 聊天（他们都是多产的肯尼亚博客写手），共同讨论我们应该称之为“新事物”的东西。我记得我们更喜欢一些容易发音的单词，比如“kuona”，在斯瓦希里语中意思是“看”。已经有其他人注册了这个网站，所以我们考虑其他地址仍然可用的网站。“ushahidi”一词，意为“证词”或“证人”。我们能得到这个网址吗？是的，但说斯瓦希里语的人不会说也不会拼。“没关系。这只会在肯尼亚使用。”我们中的一个说道。“买吧，我们还有其他更大的事情要操心。”

短短两天后，Ushahidi 就向全世界发布了。发布后的第二天，一个朋友捐赠了一条短信短代码，允许我们通过短信接收报告。我们现在有了一个基本的应用程序，任何人都可以通过电子邮件、移动电话或网站表单发送报告。它很简陋，但很好用。

时间过得很快：

- 1 月 3 日——想法（博客）
- 1 月 6 日——建造原型
- 1 月 9 日——全球发布

对我们来说最紧迫的问题是时间。如果我们要对这个网站做任何改变，这个改变必须立即实行。这意味着没有“如果……”的讨论。我们只能考虑要点。这是软件产品分类。

反过来看

让我们反过来看。是什么让五名看似松散的博主和技术人员在危机中用短短几天内构思、创建并发布了一款新的网络应用程序呢？

有两个因素。首先，我们都是年轻、活跃的肯尼亚博客圈的一员。其次，我们四个人是在 2007 年夏天在坦桑尼亚阿鲁沙（Arusha）举行的 TED 非洲大会上认识的。

简而言之，我们都已经认识了对方，并且通过博客了解了彼此的性格。TED 的活动让我们可以面对面的交流，同时建立相互的信任。当事情变得难以收拾的时候，我们知道我们可以互相帮助，并在自己陷入困难的时候依靠别人的支持。

危机发展的时候，朱莉安娜·罗蒂奇正在肯尼亚西部小镇埃尔多雷特的内陆地区。在那里，她收集了一些故事，并帮助证实发生了什么。

达迪·威尔在首都内罗毕。作为肯尼亚博客圈的创始成员，他帮助其他人参与进来。他还收集了故事和照片，并协助非政府组织核实报告。

奥瑞·奥科罗从一开始就在内罗毕，但在我们启动 Ushahidi 时，他已经回到了南非的约翰内斯堡。她利用自己的博客收集新闻，向 Ushahidi 推送更多的新闻和信息，并让其他人参与进来。

大卫·科比亚构建了这个平台，他根据当天发生的事情创建新的特性，并根据需要调整内容。他在提供简单、有效的解决方案上的天赋最终拯救了我们。

我一开始的工作是在平台上帮助大卫，但很快就转向和奥里一起管理媒体，建立我们的支持者基础并提高知名度。

我们工作到深夜，并在周末加班。为了在肯尼亚创建 Ushahidi，我们从正常工作中抽出时间，把客户工作放在一边。这种情况持续了两个月，一直持续到 2 月，直到肯尼亚达成和平协议。在这段时间里，像伊桑·祖克曼（Ethan Zuckerman）这样的老朋友和帕特里克·梅尔（Patrick Meier）这样的新朋友帮助我们克服了许多困难。

早在 1 月 12 日左右，主流媒体就开始关注 Ushahidi，这吸引了大批肯尼亚

图7.2 Ushahidi核心团队——琳达·卡莫（Linda Kamau）、朱莉安娜·罗蒂奇、埃里克·赫斯曼（Erik Hersman）和布莱恩·赫伯特（Brian Herbert）

侨民的关注。我们很快了解到，许多重大的危机部署都是由受灾地区的人们从家人和朋友那里获取信息的愿望驱动的。后来，当我们意识到“人们关心的是他们街道上的坑洞，而不是离他们两街远的那个坑洞”后，这个词在我们的字典里被称为“坑洞理论”。

到这时，一些重要的真相已经浮出水面：

• 技术并没有什么特别。事实上，如果需要的话，Ushahidi 平台可以在几年前就建立起来。

• 人们想要讲述他们的故事。他们想让其他人知道面对媒体威胁时发生了什么，或者他们无法进入某个特定领域的事。

• 我们因为问普通人到底发生了什么而引起轰动。这种自下而上的在危机中收集信息的方式，对于传统自上而下的人道主义行业、媒体机构和政府来说，要么是有趣的，要么是令人不安的。

• 许多我们寻求帮助验证事件的非政府组织不想共享信息或合作。朱莉安娜后来形容这是“数据拥抱障碍”。它为我们增添了某种负担，让我们质疑非政府组织的职业精神，在内部引发了对他们实际服务对象的质疑。

对于世界其他国家 Ushahidi 是什么

没过多久，其他人就开始问我们是否可以在他们国家使用 Ushahidi。2008 年

3 月乍得发生动乱，仇外袭击开始成为南非的一个大问题。我们拒绝了他们的请求。毕竟，这不是我们的日常工作。如果我们把更多的时间花在工作之外，我们将无法支付账单。

Ushahidi 站点是在 .NET 中构建的，这是大卫熟悉的软件开发环境，我们能够快速地设置它。我们告诉这些国家的人，他们可以拥有代码，我们把代码给了他们。南非人最终用它建立了 UnitedForAfrica.co.za。

一开始我们很惊讶，我们没能找到适合肯尼亚特殊情况的软件，而且之前没有人为地图"混搭"开发过任何类型的众包软件。Ushahidi 花了我们三天的时间。我们很快意识到，如果我们让 Ushahidi 软件免费开放，这将允许其他人在三小时内完成我们花了三天的工作。

我们当中没有人能从日常生活中抽出时间来做这件事，或者无论如何也不能正确地做这件事，所以我们开始考虑是否能找到资金，让我们能够创建一个组织来管理它。现在已经是四月了，我们五个人谈了话，互相下了最后通牒——如果找到了钱，你愿意加入一个新的"Ushahidi, Inc"组织，并为此奉献一年的时间吗？

大卫、朱莉安娜、奥瑞和我同意组建这个组织。达迪决定继续他在肯尼亚的网络公司，尽管三年后他又加入了 Ushahidi。

一个月后，我们赢得了 NetSquared 挑战赛（NetSquared Challenge），获得了 25 000 美元的奖金。这让我和大卫暂时搁置了咨询公司的工作，开始重新设计、寻找编码员，并将 Ushahidi 平台重建为一个供全世界使用的免费开源软件平台。像 NetSquared 这样的竞赛很重要，因为它们给新成立的、年轻的、不知名的初创企业提供了一个获得认可的机会，而获胜可以获得有钱有势的大资助者的认可。

2008 年 8 月，人道联合组织（Human United）向我们发放了 20 万美元的奖金，让我们每个人都有了薪水，并全职从事 Ushahidi 的工作。当我回想起第一次与资助者对话时，我觉得与资助者打交道是多么奇怪。毕竟，在那之前，我们一直是出于生意上的考虑。双方都听不懂对方的语言，但最终我们找到了共同的使命。我们的主张是，我们"简单地"想要一个平台，让其他人能够自己组织起来，并在自己的领域做出改变，而我们在肯尼亚所做的努力远远不够。资助者们开始相信这一点。

我还记得，当我被告知一个处理危机局势的平台不应将政治危机与其他类型

图 7.3 Ushahidi 在 2011 年利比里亚选举中的使用

的危机混为一谈时，我是多么震惊。这种观点认为，政治、环境和其他危机之间存在巨大差异，而我们所做的并没有反映出这一点。这对我来说并不算什么，所以我让他们把 Ushahidi 看作是红十字会在网上做的事情。

这里面存在一个问题：为什么红十字会或其他组织都没有创办过类似 Ushahidi 的平台呢？我一直认为大型组织很难进行创新，因为它们资金充足，并且官僚风气明显；而规模较小、运作更快、更灵活的组织更有可能进行最有趣和有意义的创新。

如何看待非洲

我从企业家的角度看待我们在非洲遇到的挑战。挑战就是机遇，我们险些被非洲的挑战打倒。到 Ushahidi 诞生时为止，我已经在我名为“WhiteAfrican”的微博上发表了好几年关于科学技术应用实践的文章。我开始了解其他早些时候的博主，并且和那些同样对通过应用技术来推动非洲大陆发展感兴趣的人取得联系。我们一起创办了一个名为 AfriGadget 的网站，在这个网站上，我们展示了非洲微企、路边制造商、大学发明家创新并实践的故事。

通过这些文章，我认识了未来的合作伙伴。我就是这样认识朱莉安娜、达迪和奥瑞的，他们后来成为 Ushahidi 的联合创始人。我也是这样认识埃梅卡·奥卡福（Emeka Okafor）的，她后来邀请我去阿鲁沙（Arusha）看 TED 环球演讲（TED Global），她成为了我的好朋友，也是非洲制造商博览会（Maker Faire Africa）的共同组织者。同样我结识了内罗毕的早期技术狂热者，他们正在创建本地电子邮件列表服务 Skunkworks——而且我与他们 2008 年在 Barcamp 的讨论为 iHub 埋下了种子。

在网络世界里，我们要开放地交流想法，因为奇思妙想是构建尚未存在的新鲜事物的最好方法。这个过程可能会很漫长，需要几年的时间，但是只要我们坚持且专注，终将打开未知的大门。

在推出 Ushahidi 之前，我写了文章解释我的想法，这有助于大家更快地理解 Ushahidi 是什么。因为没有人愿意资助 iHub，我在 iHub 落地之前的一年时间里，一直在写关于它的文章。我还写了三年关于“非洲制造”的文章，并围绕这个主题举办了一个活动，我终于找到了对“非洲制造”感兴趣的合作伙伴。

我是 Ushahidi 的一分子，深知 Ushahidi 这个项目来之不易。创始人花了好几年的时间准备，但是初期很少有人愿意资助他们的想法。他们的一些产品是很合时宜的，这些产品的负责人寻得了贵人相助。其他产品比较守旧，而且相关负责人不愿意借助伙伴关系来谋求发展。在创业中，伙伴关系是决定成败的重要因素。

Ushahidi：商业模式与可持续性

起初，我们所有人都不知道怎么建立 Ushahidi，因为我们来自商业部门，却开了一家非营利性的科技公司。我们对筹集资助这样的事情一无所知。我记得和大家讨论过好多次，我向大家解释我们不是为了做一个“项目”而筹集资金——为项目筹资这是大多数慈善基金会青睐的资助模式——我们是在建立一个组织。我们需要的是运营资本，而不是大多数慈善资助者热衷于提供的资金。在前三年里，我们的运营成本与项目成本占比为 85 : 15，我觉得这个比例不符合我们建立组织的初衷。但是类似奥米迪亚网络（Omidyar Network）、麦克阿瑟基金会和福特基金会（Ford Foundation）这样的前瞻性基金会，他们愿意在这样的运营模式下帮助我们。至少在我看来，大多数慈善资助者没有意识到运营型经营模式有多么重要，这令我很吃惊。如果一个组织不能自己支付租金、工资和电费，那么它很难持续发展。在创业初期获得的奖金和种子资金的帮助下，我们取得了一定的成果，创立了 Ushahidi 这个品牌。有了这些资金和外界的关注，我们得以改进平台，然后借助它寻找下一年的资金。这种模式在营利性的初创公司中很常见，但在赠款融资领域并不常见，正是这样的模式帮助我们走向了成功。

2009 年，我们已经在考虑如何减少对资助的依赖。我们希望让自己进入一个收支平衡的模式，我们和全球组织合作，它们应用我们的软件来做项目，并给我们带来大约 50% 的收入。降低资助依赖性这项工作初期进展缓慢，2011 年我们获得了 10% 的收入，2011 年到 2014 年比例从 20% 变成 35%。如果我们的软件服务平台（Software-as-a-service，SaaS）推出之后能有效运行，预计 2015 年收入比例将增长到超过 40%。

除了商业模式之外，Ushahidi 成功的重要因素还有：它的联合创始人都擅长写作和与人交流。我们大多都是善于讲故事的微博博主。我们凭借这些长处完成 Ushahidi 的工作。尽管我们没有在市场营销或公共关系处理上花钱，但我们身处一个营利性的充满激情的团队，成员们可以用博客和“推特”代替市场营销和公共关系。直到今天，我们依旧很少写新闻稿，我们非常注重定期通过社交媒体与大众沟通，进而创造一种内外通达的企业文化。这样又让媒体能够充分地了解我们，了解我们正在做什么，然后通过社交媒体来讲故事就变得更加方便、更易于理解了。

最后，来自非洲以及将许多技术应用于地图绘制和众包等热门话题的实践，使我们在媒体上露面的机会越来越多，这种新的思维方式正是目前大型组织的发展方向。我们的工作成果是显而易见的，因为世界上总有地方发生像经济危机、选举或竞选这样的事，而我们的平台与软件都是应对这些状况的，我们可以给他们提供帮助。正因为如此，我们的工作能够保持高度的可见性。我们通过沟通交流改进平台和软件，使它满足团队的需要，促进 Ushahidi 的成长。

Ushahidi 的影响

Ushahidi 平台改变了信息在世界中的传输方式，有 1 800 万人从中受益。迄今为止，有 159 个国家使用过它，它被翻译成 49 种语言，已经被应用了 85 000 次。

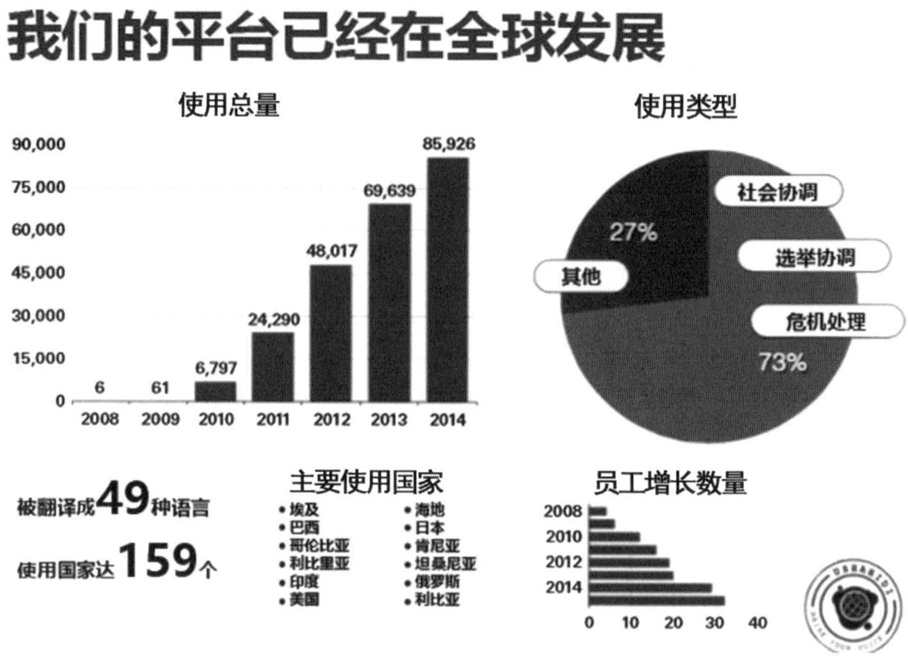

图 7.4　Ushahidi 影响力信息图

海地和日本的地震、巴基斯坦的洪水、美国的暴风雪、俄罗斯的火灾，以及东非和南美洲的选举，社会各个层次的人都使用过它。它被广泛应用于危机处理、灾难应对、选举监控和社会协调工作。

Ushahidi 也在公益组织和政府中广泛应用，它被用作一种收集工作信息、提高决策能力的手段。Ushahidi 里面的工具可以进行简单的数据收集和反馈分析。我们希望更多的当权者愿意运用平台上的工具收集公众反馈，这样公共事件的决策将变得更加公开和透明。例如，巴拉圭政府［与巴拉圭基金会（Fundacion Paraguay）合作］使用 Ushahidi 收集关于贫困情况的反馈意见。当地政府使用 Ushahidi 的工具收集民众对政令、贫困水平和公民需求的反馈，然后再用它来决定如何合理配置资源。

在 2015 年的尼泊尔地震后，QuakeMap.com 团队使用 Ushahidi 援助救灾工作。全球一共有 4 600 个观测点在记录地震，他们提交的 2 000 份报告为紧急救灾提供了很大的帮助，并对长期性的灾害做了评估文件。一共有 400 个组织使用地震图工具参与救援行动。

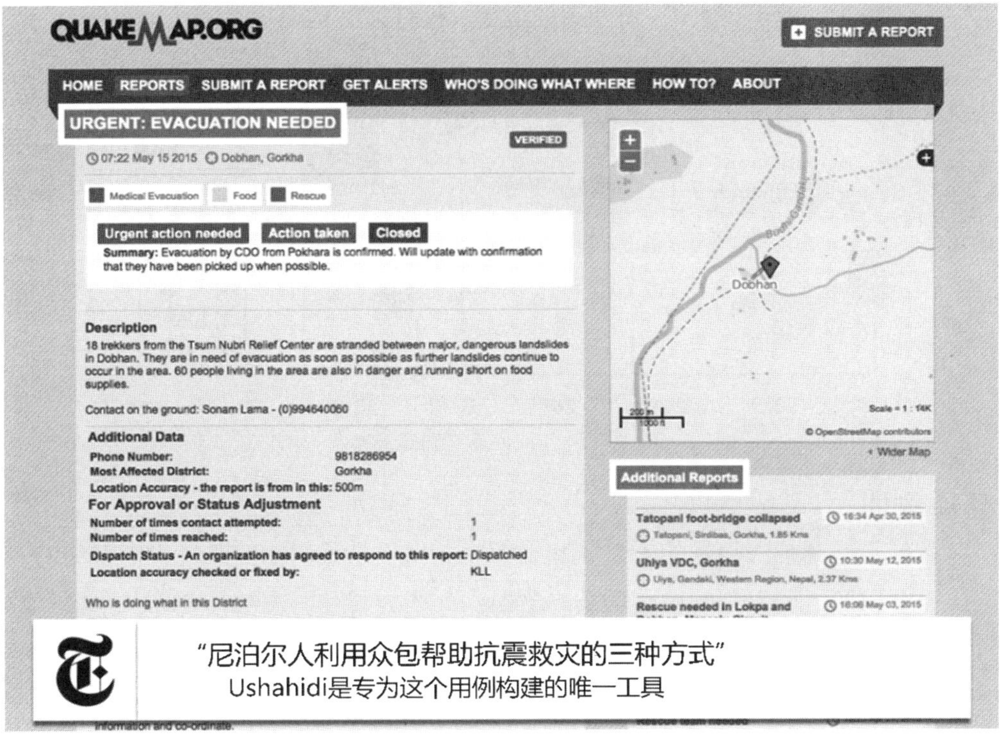

图 7.5　Quake Map

Ushahidi 希望支持更多创新举措，例如：

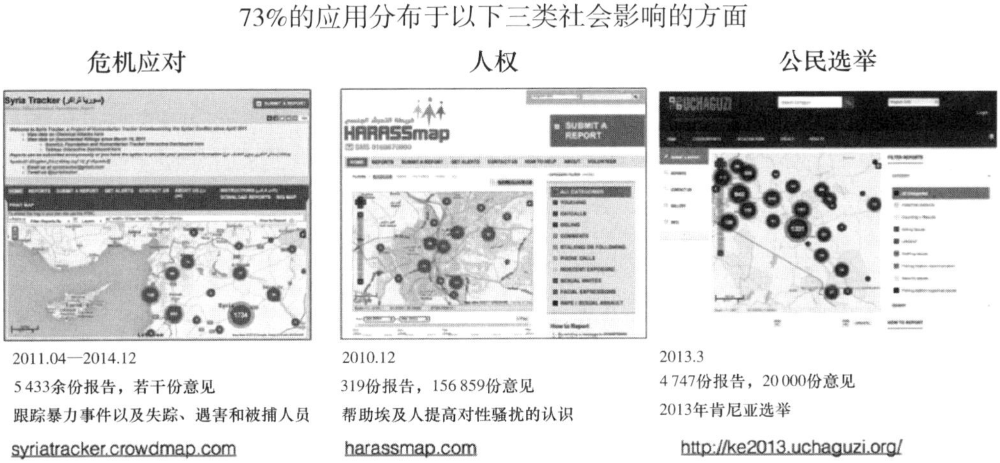

图 7.6　Ushahidi 应用分布数据

我们除了构建核心的 Ushahidi 平台之外，还开发了许多软件和工具，比如 iHub、Popily 和 BRCK。有的软件开发团队后来自立门户，还有一些则继续在 Ushahidi 平台开发产品和工具，比如 SMSsync 和 CrisisNET。

处于技术和全球机遇的边缘，我们建立了创新型组织

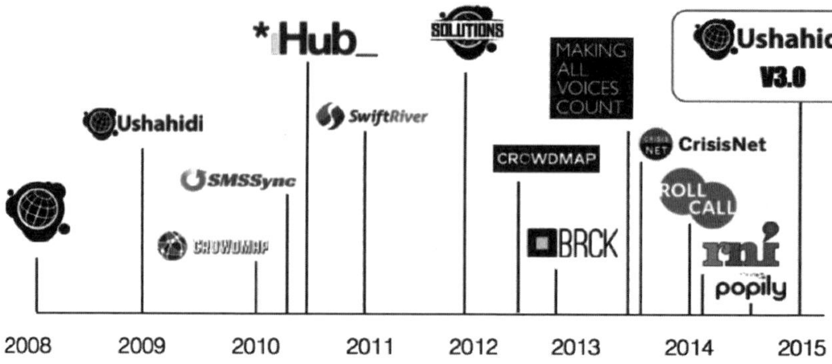

图 7.7　Ushahidi 的生态系统

经验教训

我经常看到想法很好的人做事却很无序。以下是我们在实践过程中学到的一些经验，以及人们常犯的一些严重的错误：

1. 不要先考虑钱。如果你做的是好事，钱自然会来。我从来没有把钱放在要考虑事情的清单上。对于钱的考虑往往是在明确了产品和用户需求之后、确立人员问题和规划道路之前。不可否认钱对于组织或平台的长期生存很重要，但钱不是项目在前六个月中的决定性因素。如果还没有到没钱一步都走不下去的地步，钱就不是一个需要足够重视的问题。

2. 确保你拥有一名有能力开发工具和软件的技术人员或者一个团队。软件开发不能外包，因为开发是任何软件开发组织的核心能力。如果所有联合创始人中没有一个强大的程序员，那么在你实施项目之前一定要找到一个强大的程序员作为合作伙伴。

3. 在产品有原型之前不要被组织架构问题困扰。我看到一些有前途的初创公司因为创始人在股权、职称和所有权问题上的争执而陷入困境。放松心态，如果你不能信任潜在的合作者，并且认为他们会在项目成功之后争权夺利，那么这个项目注定会失败。

4. 保持领先地位。自 2008 年以来，我们一直努力保持 Ushahidi 内部的创新文化氛围，减少官僚作风，提高决策效率，保持组织灵活性，这些举措促成了许多有趣产品的诞生，包括 iHub（内罗毕著名的创新中心，也许是非洲最著名的创新中心）、SMSsync（向网站发送传入文本消息的移动应用程序）、Crowdmap（我

们开发的Ushahidi的更简单、更快速部署的版本)、Swift.(用于分析新闻和信息流)以及最近的BRCK(一种在资源受限的环境中帮助人们接入互联网的设备)。一个组织必须努力保持灵活和开放，这样才能接受看似疯狂的新奇且与众不同的想法。相比于盈利，我们更希望能够改变现状，这种改变并非强化那么简单。

5. 需要一个领导者，一个激励人们去创建不存在的东西的人。如果你得到足够多的人的信任，那么你的想法就会变成现实。这个问题需要真正被重视起来，同样重要的问题是你要激励团队成为一个更加开放的社会团体。我在Ushahidi的工作是构建团队并向我自己、团队、媒体和慈善家解释我们正在做的事情，进而超越自我，取得进步。这样我们就可以激发自己挑战现状的欲望，其他人受到鼓舞之后也会加入这一挑战并支持我们的团队，或者开始他们自己的挑战。

6. 引导比什么都重要。如果你能够给大家指明方向，那么其他人就会更快地进入状态，团队也会更快发展，投资者也会更加关注你。有时候你必须自己提早动手做一件事，这件事需要真正被关心。我们的最新产品BRCK是一个计划在新兴市场工作的互联网通信产品。

在和BACK创始人达成一致的四个月前，我就已经着手与Ushahidi的团队一起研发这个产品。之后我们又花了六个月的时间制作了BRCK的原型。令我十分惊讶的是，机场居然允许我把装在包里的那些早期原型带上飞机。在初期阶段，BRCK就像你在电影里看到的那些自制炸弹，有宽松的电路板，上面连接着悬挂的电线和彩色灯，以及用宽松的带子连在一起的黑色塑料盒子。虽然早期的原型很蠢，产品的前景也不明朗，但你可以真切地感觉到它，感受到希望。Ushahidi前期做的引导工作很重要，这让我们后续的工作有了努力的方向。

在这个案例中，每个成员都可以选择一个心目中的BRCK，然后想象它将是什么样子的，直到它有足够的创新点，让它成为一个真正的新产品。然后我们把这个产品拿给董事会，并获得了进一步研究的资金。在BRCK上我们花了很多自己的钱来把想法变成实物，这就是为了在和合作伙伴聊的时候有东西可以展示给他们看，告诉他们这个想法可行，并且能够逐渐完善。

7. 越努力、越坚持，就越能胜利。长期在非洲的生活让我吃了不少苦头。我花了一年的时间来找人投资iHub，但是事实证明没有人愿意投入200 000美元为内罗毕的科技界打造一个平台。但我知道我们迫切地需要这样一个平台，在这个平台上，全国各地越来越多的非营利组织、技术专家、商人和社会活动家可以聚在一起，一起工作、交流，并分享他们的工作经历。换句话说，这就是肯尼亚技术领域的中心。由于当时在国内没有类似的平台，所以 iHub 这个想法听起来很疯狂。但 Ushahidi 的创始人们知道这个想法很好，所以我们想办法筹集资金，让 iHub 依托于我们自己的 Ushahidi 平台进行搭建。

2009 年底，肯尼亚科技界的几名技术狂热分子一起组成了 iHub 的顾问委员会，平台得以进一步发展，进入平台的技术人员也越来越多，这时我们才认识到我们进入了一个比想象中更为广阔的人才领域，我们被肯尼亚渴望学习技术的团体所包围。突然，一开始不愿意投资 iHub 的科技公司开始了解并支持 iHub，这让 iHub 的发展状况好转，但是这样的成就是经过了很多年的努力才得来的。

再次强调，一种理念如果一直存在，那么当人们开始相信它的时候，很快就会有更多人希望了解它并加入其中。我们应该用尽一切办法让我们的理念变成现实，开发能够满足我们需要的东西。这就抓住了我们自己的痛点，因为我们也是客户，只是恰好我们有改进产品的能力。

框架创新

因为创新是一种新的做事方式，所以在创新时思考组织架构的创新很有必要。思考组织架构的创新也就是思考为什么会产生创新，哪些结构创新被认定为具有创新性。

在任何行业、社会或企业中都有保守主义存在，这些保守主义通常是以前遗留下来的组织架构，它们是根据从前的某一特定时间或地点来设计的，比如广播业和印刷业中的大媒体。但在过去十年中，互联网、手机和社交媒体扰乱了这种保守的秩序。当保守的秩序被打乱时，政府会做什么？公益组织会做什么？工业领域呢？

这些遗留下来的组织架构在几十年前或几百年前都被认为是“创新”的，但是现在，它们在基础设施和设计方面都不够具有创新性，它们未必是符合当前社会现状的。由于旧有的组织有其支持者和既得利益者，他们会为了维持旧有的权力结构而战斗，进而保证他们的权力地位不会受损，但是，他们所维持的组织架构会对长久发展产生了巨大的阻力，甚至可能让某一领域走向灭亡。

创新源于边缘，所以创新人才出现在边缘地带也就不足为奇了。创新人才往往是我们当中不顺从环境的人、无畏规则的人、看事情和做事情角度都与众不同的人。他们挑战现状，挑战支撑现状的权力结构，因此，创新者通常把将自己边缘化作为一种自卫防御的手段。

当你想在你的领域进行创新时，想想你真正想要的是什么。当你这样做的时候，你需要真正变成离群的人、破坏规则的人和反叛者，你需要寻求一种新的思维方式并主导这种思维方式。如果你已经处于一个行业内的权力顶端，那么你可能会觉得这样做非常困难。看看柯达和诺基亚发生了什么，这两家龙头企业由于没能做出创新的产品，最终被竞争对手的颠覆性技术打败了。

在 Ushahidi，我们能妥善处理质疑理念和坚持自己理念之间的关系，并对其进行了十分深入的研究。这种嗜好创造性和独立思维的能力帮助我们继续尝试各种层次的新事物。在这种思维的熏陶下，我们保持着探索性的实验思维，接受了许多不能起到立竿见影效果的东西，愿意去试错，然后改进它。

讨论题

1. 在推出一种产品前，将它臻至完美有多重要？
2. 在寻求资金之前需要做哪些准备？为什么要这样准备？
3. 如何在初期推出产品并取得成功后，进一步成长为一个可持续发展的组织？
4. 如何雇佣高水平的员工，让他们在像 Ushahidi 这样的公司工作？
5. 把观念变成一种创造需要做什么？
6. 存在没有风险的行业吗？大公司如何避免被年轻的初创企业所取代？
7. 为什么一些有趣的创新会发生在资源最为短缺的边缘地带？

延伸阅读

你可以在 www.koganpage.com/socialentrepreneurship 找到更多关于本章的内容。

The best place to find out about Ushahidi and our history is to see the Ushahidi blog at http://www.ushahidi.com/blog/ where you can read through the years as far back as 2008 when we started.

Patrick Meier was a key person at Ushahidi for three years. His blog at http://irevolution.net is one of the best on the making and building of the CrisisMapping community, and his *Digital Humanitarians* book tells the history and importance of it at: http://www.digital-humanitarians.com/

Get involved with the CrisisMapping community at http://crisismappers.net/

Understand more about how African technology and entrepreneurship is going through the following sites:

The iHub is one of the first and largest tech hubs in Africa, find out what's going on through the website and blog: http://www.ihub.co.ke/blog/

The *Next Africa* book helps explain where we are and where we're going in Africa from a business and technology perspective: http://us.macmillan.com/thenextafrica/jakebright

致谢

如果没有致力于把软件应用到世界各地的技术团体，没有愿意花大量时间来通过修复代码、增加创新点和编辑基础程序改进 Ushahidi 平台的同事，Ushahidi 不可能有今天的成就。五年过去了，Ushahidi 核心团队的才华和努力依然让我感到震撼，谢谢你们在极端的工作环境中做出的努力和牺牲。最后，我要对朱莉安娜、达迪和奥瑞说，我们的旅程才刚刚开始，你们是我最好的合作伙伴。

08 基于触觉的自闭症治疗

气功感官训练所（Qigong Sensory Training Institute，QSTI）
——路易莎·席尔瓦（Louisa Silva）

自闭症是西方世界发展最快的发育障碍。五十年前，在一万名儿童中患自闭症的不到一名。今天，每45个孩子中就有一个自闭症儿童，并且这个数字还在继续上升。症状出现在两岁之前。儿童避免直接接触和眼神接触，并且不接受社交联系和沟通。他们显示出不寻常的重复行为，并且难以应对变化，社会发展迟缓。父母发现他们的抚慰很难对自闭孩子有效——通常的抚慰和与孩子沟通的方式不起作用，育儿压力比一般孩子高四倍。一旦孩子上学，发育迟缓和挑战性行为就会阻碍他们前进。由于没有已知的原因，也没有已知的治疗方法，父母、老师和医生都在努力探索如何提供帮助。

QSTI首先教给自闭症儿童的母亲一种基于中医的按摩治疗，并开始研究和开发一种治疗自闭症的方法——QST按摩。这种治疗方法有效、价格低廉，且适合全球母亲。科学范式通常基于对原因的了解。对于自闭症而言，原因不明，研究经费集中在遗传和大脑上。QST按摩研究通过调查和治疗自闭症的原因（触觉损伤）来挑战现有的自闭症范式。这种原因不在自闭症的可能原因列表中，而是在发展迟缓的罕见原因列表中。多年来，它被主流自闭症研究资助组织所忽视。只有当感觉异常被包括在自闭症的诊断中时，才能获得大量资金并快速从理论发展到循证治疗。如今，全世界已有数千名儿童获益。

为什么是我

在不了解病因的情况下治疗病情几乎是不可能的。但有时，当病情好转时，你可以看到最突出的问题。这就是我对自闭症的体验。通常情况下，事情的发生是显而易见的。

我是一个兼通中西医的医生，并具有更深入的公共卫生专业知识。在美国西俄勒冈大学教学研究所（Western Oregon University's Teaching Research Institute）

任职期间，我研究了一种基于中医的自闭症幼儿按摩治疗方法。

在开始医疗生涯之前，我没有想过去做一项关于自闭症的大学综合医学研究。我第一份全情投入的工作是在洛杉矶的一家免费诊所里。我喜欢为真正需要的人提供安全、实惠的治疗。

我的父亲是种族隔离制度下的一名南非牙医。我曾经去过一个他为祖鲁族（Zulu）妇女开办的公共卫生牙科诊所。这些女性缺乏维生素，但不喜欢吃药。在诊所内，有排列整齐的椅子供人们休息。外面有一个庭院，大约20名妇女围坐一圈，说话，大笑，照顾婴儿，从大棕色瓶子里喝液体维生素，然后进来处理她们的牙齿。我能感受到社区医疗保健中自然快乐的气氛。

当我在加利福尼亚大学洛杉矶分校医学院（UCLA）学习时，中医在我的脑海里很遥远，但是当外科医生从中国带来一队医生并在针刺麻醉下进行根治性乳房切除术时——没使用任何药物——我埋下了学习中医的种子。多年来，当西医治疗已经到达极限时，我研究了整骨疗法和草药。但直到研究中医药，我才获得了安全有效的治疗方法。

在印度、爱尔兰和肯塔基州（Kentucky）农村工作后，我安顿下来，在俄勒冈州塞勒姆（Salem，Oregon）做家庭医生。我很满足地研究中药、整骨疗法和西医的混合疗法。2000年发生的事改变了我的生活。

自闭症：一种日益增多的现象

在世界各地，自闭症的病例不断涌现。当我在医学院时，自闭症是如此罕见，几乎没有被提及，但到2000年，它影响了近500名儿童。自闭症是一种发育障碍、行为异常、社交和语言发展迟缓的病症。这是一种谱系障碍，意味着患病儿童之间存在巨大差异，这种病症分为轻度、中度或重度，它们的共同点是所有患病儿童都避免身体接触和眼神接触，并且不接受社交互动，他们都难以适应变化和管理所带来的压力。发脾气、充满攻击性和自残是常见的，并且可能很严重。

自闭症有两种变体：退行性形式，其中儿童正常发育到大约18个月，然后突然失去语言和社交技能；非退行性形式，即从一开始就发育迟缓。无论哪种方式，到孩子两岁时，自闭症的症状都很明显，但是可以提供早期治疗。然而，在不了解自闭症的原因的情况下，父母、教师和医生很难知道要提供什么样的帮助。

经过20年的基因研究，人们没有发现自闭症的遗传原因，于是开始寻找环境因素。无数的治疗方法被提供，每种方法都针对特定的症状集——感觉、行为、语言或社交。成功取决于孩子语言的多少，教育方法在有语言表达的孩子那里取得了更大的成功。直到现在，仍然没有适用于所有儿童所有症状的治疗方法。

接听电话：旅程的开始

我一个好朋友的儿子发育迟缓。他四岁，不爱说话，睡眠很少，很容易一受刺激就崩溃。普通的家庭活动，如用餐、聚会或郊游是他主要的痛苦来源。尽管父母双方都是很有技巧的沟通者，但他们无法与他沟通，甚至无法在大多数时间内靠近他。调节他的生活或规范他的行为非常困难。他无法被安慰或转移注意力。仅仅是简单地让他免于对自己造成伤害都是一项令人疲倦、耗费精力的任务。

我已经意识到朋友所经历的困难——他们花了几个月的时间去拜访专家，寻找病因，每天都过得很艰难。但是，当自闭症最终被确诊时，父母们并未得到解脱，他们的反应是震惊。相反，诊断让我的朋友陷入了绝望，继而拖累了整个家庭。

到目前为止，保证儿子的安全，同时等待可能有所帮助的诊断和治疗，已经耗尽了我朋友所有的精力。但是当他们得到最终诊断时，希望就消失了。自闭症是终身疾病。没有已知的原因，没有已知的治愈方法。他们被告知唯一维持的方法是早期接受治疗。

我不能袖手旁观，看着我的朋友们受苦。我记得我见过我的中医教授安妮塔·辛诺里尼博士（Dr Anita Cignolini）给一个四岁的自闭症男孩做按摩。在几天的按摩之后，男孩开始和她有了目光接触，并一起来回滚动一个球。我认为这种按摩技术可能会帮助我朋友的儿子。但我几乎不知道应当如何开始。

辛诺里尼博士的治疗结合了气功按摩，这是一种专门的中式按摩，通过体内的主要能量通道（也称为经络或针灸通道）恢复气流（生命能量）。通过与这些经脉的配合来恢复健康和改善血液循环的想法，已经成为中医3 000年来的基础。

我飞到了加利福尼亚，在辛诺里尼博士进行治疗时做记录。按摩包括11个一系列的动作，花了大约15分钟从头到脚拍打身体的经脉。医生通过在五周内给予10次专业按摩来推进疗程，而从医生那里学习治疗方法的父母通过每天在家中给孩子进行按摩来保持疗效。

当我回到家时，我把治疗方法教给了我的朋友。我们对他们的儿子进行了尝试，并且发现这是有效的。他平静下来，行为变得更容易控制。令我震惊的是，按摩可以帮助成千上万的孩子，但如果我到处说你可以通过按摩治疗像自闭症这样的神经系统疾病，没有人会相信我，即使这是一种专业的按摩。我必须要科学地证明这一点。

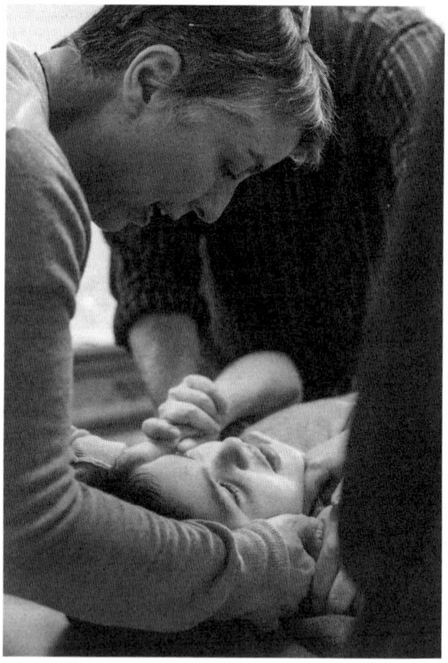

图 8.1　席尔瓦博士与孩子一起工作

当时我正在攻读公共卫生和预防医学硕士学位。几年前，我开办了一家诊所，为当地的移民人口提供服务。我们正在整合西医和中医方法，以寻找廉价、有效的慢性病治疗方法。时机非常完美。我需要一个研究项目来获得学位，而且没有人对自闭症的气功按摩做过研究。我的论文项目完全由我自己掌控。

我联系了当地的自闭症治疗服务机构，他们帮我找到了八个孩子。一名职业治疗师和一名言语治疗师自愿提供服务，进行治疗前后的检测。我教导父母按摩，并每周与他们见面，提供持续的支持。

在 10 周治疗结束时，孩子们表现出更多的社交和更多的眼睛接触，饮食和睡眠也更好了，父母压力减轻了。所有的发展测试指标都有所改善，职业治疗师报告说孩子们更容易接触了。后来证明这是揭开孤独症之谜的重要线索。

我完成了硕士课程，并将该研究报告提交给了一家英国自闭症期刊。审稿人拒绝了，质疑我的背景并告诉我文章不符合他们的标准。我将手稿重新提交给了《美国中医杂志》（*American Journal of Chinese Medicine*），稿件被接受了。这第一次告诉我在主流期刊上发表有关气功按摩研究的文章是多么困难。尽管如此，这种经历并没有阻碍我想要表达观点的愿望。我知道我不想作为替代品被排除在外。按摩治疗需要纳入主流早期治疗计划。我意识到我要做的不仅仅是一个案例的研究，我需要做一项对照研究。

我学会了写资助金提案。八次申请和七次拒绝后，我获得了小额资助。没有一个自闭症大机构感兴趣，它们的研究经费被用于基因研究和脑成像研究。当地美洲原住民俱乐部，“灵山社区基金”（Spirit Mountain Community Fund）提供了资金。鉴于美洲原住民文化以能量和精神为基础，这似乎很合理。我招募了15名儿童，将他们随机分成两组，并进行了一项为期五个月的小型对照研究。父母每天都做按摩，我每周提供治疗和对家长的培训。在整个研究过程中，我进行了300次按摩。和以前一样，测试显示了孩子们行为和语言的改进。所有的感官都有所改善，但触摸的变化是最强烈的。

令人鼓舞的是，我看到了孩子们手的变化。起初你很难触摸他们的手指，他们会像处于痛苦中一样避开。但在几周之内，我可以看到他们的手指放松了。他们会伸出更多的手指。一旦他们不再害怕手指接触，他们就开始更多地使用自己的手去连接、沟通和探索。

自闭症的特点是缺乏对社会关系的兴趣和回避接触，而触觉则是社交关系的开始。在治疗期间母亲和孩子一起获得深度的愉悦和满足。孩子的生命依赖于无数次重复的触摸。然而，患有自闭症的孩子拒绝接触，父母则相反。应该感觉良好的接触（例如脸颊上的一个吻）却令孩子们不舒服，并导致他们离开；应该受伤的情况（例如割伤和擦伤）却没有使他们感到伤害或没有被注意。

触摸确实存在问题，但研究领域似乎没有注意。当时，感觉问题被归类为共患孤独症症状，常见于残疾儿童，但原因不明，与自闭症无关。根据定义，触摸问题被排除在自闭症定义之外。它是冒充科学的教条，我不想被一个不完整的定义所束缚，但专家们有了观点并且听取了该领域的意见。

我知道我遇到了麻烦。我有一种治疗自闭症的方法，但它推测的一个原因（异常触摸）不被认为是自闭症的一部分。尽管社交发展需要触摸，但授权机构对资助这一研究不感兴趣，研究人员也并没有应用它。有数百万儿童患有自闭症，但除了我和辛诺里尼博士没有其他参与者，而且她已经退休。很多家庭在受苦，治疗能带来缓解，但我们如何为他们提供治疗呢？

在辛诺里尼博士看来，按摩必须由一名接受过中医培训的西方医生进行。那时，只有少数这样的医生。我如何招募他们来治疗自闭症儿童呢？即使他们全都加入，仍然没有足够的医生来满足这种需求。

我需要一群有自闭症经验的学员，了解自闭症的情感领域，足以与父母建立良好关系。早期接受干预的人完全符合描述，并对这种有效的方法充满热情。

我是否真的要培养中医早期治疗师？在中国，气功按摩只能由接受过中医培训的医生提供。是时候另辟蹊径，去教导非医生人员吗？为了进行气功按摩，治疗师必须对阴、阳、气和经脉深入研究，否则，他们就不能按照治疗流程，帮孩子们达到最好的效果。

我决定去做，并开发了应用中医课程，向早期治疗师传授按摩技巧。这是我参与过的最具创造性的项目之一，为非医生带来中医的古老概念。这意味着分享财富并将治疗方法交给真正欣赏它的人。

我把一群治疗师聚集在一起，训练他们，监督他们，将他们的治疗效果与我的进行对照。课程非常丰富。训练有素的早期治疗师可以取得与中医医生相同的良好效果。该研究发表在《美国职业治疗杂志》（*American Journal of Occupational Therapy*）上。我们开始正常运转；确定了一批人去教授父母按摩；有一个有效的培训制度；将这些内容发表在主流期刊上。

同时，我们也看到了其他一些明显的状况。我们看到很多家庭处于危机之中，尽管按摩有效，但一些家庭无法完成。只有父母发挥作用，治疗才有效。没有每日的按摩，孩子们就无法逐渐好转。父母需要做什么才能获得成功呢？

似乎效果最好的是定期访问治疗师，他们提供持续的支持。毫无疑问，照顾患有自闭症的孩子是一条孤独的道路，父母需要一名有爱心的专业人士的支持，他们可以与治疗师分享每日的试验和成功。当生活起落之间，父母使按摩脱离常规时，治疗师乐于温柔地提醒他们再次开始。

把网撒得更广

每项研究似乎都会导致一项新的研究，我一直在改进按摩方法。现在按摩包括连续的 12 个动作，每个动作可以通过多种方式来完成，并且有针对特定区域的补充技术。五年后，项目数量急速倍增。开始我一次做一项研究，现在几个同时进行。

在前三项研究中，我非常密切地观察了很多孩子，并拍摄了数百个用于治疗课程的视频分析。因为从中医的角度观察孩子，我注意到所有的孩子都有可预测的症状，但它不是自闭症标准定义的一部分。

我注意到的症状有发脾气和崩溃、睡眠问题、避免眼神接触、无法集中注意力以及食欲和消化问题，它们也被定义为并发症（一种或多种疾病同时存在和发生）。按摩正在改善这些症状。随着它们的改善，自闭症也逐渐缓解。在我看来，并发症的混合是自闭症的原因。

我的按摩精细到了我知道按摩改善哪种症状的程度。在观看了超过一千小时的视频后，我开始认识到儿童对身体不同部位的反应方式并非随意。它与具体问题和发展延迟有关。避免触摸耳朵会导致听力困难和语言延迟；避免触摸胸部意味着无法自我抚慰；避免触摸腹部表明消化问题；避免触摸脸部意味着无法面对另一个人。

一旦我弄清楚如何调整按摩技术以使不舒服的区域变得舒适，使麻木区域开始有知觉，症状就会好转。因此，如果我们的按摩没有避开耳朵，而是直面问题，孩子们就会开始用耳朵听，语言功能慢慢恢复。如果我们按摩胸部直到孩子揉眼睛并打哈欠，发脾气就会减少。我们可以改变腹部按摩的方向，以缓解便秘或腹泻。这是美妙而有用的东西。与此同时，父母们说按摩给人的感受很自然。的确如此——触摸是自然的——中医是自然的医学。

皮肤、自我和自闭症理论

2007 年，我已经形成了一套需要测试的自闭症理论。但首先，我必须为共病症状及其对治疗的反应制定一个衡量标准。即使每个孩子都有不同的共病症状组合，但在五个月的时间里，他们都以可预测的方式得到了改善。

我的理论集中在皮肤上。每个孩子都有不同的不敏感、过度敏感和正常皮肤的组合。孩子可能背部麻木，脸部过于敏感，而腿部正常。数百万微小的感觉神经将皮肤与大脑连接起来。来自身体的感官输入令人困惑和矛盾。对于发育中的大脑来说，身体就是自我。如果没有连贯的身体感，孩子就无法感受到自己。突然间，意识到孩子们没有使用“我”这个词是有意义的——没有“我”——没有自我意识。

通过按摩，我们可以预测从麻木到过度敏感到正常的进展。然后，有一天，皮肤开始成为一个有凝聚力的感觉器官，而不是一堆零散的部分。那是孩子们获得自我感觉的一天。那时孩子们开始使用“我”这个词。我记得一名父亲在讲述他问正在翻找一箱玩具的儿子他在做什么时，他高兴地哭了起来。他的儿子从未使用过“我”这个词，但这次他回答说：“我正在寻找我的熊。”

一旦孩子们产生了自我意识，他们就会发现自己的意志，并进入典型的儿童叛逆期。以前迷失方向、失联的孩子会开始说，“不”，并探索边界！这太棒了！

正常的社会性发展会从它停止的地方起飞——它不再停滞不前。

患有自闭症的孩子往往不会对其他人的痛苦产生同情心，孩子们第一次感到疼痛的时候是一个里程碑。我记得一名母亲欣喜若狂，因为她的孩子在我办公室外的停车场摔倒了，擦破了皮，第一次哭了。一旦孩子感到疼痛，他们就会对别人的痛苦产生同情。如果兄弟姐妹受伤了，他们会担心。以前，当他们感觉不到自己的痛苦时，他们也没有注意到其他任何人的痛苦。

甚至时间也被记录在皮肤上。事实证明，它被记录在背部。我们注意到，当被问到过去发生的事时，背部麻木的孩子无法转过身来回答。这些孩子不知道那天早些时候发生了什么。如果你问他们午餐吃什么，他们无法回答。一旦按摩使孩子的感觉恢复正常，他们就可以在被提问时及时转身，并且回答你的问题。一旦他们有了过去，他们就有了未来，他们可以参加既定对话。这真是太棒了！

随着自我意识的恢复，我们进入了自我调节环节。事实上，人类发展稳固地依赖于早期自我调节的发展。我找到了一篇论文，描述第一年自我监管的里程碑。就像坐、爬等运动里程碑一样，自我调节也有里程碑。而且它们更重要——它们促进适时的发展，让孩子成长和学习。这些巨大的里程碑包括调节注意力、自我抚慰、定期睡眠—觉醒周期以及定期消化的能力。

突然间，所有共病的自闭症症状都出现了。他们都是第一年自我监管里程碑的延迟！而这些里程碑都需要通过大量的正常触摸来实现。儿童无法面对面集中注意力、发脾气，以及睡眠和消化的问题都源于同样的原因——早期自我调节里程碑的延迟。对于四种不同的症状集，他们不需要四个不同的专家。他们只需要追上自我调节的里程碑——恢复正常的触觉。我们觉得我们现在进入了决胜期。

是时候设计一个研究方法来捕捉这一点。我开发了感官和自我调节检查表（Sense and Self-Regulation Checklist），并学习如何进行验证研究。幸运的是，我在西俄勒冈大学的研究合作伙伴马克·夏洛克非常了解如何做，并且正如他在所有其他研究中所做的那样，他确实指导了数据收集和统计分析。

触感损伤

感官和自我调节检查表取得了成功。验证研究表明，自闭症儿童与其他儿童主要在两个方面明显不同。在自我调节的里程碑出现了全面延迟。

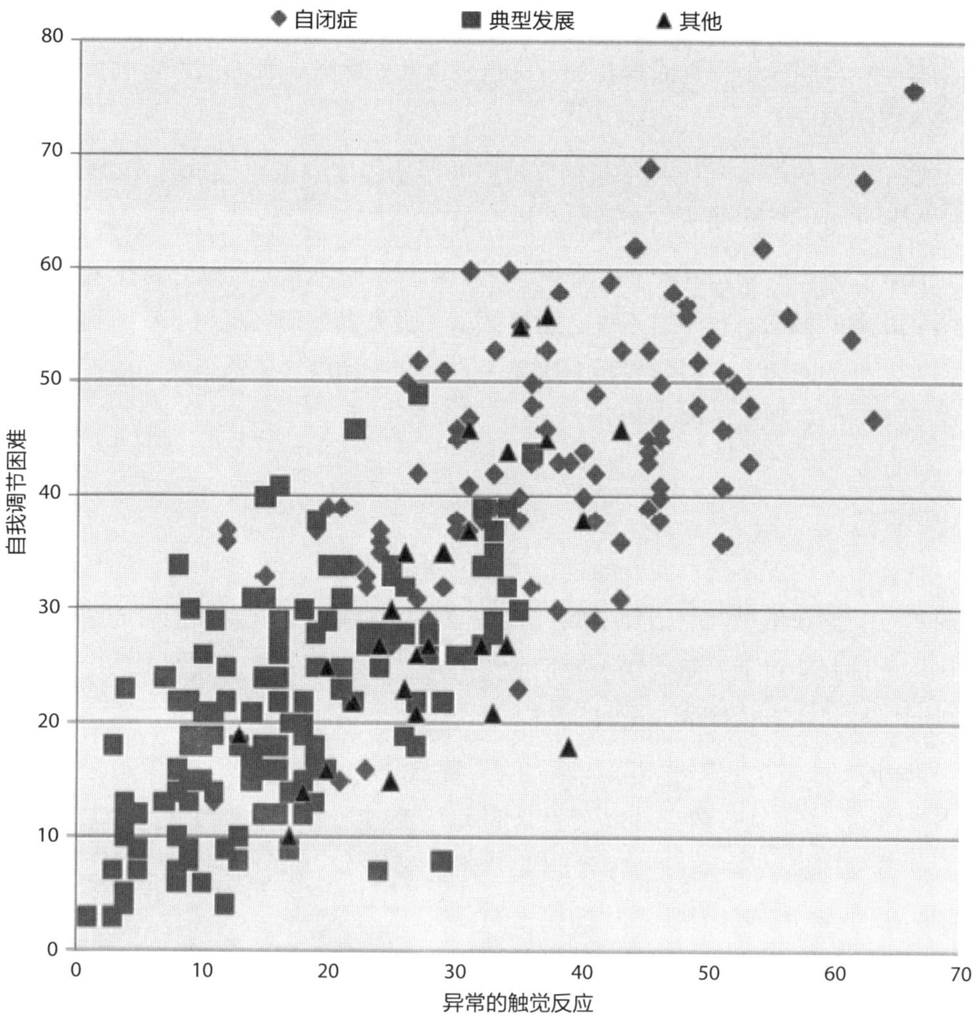

图 8.2 触觉异常和自我调节症状之间的关系

自闭症儿童的触觉比较异常，许多部位疼痛和麻木，包括面部、嘴巴、手和脚。这让人联想到糖尿病患者的神经病变，只是在晚上触碰到脚上的床单，他们都有可能感到疼痛，但我们往往会忽视他们受感染的指甲。

令人震惊的是，全世界数百万患有自闭症的儿童都有触觉损伤。然而，对于这个调查结果人们没有其他解释。目前没有已知的大脑或遗传情况会在身体的不同部位产生疼痛和麻木的组合，但这些是神经病变的常见症状——触觉损伤最常见的原因。

我设计了感官和自我调节检查表来确定触觉问题的严重性。在触觉剥夺的机构中，儿童存在严重的发育迟缓。触觉损伤与触觉剥夺的方式相同，两者都有触觉障碍。在自闭症中，全面自我调节延迟的事实意味着触觉问题严重到足以造成触觉障碍的程度。

触觉问题的严重程度与自我调节延迟的严重程度成正比。如图 8.2 所示，触觉问题越严重，自我调节问题就越严重。

我在《美国职业治疗杂志》上发表了一篇论文，并紧急呼吁，希望人们评估自闭症儿童的触觉。我不得不说，这篇文章几乎完全被束之高阁。它回到了自闭症框架之外的问题上。科学界再一次只关心框架中的内容。这令人失望，但帮助儿童和家庭的乐趣给了我安慰。

推进项目

在接下来的五年里，我开始进行更多的对照研究，继续培训治疗师并完善培训材料。我们在俄勒冈州治疗了数百名儿童，在主流期刊上发表了研究结果，并在国内和国际会议上介绍成果。我们为患有唐氏综合征的儿童开发了一个气功按摩项目，并对患有脑瘫的儿童进行初步研究。

我开办了一个非营利的气功感官训练学院，并命名为 QST 按摩。一个朋友为我们创建了一个网站，可以与家长和专业人士分享信息（qsti.org）。我们开始出现在 Google 搜索儿童自闭症治疗的第一页。这个项目现在占用了我在诊所工作和抚养女儿外的所有时间。在情感上，我很高兴，因为参与这项工作是一种荣幸。身体上，我觉得很累。这时候我知道我是如何进入这项工作的，但我怎么退出呢？

我需要一个退出计划，但在我走自己的路之前，我必须给这些自闭症家庭一些便携的东西。电子邮件开始从世界各地寄来，父母希望得到有关如何按摩的说明，而且他们没有经过培训。只有一个选项，创建父母手册和 DVD。在两个亲爱的朋友克丽

图 8.3　经过五个月的按摩，儿子寻求父亲的拥抱

丝蒂·内格里（Kristi Negri）和唐娜·里德（Donna Read）的支持下，我创立了“为自闭症孩子做气功按摩：中医家庭计划”（Qigong Massage for Your Child with Autism：A Home Program from Chinese Medicine）。但是父母自己可以取得什么样的成果呢？

我们做了一项研究，其中只靠父母实施按摩，而不是治疗师，很明显，父母可以自己完成很多事情。只要他们每天按摩并且不错过治疗，轻度和中度自闭症儿童的父母可以达到与治疗师一样的效果。当涉及严重自闭症儿童时，父母无法获得和治疗师相同的效果，并且更有可能因为太难而放弃按摩。但无论严重程度如何，儿童都获得了一定程度的益处。如果父母继续按摩一到两年，好处仍在继续。

到 2012 年为止，我们已经发表了 10 项关于治疗 6 岁以下自闭症儿童的研究成果。所有的结果研究都是一致的。经过五个月的每日父母按摩和 20 次治疗师按摩（平均每周一次），自闭症的严重程度减轻了三分之一左右。严重的自闭症儿童进入中等范围，中等儿童进入温和范围，一些轻度受影响的儿童完全脱离了自闭症。这不是治愈方法，但绝对有帮助。

我们已经做好准备，采取必要的措施，在全国范围内推广治疗方案。我们需要做一个大型的复制研究。我们申请了美国联邦妇幼保健局的资助，但是申请被拒绝了。

我开始有些气馁。这是一个漫长的过程。

不过，形势即将发生变化。研究表明，感官问题使自闭症的各个方面都变得更糟。2013 年，一个专家小组召开会议，改变了自闭症的诊断标准，将感官问题包含在内。他们认识到触觉的损伤可以很容易解释自闭症的症状，并且以前从未充分评估过触觉。至此我们的研究不再受到限制。

我们的命运发生了改变。美国妇幼保健局（US Federal Bureau of Maternal and Child Health）联系我们，这让我们感到很惊讶。他们现在向我们提供了前一年被拒绝的资助，我们被授权评估大龄儿童的治疗效果并进行皮肤活检以排除神经病变。我们将进行非常小的皮肤活检并在显微镜下检查感觉神经纤维是否有丢失和损伤的迹象。这是一个巨大的突破。

现在，在撰写本文时，我们正在完成复制研究。我们在俄勒冈州对 103 名儿童进行了按摩治疗，并随访了两年。在前五个月，我们复制了之前的结果。触觉问题减少了 50%，自闭症行为和自闭症严重程度减轻了三分之一，语言能力有所提高，儿童与父母的关系和互动得到了改善。该治疗对低功能和高功能儿童都有效，成功仅取决于父母是否每天进行按摩。

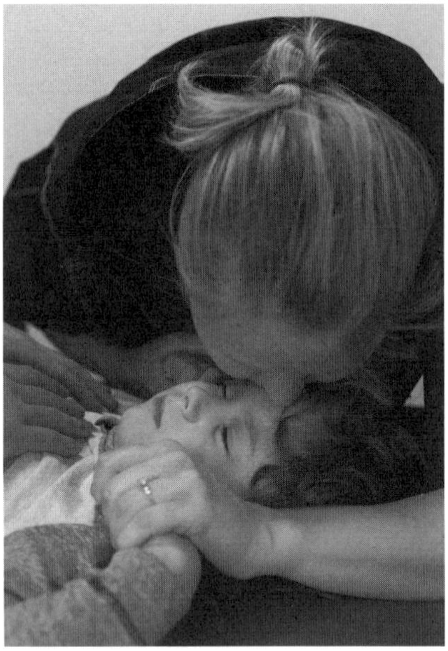

图 8.4　按摩期间的母亲和孩子

6 岁至 12 岁儿童的试点研究也已完成，可以肯定的是该治疗对年龄较大的儿童有效。值得欣慰的是，已经拥有完整语言的高功能儿童比我们所预期的更快地取得了进展。通过触觉的正常化，他们可以在已经获得的技能的基础上成长并促进发展。功能较低的儿童也有所进步,但正如预期的那样进展缓慢。

两年的随访结果发布于 2015 年 12 月。触觉需要五个月到两年才能恢复正常，具体取决于开始时的严重程度。到两年结束时，自闭症严重程度较轻的儿童的触觉正常化率为 100%，自闭症严重程度降低了 66%，43%的人已经脱离了自闭症的范畴。更严重的一组有 62%的触觉正常化，自闭症严重程度降低 40%。他们处于严重程度较轻的孩子刚开始的程度，并且他们正在学习语言。这对父母来说是一个非常令人鼓舞的消息，也是继续前进的理由。

同样在 12 月，第一次皮肤活检报告显示，自闭症儿童存在 50%的小感觉神经纤维丢失。这些纤维可以调节触觉、疼痛和紧密身体接触的乐趣。这是第一次对他们对亲情接触和身体贴近缺乏兴趣的物理解释，并且有组织学证据表明他们部分丧失了触觉。

传播

随着美国妇幼保健局资助项的逐步推进,我们发现我们的工作显然远未完成。一个全新的视野被打开了。证明治疗有效并解释原因是一回事，但改变全世界儿科医生的习惯是另一回事，这样孩子才能真正得到他们需要的治疗。现在需要做的是，所有进行自闭症评估的儿童都应该接受触觉、听力和视力问题的评估，并在发现触觉问题后立即接受 QST 按摩治疗。

它的技术名称叫传播。当我回顾研究文献中关于将新信息传播到临床实践所需的时间时，我看到平均时间是 10 到 20 年。根据这一数据，我们现在已经经过了 15 年，所以再努力五年，直到数百万儿童获益！我当然希望如此，并将继续竭尽全力。

最后一刻的突破

为了帮助传播，我们改进了感官和自我调节检查表，并将其重命名为自闭症接触和自我调节检查表（Autism Touch and Self-Regulation Checklist）。我们收集了大约 400 名儿童的数据，一半患有自闭症，另一半发育正常。

在分析数据的过程中，我们发现了令人惊讶的东西。我问马克他能不能看看有关脸部和口腔疼痛的五个问题，看看有多少自闭症儿童可以用这五个问题来识别。结果是 82%。令人惊讶的是，这五个是关于面部和口腔疼痛严重程度的问题，而不是关于语言、社会发展或自闭症行为的单一问题，难道我们可以确定这 82%的儿童真的是自闭症儿童？我们陷入了对自闭症核心问题的思考，而且几年来我一直在思考这个问题，即我们如何定位自己和其他人。

几乎每个自闭症儿童都会出现面部和口腔触觉困难。我们天生就能够面向另一个人的脸，这被称为定向反射。这是一种简单的感官运动反射。当母亲触摸脸颊时，婴儿会转向她去寻求保护。三叉神经提供对面部和嘴部的感觉。如果感觉纤维受损，该区域将会疼痛或麻木，孩子会转身离开或无法做出反应，而不是转向母亲。

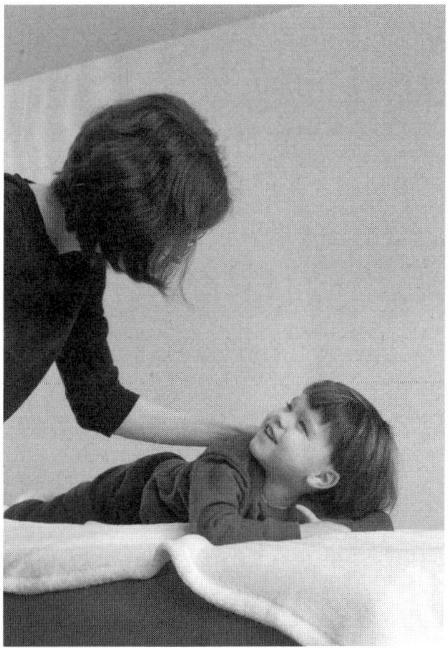

图 8.5　在按摩期间孩子面向母亲的脸

当我们添加关于面部和嘴部问题的定向问题时，我们可以准确地识别 92%的自闭症儿童。它很好地解释了自闭症。面部是我们所面向的。在生命早期对面部感觉的损伤将阻止大脑学习如何定向于另一个人。面对面地在一起，是社会发展的起点。但似乎在自闭症中，它在源头上受到了阻碍。

在工作中坚持自我

完成这项工作的机制非常流畅。在前几次研究之后，我们知道我们可以提供给外界一些迫切需要的东西，但对于大多数人来说，它是未知的、非传统的和无法得到的。我们认为成功将取决于能否找到一种方法来解释常识术语和建立证据基础的研究。这意味着在主流研究期刊上进行研究和出版，但要保持高质量并坚持原始资源的真实性。这意味着我们要找到一种语言，它不会让人们对不熟悉的术语感到厌烦。

我们所谓的治疗是什么？它是气功按摩、QST 按摩、家庭治疗自闭症、触觉刺激皮肤、改善感觉神经的循环以及触觉治疗自闭症。我们学会了灵活掌握语言，并以听众能够理解的方式与他们交流。如果我们想让父母同意孩子接受一种不熟悉的治疗，并从幼儿园时就开始，那么我们必须能够用自己的语言来解释。我们必须找到这种语言。

最初我们纯粹是在研究方面运作。在第一次研究之后，我们根据需要获得了资金。我们得到了一笔小额赠款，进行研究，然后寻找另一笔资助。但在最初的几项研究之后，我们发现需要建立一个传播基地，开发课程、培训专业人员和培养培训师。这意味着创业。我们接触的父母已经因疾病造成的财务负担而枯竭，我们无法支持营利模式。因此，我们需要形成一个非营利组织并为其寻找资金来源。在写完第一本书之后，出版公司非常友好地向我们提供了成本价的书籍，以便我们可以在网站上出售。图书销售有助于支付兼职管理员费用，使他们能够管理网站、在"脸书"页面上回复咨询并根据需要完成许多不同的任务。

随着岁月的流逝，随后出现了更多书籍，这些书籍也用于资助非营利组织。我们开始为家长和专业人员组织培训，这样做是为了使课程能够自我维持，课程费用支付给课程教师，并将其中的 10% 返还给非营利组织以支持网站和其他传播工作。我们的利润空间非常小，但可以支持日常运作。

每次需要扩展时，我们都很幸运找到了资助者。资金增长不属于研究范畴，通常不受拨款支持，但它对像我们这样的小型组织来说非常重要。最近，我们收到了将书籍和网站翻译成五种语言的资金。一旦完成，它将维持这些国家高级培训师的发展。我很感激，非常感谢库里・斯通基金会（Curry Stone Foundation）的克利夫（Cliff）和迪莱特（Delight）的支持。

我们也许可以通过开发的评估工具［自闭症接触和自我调节检查表以及自闭

症育儿压力指数（Autism Parenting Stress Index）］来赚钱，但我们选择免费向临床医生提供，以便传播研究，并使更多的儿童接受服务。我认为这是一个很好的决定。传播的一个重大障碍是获取有关如何实施的信息的障碍，无论是财务障碍还是其他障碍。评估工具使实施变得简单，它们可从 qsti.org 免费下载。

我们有所作为吗？看看影响力

这一切的影响是什么？很多，真的。我们把气功按摩治疗从理论引入了自闭症循证治疗。我们开展并发表了十几项研究，成果显示五个月的治疗使自闭症严重程度降低了三分之一，触觉反应改善了 50%，父母压力减少了 44%，社交和语言技能得到提高。在此过程中，我们授权成千上万的父母帮助自己的孩子，减轻家庭压力，使孩子走上更好的发展道路。我们为专业人士开发了现场和在线培训课程，并在美国、欧洲和南美洲推出。思考和治疗自闭症的方式正在发生变化。在这个过程中，我们将中医与西方科学思想结合起来，向西方家庭和早期干预项目介绍了一些中医中的精华部分。正如许多人所期望的那样，影响力并不总是以具体的数字来衡量的，而这肯定适用于我们所做的工作。你如何衡量孩子的幸福呢？

平静的水域

我们跨越了许多障碍，才实现了今天的目标。当我们开始研究的时候，没有公开的科学文献显示气功按摩治疗对于自闭症有效。公众对气功按摩没有认识。没有关于自闭症包括触觉和自我调节问题的理论，也没有办法衡量治疗是否有助于解决问题。除了辛诺里尼博士和我本人之外，没有自闭症气功按摩练习者，也没有针对从业者和父母的培训计划。所有这一切都发生了变化。

我的信仰体系受到了挑战，我不得不重新思考自己以前相信的三个荒诞的说法。首先，你必须是一名医生才能学习中医并协助治疗。事实并非如此，早期干预中人们在按摩方面做得很好。第二是父母不能为神经障碍提供治疗。这也不是真的，除了父母之外，没有人可以在需要的时间内日复一日地按摩。第三，对于像自闭症这样严重的神经系统疾病的治疗肯定是复杂而昂贵的。事实证明，教父母学习这种治疗相对容易，而且几乎免费。

我现在不太渴望退出了。与有限的科学范式格格不入，苦苦钻研未知领域的工作已经完成。事实证明，我喜欢做研究。我得到了一群非凡的朋友和同事的支持，帮助我完成工作。我已经学会了相信事情是按预期的方式展开的，我知道自己的角色。

我非常感谢中医及其对我们神秘而神奇的身体的理解。我们所有人都可以获得这方面的知识，这是中国古代给全人类的礼物。知识非常接近本质，可以指导我们帮助孩子和我们自己。它与文明本身一样古老。

给其他人的建议

我会给其他有使命感的人什么建议呢？当我第一次感到使命感时，我能看到一条在我面前的道路。寻找那条道路（对于每个项目和每个人都有所不同）对项目的完整性和成功至关重要。我知道我想建立一个研究基地，不久之后，我知道它会通过非营利组织传播。

以下是关于如何保持可持续性的一些实际思考：

• 在项目的早期阶段，获得资助或确保你有一份可以支付账单并抚养家庭的工作。如果你是项目的创始人，请意识到项目可能需要一段时间才能自我维持，认为项目一开始就能维持你生活的想法是不现实的。根据我的经验，你必须做好自己的工作并维持生计。

• 随着项目的成长，有一些关于增长的常识性规则。比如从小目标开始，获得切实的成果并使其可见，然后设定更大的目标，实现它们，并使它们可见。跟进并完成你承诺的所有事情。有项目预算并根据预算开展工作。会有志愿者想要帮助你，可以给他们提供机会。但是，如果可以，请尽快建立一个小型核心团队。队员们应该非常了解项目，你要为他们支付合理的工资。向来自你尊重的领域的人才寻求指导，并愿意相应地修改你的计划。

经验教训

1. 使命感通常不实用。这更像是因雷击而着火，而你所知道的就是你百分之百的承诺而且会做所有的事情。你感到这样的使命感是因为你是唯一能够回应它的人。它可以带走你所拥有的一切（身体和灵魂）以及你生命中的岁月。作为回报，它可以给你比你想象的更多的满足感、愉悦感和意义。在这种情况下，倾听你的心声，并问问自己这个使命对你来说是否重要和有意义。如果有东西在大声呼唤你，并且你真的相信，那么请回答它，看看它会带给你什么。使命感很珍贵，它可以引导你实现人生目标。当你处于“跋涉上坡”阶段时，要注意自己的健康状况，特别是当你感到疲倦时，似乎工作永远不会结束。要给自己更多的选择。当事情变得非常困难并且想要退出时，想象自己生命的终点，并问自己，如果我没有完成工作，我会不会感到遗憾。答案来了，我做出了选择。我从来没有后悔过。追随激情和爱，避开恐惧和怀疑。

2. 当你不知道该怎么做时，请寻求指导，并善于倾听。指导是在意想不到的时间和地点进行的。

3. 绝对不要企图知道事情会如何发展。这可能是一个疯狂的旅程，远远超出你的想象，远远超过你梦寐以求的任何东西。

4. 记住尤达（Yoda）所说的话：“相信力量。”还有很多事情将发生在眼前。

讨论题

1. 现代医学和中医在自闭症方面分别有哪些优势和局限？

2. 在为儿童提供（高质量）救生医疗的背景下，社会企业家的道德准则是什么？

3. 如果从道德层面所有有需要的儿童都应该获得治疗，那么像这样的项目如何能够持续下去，它的营利动机是什么？

4. 表示关爱的触摸对儿童和成人的健康和幸福有多重要？对你的健康和幸福有多重要？

5. 现有的科学范式是如何阻碍和帮助这项工作的进展的？为什么扩大现有的科学范式是困难的？

6. 当你有一个你知道有效的想法，而需要说服其他人的时候，你会考虑采用什么策略？

延伸阅读

你可以在 www.koganpage.com/socialentrepreneurship 找到更多关于本章的内容。

One of the best resources illustrating the signs of autism is available as a free download from http://www.helpautismnow.com/physician_handbook.html [accessed 10 December 2015]. Do not be put off by the title, ‘Autism Physician Handbook’. This is a handbook for parents as well as professionals, and clearly illustrates the early signs of autism in pictures. The website has excellent resources for parents of newly diagnosed children.

www.qsti.org [accessed 10 December 2015]. This is the Qigong Sensory Training Institute website. We offer books and DVDs about the massage, an informational video about autism, and resources for parents and professionals who are interested in training or research.

Silva, L (2009) *Qigong Massage for your Child with Autism: A home program from Chinese medicine*, Jessica Kingsley Publishers, London. This is a parent handbook and DVD with instructions for the QST massage for children with autism.

Silva, L (2015) *The Little Chinese Medicine Book for Children with Down syndrome*, Guan Yin Press. This is a parent handbook and DVD with instructions for the QST massage for children with Down syndrome.

Montagu, A (1971) *Touching: the human significance of the skin*, Oxford, England: Columbia U Press.

Field, T (2014) *Touch*, Bradford Books.

09 重建联系：一个关于科技、难民和寻找失散家人的故事

难民联合会（Refugees United，REFUNITE）

——大卫（David）和克里斯托弗·米克尔森（Christopher Mikkelsen）

2015 年 6 月 20 号，世界难民日（World Refugee Day），联合国宣布，世界上有 5 900 多万人口流离失所。这个数字已经到了荒谬的地步，以至于外界对我们解决危机的能力失去了信心。

5 900 万的女人、小孩和男人分散在完全不同的情境中，但是所有人都面临恐惧和不确定。从叙利亚到南非，已经逃离了暴力、迫害、旱灾和饥荒的家庭，被迫在居无定所、寒冷、没有水和食物的悲惨旅途中跋涉，寄希望于明天能从艰难中获得一点喘息的机会。

战争带来的最具有毁灭性的影响之一就是和相爱的人分离。陷入动荡中的家庭向着不同的方向逃离，很快就陷入大规模流亡的浪潮中，在试图找到安全的同时失去了彼此的联系。他们发现到处都是来自不同国家的人，但即使来自不同的国家，大多数人都会有多年找不到家人的命运。

我们在帮助一名年轻的阿富汗难民寻找失散的亲人后，成立了难民联合会。我们穿越了战区和俄罗斯南部的深处，我们了解到，不仅没有人创建一个中央数据库来存储有关失散家庭的信息，而且最重要的难题也被排除在了所有的等式之外：难民他们自己。

基于简单技术的开发和与移动运营商的长远合作关系，难民联合会成为世界上最大的失踪人口网络，帮助超过 420 000 名流离失所者找到了失散的家人。通过短信的方式，我们将触角伸向了非洲和中东更广泛的难民群体。我们改变了追踪过程，从单纯由机构处理的集中事务转变为一个包容和理解的过程，流离失所的难民能够为重新找回家人出力，并改善自己的生活。

2005年，我们在哥本哈根遇见了一个叫曼苏尔（Mansour）的阿富汗难民，这是一个在逃离塔利班（Taliban）的时候与家人失散的可亲而勇敢的年轻人。我们答应帮他找到他的家人，我们开始探索这个在五年前把这个家庭拆散的人贩子的世界。为了寻找信息，我们穿越巴基斯坦，横跨俄罗斯，以帮助一个孩子重新接触世界上最重要的东西：家人。

这是一个两兄弟帮助两兄弟再次找到对方的故事，一个关于两兄弟正在努力建造世界上最大的失踪人口网络的故事。在此过程中，他们帮助近50万难民寻找失踪的家人。这就是难民联合会的故事。

如果你不知道规则，你便不能打破它：为什么我们可以

1999年我们来到印度尼西亚，我们一直和大家庭一起旅行。我们在一个很不一般的家庭长大。年轻的时候我们就开始了全球探索。父亲汤姆（Tom）是一名科学家，参与了关于马蹄蟹的血液可以用于检测食品、医药、医疗器械和饮用水中的内毒素和其他危险异常物的研究。母亲克里斯汀（Kristen）是一名麻醉科护士。她和父亲一起工作，一起旅行，带我们来到美国佛罗里达州、中国香港、美国特拉华州、泰国和其他地方，都在寻找难以捉摸的螃蟹。不同于大多数其他家庭，我们从小在一个特定的奢侈环境下长大：两对父母。母亲的妹妹和她的丈夫，比吉特（Birgitte）和彼得（Peter），我们的姨妈和叔叔，同样也在环球旅行，在东京到纽约之间的任何地方生活。当我们的父母没法带着我们旅行时，他们就带着我们兄弟俩在不同的地方生活。我们把香港和新泽西州当作我们的家，而一直到现在我们的小家在三个国家：美国、法国和丹麦。

图9.1 大卫和克里斯托弗·米克尔森

我们一直渴望更多地了解这个世界。我们记得我们走在佛罗里达群岛的泥泞的公寓周围，躲避着小鲨鱼、梭鱼、石蟹和黄貂鱼，寻找马蹄蟹。

在距离丹麦数千英里的遥远地方，我们一起度过了仿佛没有尽头的日子。我们和其他兄弟一样奋斗，但总是被亲

密、好奇、乐趣和（可能是）被困在世界末日的纽带所束缚，只有我们两个孩子。从那时起，我们建立了一种亲缘关系，使我们在世界上大多数地方、公海和最平静的水域中旅行和经历考验，所以我们一直是最好的朋友和彼此的守护者。

我们的成长过程中有一种野性，一种魔鬼可能关心的接近世界的方式，在这个世界上，我们对不同的欲望、被抛弃的人和对梦想的追求总是得到鼓励。这些种子比其他任何东西都更能在早期扎根，随着年龄的增长，它们会穿过我们的血管，把我们带到越来越远的世界，远离所有在笔直狭窄的地方发现的东西，更深入未知的领域。

当你与日常责任的断层线脱钩时，时间会以特殊的方式流动。没有任何东西，没有最后期限的压力或推动你周围世界的表演，这是平静的。正是在这样的时刻，我们才有了一些最深刻的创造力。想法会流淌：对世界、发明、书籍、音乐、家庭、政治和爱情的思考。这个星球上的每个人都应该得到我们所拥有的自由，只是思考而不用担心明天。

世界各地都有这样一种共识，即像这样的自由只会滋生自满。对一些人来说，也许会。或者，如果我们从生存的枷锁中解脱出来，并把缰绳交给一个活着的，而不是隐忍的生命，我们的世界可能有一个等待释放的潜力。在我们看来，这是一个值得冒险的赌注，而且在本章中探讨这个话题太过深入。

有一种方法可以解决我们的疯狂，也是我们不想接受正规教育的理由。我们认为，教育不仅仅是一种自由，更是一种控制因素。教育似乎是一种声明：这就是我，我想去的地方。

教育似乎是向我们不想参与的制度的投降。它是一个被定义的目的地，对我们来说，这一生的目的与其说是一个目的地，倒不如说是一个完全迷失在这个奇妙世界的任何角落中的机会。

在印度尼西亚度过几年后，我们搬到了澳大利亚，在建筑工地、酒吧和其他地方工作。从那时开始我们去了很多地方，例如：曼谷、泰国群岛、日本、洛杉矶、柬埔寨和许多其他地方，沉浸在各地的文化和生活中。

几年后我们回到了哥本哈根，大卫被委托拍摄关于丹麦的纪录片。这是一件困难的事，因为 1 000 年来，丹麦社会的外部影响是非常有限的。

我们开始教授年轻的移民孩子关于丹麦的生活，并且为电影建立场景。愿意参加的是年轻的阿富汗难民曼苏尔。他很快成了我们的好朋友。我们常常请他一起去吃饭，出去玩，他就好像是我们的小弟弟。在那时，他告诉了我们他的故事。

反思：难民的生活

五年前，在他 12 岁时，他和家人逃离了阿富汗的塔利班，翻越群山进入了巴基斯坦，在白沙瓦（Peshawar）短暂休息。白沙瓦是一个拥有 290 万人的难民城市，许多人没有证件，正在前往更好的地方，曼苏尔和他的五个兄弟姐妹还有母亲也是如此。他们的父亲，一个高级军官，早些时候逃走了，留了钱和消息，让他们按照上面所说的去找他。

在他们出发去斯堪的纳维亚半岛（Scandinavia）的前夕，人贩子来到了他们的临时居住地。他解释说外面有一辆空的公交车正在等着，他们中的一个必须先走，然后剩下的人也会马上跟上。曼苏尔，这个 12 岁的孩子，选择第一个走。他承担了责任，因为他就是这样的人。他知道，作为年纪最大的孩子，这是他的责任和义务，他的家人之后很快也会跟上。

他上了公交，开始了一段旅途，并且最终在几个月后到达哥本哈根的中心车站。虽然故事来自一个受伤孩子破碎的记忆，但我们已经可以体会到曼苏尔的感受。他经历了步行、火车、公交，然后一度在俄罗斯某处的地下室与其他 20 个难民待在一起。他们正在等待往来的公共汽车，害怕被当局抓住，不敢露面，每次只敢出来一个小时左右，用以呼吸新鲜空气和上厕所。时间慢慢地过去了好几个星期，曼苏尔穿越了德国和丹麦的边境，他的假证被人贩子偷走了，并被告知当火车停下来的时候，他就到达了哥本哈根，接着就要靠他自己了。

不用说，曼苏尔的家人根本没有跟上。这个坚强的 12 岁孩子必须依靠自己生活，为了在他和家人团圆的时候给家人好的生活做准备。想象一下——这样的乐观精神，这样的勇气。在那个年龄，当我们几乎一切都很幸运时候，我们仍在抱怨必须起床去学校。

我们比想象中知道得更少

听完曼苏尔的故事，我们了解到，五年后他还是不知道他的家人发生了什么。我们立即提供了援助，再次试图找到他的家人。虽然那时候是 2005 年，但是我们发现在这个世界上找一个人有多难。

我们计划先与丹麦援助难民的知名组织联系。我们从曼苏尔那里了解到，他之前已经填写了书面表格，说明他正在寻找谁、他逃跑的原因、他最后一次看到家人的时间等，但他从来没有收到任何信息。

在所有的组织中，我们都得到了同情和理解。对我们来说，这是一个独一无二的特殊情况，但是对世界上超过42万流离失所者来说并非如此。每个人都知道如何谈论跨越国界的数十万人，每个人都可以谈论重大危机，但当涉及其中一个人绝望地寻求信息时，我们却没有了办法。

我们发现组织之间没有建立任何信息共享系统。从本质上讲，曼苏尔的家人有可能在瑞典，但每个国家的家庭跟踪办公室之间没有直接的信息交换，找出任何家庭的唯一方法是写信给各个国家的办公室。

最后，我们用曼苏尔的信息发送了一份10页的文件到日内瓦。然后从那里开始到白沙瓦查找记录，看看他的家人是否注册了任何类型的信息。正如你可以想象的那样，让少数援助工作人员应对大量涌入的290万流离失所者，试图收集那些害怕提供任何信息的人的个人信息，这是一个执行准度相当大的任务。

在几个月内，我们求助了所有组织，并使用了一切方法，仍然没有任何信息能帮助我们找到曼苏尔失踪的家人，所以我们把这件事情接过来自己处理。接下来发生了一些最惊奇和疯狂的事。我们不仅建立了一个全球家庭追踪平台，而且改变了世界各组织协作、治理和创新的方式。

当我们开始搜索时，曼苏尔已经18岁了，他把难民旅行通行证换成了一本真正的护照。有了这个，我们决定下一步他可以回到日沙瓦，看看是否能找到家人的任何信息。

曼苏尔于2005年初抵达巴基斯坦，开始在街上寻找家人。他花了许多时间，他的签证即将到期。他很快就放弃了。但在最后一天，他偶然在街上看到了五年前把他运出来的人贩子。尽管他长了胡子，看起来有点不同。你可以想象，这是一张曼苏尔永远不会忘记的脸。

他是一个危险的人，但曼苏尔没有什么可失去的，他面对着多年前做出的承诺——他会让家人团聚。起初，那个人不屑一顾，向曼苏尔解释说，他每个月运出几百人，他真的毫不在意，但曼苏尔坚持不懈，最后给了他一点钱作为贿赂。那个男人让曼苏尔第二天早上再来找他。

第二天曼苏尔紧张地来和人贩子碰面，并给了他更多的钱。人贩子告诉他拨这个电话号码就可以找到了他的弟弟阿里（Ali）。曼苏尔最后一次见到他弟弟时，弟弟九岁。

回到哥本哈根，我们就开始拨打这个号码，但因为接电话的人只会说俄语，我们无法听懂。但曼苏尔坚持不懈，不停地打电话。

过了几个星期，终于有一个讲普什图语（Pashato）的人接听了电话。曼苏尔解释说他为什么打电话，他正在寻找谁。对方听出了曼苏尔正在寻找的那个人的名字，并给了我们另一个电话号码。十分钟后，阿里听到了他哥哥的声音。

接下来我们了解到阿里的困境：他是一个在俄罗斯的无国籍难民，事实上被一个家庭所奴役。警察追他们，会打断他们的骨头，用刀子、香烟去伤害他们，把他们关起来，直到有人来支付赎金才把他们释放。这反过来又会使阿里负债，迫使他回去工作，然后下一次的逮捕不久之后又发生了。当曼苏尔舒舒服服地生活在哥本哈根的时候，他的小弟弟其实生活在地狱里。

我们安排2005年10月初阿里来莫斯科与我们见面。我们的父母愿意资助这次旅行。那时候我们已经创建了REFUNITE。这次的任务是在失散这么多年后让兄弟重新见面，然后记录他们的苦难，向世界证明难民在试图与失踪的亲人联系时所面临的难以克服的困难。

10月7日，一辆出租车来到了“七姐妹”酒店（Seven Sisters Hotel）门前。我们三个都期待地站着。门开了，出来了一个帅气的男孩，很像曼苏尔，眼睛睁得大大的。他一出门，站了一会儿就跑到我们这边来了。这么多年的寻找，这么多年的痛苦终于结束了。他们互相拥抱着，我们很感动，痛哭流涕。这对我们所有人来说是一个美妙的时刻，尤其是作为兄弟帮助了另两个兄弟的我们。两天后，我们的签证到期了，曼苏尔不得不和弟弟说再见。一个没有人想说的再见，经过这么多年的寻找，又分开了；知道弟弟注定要走回受伤的道路。但是我们已经建立了联系。我们给了阿里保暖的衣物和钱，然后开始想方法让阿里来到丹麦。

也许有一种情况比其他任何情况都更促使我们努力行动。回到丹麦，我们送曼苏尔回家，他在下车时对大卫说的最后一句话是：“多年来，我第一次睡得很安稳。我知道我弟弟在哪里了。”直到今天，我们还没有找到他的其他家人，尽管这仍然是一项个人的使命。

我们反思我们做了什么。作为两个拥有各种权利的丹麦兄弟，与难民相比，我们有很多机会，但却什么也没有发现。我们曾与众多组织、委员会和其他人进行过交流，但没有任何进展。思想开始结晶。所有这些中的数字基础在哪里？

可以收集、整理和分发关于各个营地、国家和组织中被分开家庭的信息的开放数据系统在哪里？这一切的合作在哪里？为什么不存在？在那一刻，难民联合会诞生了。

建立难民联合会

我们还没有细想第一次该从哪里开始，但是我们有足够的信心。我们幼稚地相信我们能在六个月内建立一个随着世界而变化的系统。我们相信，这将是一个会被世界援助组织接受的系统，可以向他们展示为什么开放数据、共享和效率是我们应该争取的目标。然而，我们错了。

由于没有个人网络，我们开始与每个愿意倾听我们意见的人交谈，提出在难民机构之间建立一个信息共享的全球平台的想法。

我们接触的都是有创造力的人：电影和时尚行业人士、音乐家和作家、艺术导演，等等。他们是我们第一次交谈的人，我们从他们那里学到了关于难民联合会未来成功的第一课，或许也是最重要的一课：故事的力量。

在项目最初的几个月里，我们只是在思考这个想法，犹豫不决，绕着问题转，找出如何、何时以及是否要实现全面飞跃。我们越是深入其中，越是考虑到帮助数百万难民的挑战，这个想法就越坚定，直到它不再被忽视。

我们很快就辞去了代课老师的工作，但我们仍然会在那里工作几天，以维持生计。难民联合会耗费了我们所有的精力。在接下来的几年中，我们住在一个小工作室里，睡一张床，父母经常来看我们，把冰箱塞满，确保我们可以继续生活。如果没有他们支持我们的梦想，我们不可能取得今天的成绩。

2007 年，在全球金融危机的最初迹象出现之前，我们说服丹斯克银行（Danske Bank）向我们提供贷款。我们借了 35 000 美元作为生活费，同时为公司配置需要的一切。我们忙得不可开交，决心要么把一切都搞得完美，要么一无所有。这种自我推销是一种解放，因为在每次会议上，我们说的第一件事就是："我们有一个很棒的想法，但是没有钱。但你仍然应该帮助我们，原因如下……"利用不断壮大的网络，我们寻求支持。请注意，我们最初的几年是在一间废弃、破败但免费的工厂里度过的，那边的一家地下夜总会在周末变得疯狂起来。我们的办公室包括一间四个牛奶箱大小的密室，我们用一扇旧门来当桌子。这种穷困潦倒的生活教会了我们很多关于节俭的知识，尤其是合作的价值——这种技能在未来几年中帮助我们完成使命。

2007 年，一个叫马斯·米克尔森（Mads Mikkelsen）演技很棒的演员加入了我们。我们几年前与他偶遇，和这个真诚的人成了好朋友。对于我们来说，我们不想让他利用自己的名声来帮助我们推进这项事业，但值得庆幸的是，他毫不犹豫地加入了我们。他从一开始就打开了许多渠道，从乌干达到纽约，与我们同行，促进我们共同的事业，一起喝冰啤酒。

奇怪的是，非营利组织给予我们的支持最少。我们真的认为，一个建立在团队合作和致力于帮助他人的基础上的行业将会非常欢迎我们和我们的想法。但是情况恰恰相反——这个行业似乎不仅受到竞争的驱动，而且在竞争中特别阴险。这种竞争不是公开的，只是在捐赠活动时才会出现，但却根深蒂固，由维护人道主义援助生态系统内舒适现状的保护态度驱动。

随着我们的网络扩展到更有影响力的圈子，第一个加入这个对我们的工作产生真正深刻影响的组织的人是电影制片人维贝克·温德洛夫（Vibeke Windelov），一个充满魅力但又古怪的女士。在她身后有着显赫的职业生涯，她以其犀利的言辞和更犀利的名声而闻名。

当我们第一次在她位于哥本哈根市中心的富丽堂皇的公寓里见到她时，我们就已经被预先警告过。但这是一股不可忽视的力量，我们期望受到热烈的欢迎。我们进入了她的厨房圣地，这是一个幸运的厨房，许多电影和摇滚明星都曾在这里出现过，这些明星多年来一直在哥本哈根陪伴着我们。维贝克成为难民联合基金会的第一任主席和联合创始人。

我们和维贝克在第一次联系司法部长之后去了外交部。她被我们帮助难民家庭团聚的使命所感动，于是她与发展部部长联系。发展部部长不仅召集了直属部门负责人开会，还召集了在哥本哈根开展业务的各种非政府组织的高管，这些组织由丹麦国际开发署（Danish International Development Agency，DANIDA）资助。

房间里的紧张气氛显而易见。第一个和我们握手的人用力摇晃我们的手，然后靠过来发出嘶嘶的声音："如果你再试图把这种情况强加给我们，我们保证你永远得不到帮助！"这为接下来的几个小时奠定了基础。几个小时内，每个组织的代表轮流解释一个基于 IT 和协作的跟踪系统是如何无法永远工作的。根据他们的反应，我们知道我们碰到了什么。

后来我们与丹麦国际开发署的工作人员见了面，提出了我们的项目计划，希望能得到资助。这次会议很友好，但对我们来说，它暴露了制度的内在缺陷。虽然我们在谈论一个可能的项目，但首先必须在缅甸进行为期两年半的试点。我们向他们表示感谢，起身离开，意识到用这种方法我们永远也不会成功。事实上，我们所要做的是破坏人道主义援助部门，而我们要求我们试图破坏的人提供建议和资金。那一刻，我们下定决心建立我们的私营部门投资组合，并从个人、基金会和非营利组织寻求私人资金。具有讽刺意味的是，每一个首席执行官的大门都向我们敞开。商界对我们的想法持开放态度；开放地探索他们如何通过网络、产品和个人影响力帮助难民家庭重新建立联系。谁能拒绝一点点扩大自己影响力的机会，从而帮助更多的人呢？

非营利性组织的炼金术

随着继续无法在援助部门获得帮助，我们开始在世界其他地区积极工作。2007 年初，一个名叫亚历山德拉·阿帕里西奥（Alexandra Aparicio）的妇女从巴西加入了我们。作为全球公关公司凯彻姆（Ketchum）的一名高管，她在难民联合会使命的推动下找到了我们，并成为圣保罗的一名志愿者。我们仍然希望与非营利组织进行合作和对话，所以在亚历山德拉的帮助下，我们与凯彻姆合作，以支持我们在全球的发展。

该公司的全球网络已经选择了一项官方的非营利事业作为支持，因此由各个国家办事处决定是否支持我们。在接下来的 14 个月里，在亚历山德拉的带领下，我们三人成功地在 36 个国家建立了凯彻姆办事处，让他们代表我们在媒体上发言，帮助我们制定传达信息的战略，并将难民的足迹从当地扩大到全球。这是我们继续寻找和努力寻找必要的支持者以扩大事业的关键一步。作为天生的演讲者，我们设计了挑战，完善了讲稿。REFUNITE 的美妙之处在于使命的简洁性。难民的数量是有限的，分离家庭的数量也是有限的，这是问题的解决办法。当然，会有新的难民，但仍然有信息表明，这个问题是可以解决的。在一个许多人对非政府组织不断膨胀的开销感到厌倦的世界里，这个有最终目标驱动的任务更有吸引力。

我们写下了一些从一开始就指导我们的“真理”。第一，只与我们能找到的最好的人合作。第二，要始终追求双赢。只有当企业部门参与的不仅仅是让人感觉良好的故事时，它们才会愿意与你合作。

我们在2008年收到的第一笔重要资金来自著名的丹佛斯公司（Danfoss）的彼得·马兹·克劳森（Peter Mads Clausen）。丹佛斯是一家全球性的产品制造商，产品用于冷却食品、空调、供暖建筑等。资金也来自另一个有魅力的个人，马德斯·凯亚（Mads Kjaer），他是非洲在线小额投资平台myc4的创始人。他们还有维贝克和我们一起成了难民联合会的共同创立者。从2008年到2010年，有三个合作伙伴加入了我们，他们改变了组织的轨迹。在马士基基金会（The Maersk Foundation）向我们资助了100万美元后的几个月，我们为他们展示了难民联合会创新的愿景。这是第一次巨大的资助，使我们能够在未来几个月内创建第一支真正的团队。

我们很快与瑞典移动网络领导者爱立信（Ericsson）建立了最重要的运营合作伙伴关系。在与爱立信丹麦首席执行官拉尔斯·托夫特（Lars Tofft）会面后，他带我们到斯德哥尔摩会见了爱立信企业社会责任（Corporate Social Responsibility，CSR）和可持续发展执行官伊莱恩·魏德曼（Elaine Weidman）。她是一个有魅力、有进取心、头脑敏锐的年轻美国人，立刻明白了难民联合会的力量。尽管我们不知道需要在一起做什么，但我们形成了一种亲密关系，这将引导我们走上一条共同的道路，并分享帮助家庭重建联系的想法。汉斯·维斯特伯格（Hans Vestberg）在我们与爱立信接触时成为我们工作的重要拥护者，同时也是我们的一位朋友。爱立信和REFUNITE一直在一起。

在这一早期进展中，难民联合会的雇员瑞克·朱尔·布兰特（Rikke Juel-Brandt）向我们介绍了宜家基金会（IKEA Foundation）和它的新首席执行官皮尔·海格涅斯（Per Heggenes）。当时，也就是2009年，我们已经意识到，我们需要试图将传统的跨国组织转变为难民数据的信奉者，而分享这些数据将是一个艰难的过程。我们知道，如果我们要在正确的地方获得牵引力，就需要在正确的地方进行实地考察。我们拜访了皮尔，向他介绍了我们的规模计划：从肯尼亚的战略开始，进入两个难民营——达达阿布（Dadaab）和卡库玛（Kakuma），那里有来自索马里、南苏丹、刚果和埃塞俄比亚的60万难民。

我们只有一个好主意，但没有那么多经验。在这个阶段，在refunite.org上可能有8 000到9 000个难民。我们发现了我们无法重新联系任何人。这是一个数字游戏，虽然我们已经取得了一些成果，但还需要加强游戏系统。

在日内瓦，我们与各种组织的合作不断陷入死胡同，被委员会和无休止的会议缠住。尽管马德琳·奥尔布赖特（Madeleine Albright）获得了很大的支持，但无济于事。我们是通过与哥斯达黎加前总统乔斯·玛丽亚·菲格尔（José-Maria Figueres）认识她的，她为我们的利益辩护。我们知道我们必须把自己建设成一支不可忽视的力量，所以，我们悄悄地离开了舞台，开始寻找第一个真正的中心点。

谁还需要我们

显然，如果没有更有说服力的力量，我们不可能在非营利领域有所作为，是时候采用不同的方法了。我们发誓要建立一个由私人伙伴组成的全球联盟，并将影响力传播得如此之广、影响范围如此之深，以至于没有人能够取缔我们。

这个决定使我们不仅要以我们的方式为中心，而且要以我们存在的全部理由为中心。我们试图将全球援助团体聚集在一个网络平台上，将责任从少数人转移到多数人手中。我们把目光放在了手机上。

我们的设想是，在一个难民营里，帮助家庭的工作受到一些负担过重的个案工作者的制约，他们每个人都要帮助数千人。虽然，我们无法借助从 60 万人那里获得的分散性信息的力量。为什么当你可以让 10 万人来帮助 60 万人时，却只有两个人来帮助他们呢？我们发现，尽管人们几乎没有衣服穿，也没有食物给孩子吃，但他们仍然可以使用手机。认识到这一点后，我们开始从一个以组织为中心的机构转变为一个为难民提供权利的分布式中心，让他们能够按照自己的要求获得关键信息。

这一点至关重要。我们的项目之前被认为仅仅帮助家庭更快、更有效地重新建立联系，现在我们转变了援助方式的本质：从一种主动—被动的关系转变为一种服务。在主动—被动的关系中，难民只能耐心地等待他人的帮助，而服务的方式会促使难民跳出限制。我们发现，有一件事几乎和两个人再次相见一样重要，那就是给难民的生活带来尊严：给予男人和女人尊重，让他们在自己的时间里代表自己做出明智的决定。

这是我们带给宜家基金会的愿景，这是他们立即看到的未来愿景，开启了我们最重要的伙伴关系之一。有一件事使它如此重要，超越了资金，那就是基金会对他们所投资的人有着绝对信任。他们明确表示，他们当然是在为“联结难民”的成功而投资，但从很多方面来说，他们是在为我们创业者而投资。他们清楚地意识到，我们有能力取得成功，可以少走弯路。探索的自由、失败的自由、重新振作的自由、诚实地分析和报告错误是我们成功的关键。

因此，我们开始与爱立信合作，建立一个移动平台和一个移动运营商的联盟，帮助解决难民家庭失去亲人的问题。

我们移动工作的第一次迭代相当具有挑战性。我们试图发现和理解的不仅仅是新技术，还有那些很少有人关注的全新的工作形式——难民营。

我们从在肯尼亚建立的第一个伙伴关系中吸取了很大的教训，但代价很高。与当地组织合作，我们从许多非政府组织的低效中学到了第一课——他们的重点和专业技能似乎是获得资金。许多组织的资金来源似乎很少有监督、洞察力和责任。成功是以百分比计的，几乎没有关于实际完成工作的硬数据。每年都是增长，而不是问题的缩小。由于没有真正的市场力量在起作用，那些理应失败的组织就被人为地维持着，它们争相保持自身的相关性，同时从那些可能会做真正好事的人手里夺取资源。

我们最自豪的成就之一是，我们做了那么多事，但没有用纳税人一分钱。我们直视着私人资助者的眼睛，充分意识到我们在花别人的钱，并直接向他们报告我们用委托给我们的钱所取得的成就。这有时是痛苦的，但我们相信有一个健康的机制在发挥作用，直接与那些给你机会与世界上的一些问题做斗争的人打交道。它让我们非常真实，忠于自己，专注于一件事——经营难民联合会，就像做生意一样，底线是家庭的重新联系。我们的股东是难民，以及能让我们工作的人、基金会和公司。

我们的另一个重要盟友和支持者是奥米迪亚网络（Omidyar Network，ON）。ON 的创始人是皮埃尔（Pierre）和帕姆·奥米迪亚（Pam Omidyar）（皮埃尔是 eBay 的创始人之一），它投资于高影响力的组织，它的使命是扩大年轻组织对世界的影响，通常通过技术解决老问题。ON 不仅投资了难民联合会，还将我们引荐给他们重要的智囊团，包括他们的雇员和其他接受他们帮助的组织。

建立网络

通过建立的伙伴关系，我们发现了一个关键点，那就是混合融资模式。鉴于我们一直依靠私人资助和伙伴关系，资金和可持续性从一开始就在我们头脑的最前沿。通过与爱立信、Delta Partners（美国风险投资机构）、SAP 等合作伙伴以及众多移动运营商密切合作，我们能够利用当地组织的预算在全球占有一席之地。通过利用彼此的优势，我们已经建立了一个我们认为能够在未来解决全球问题的模式，以协调一致的方式，通过团队合作在互惠互利、社会成果积极的结构中工作。

与爱立信、Delta Partners、SAP 等的合作使我们拥有全球影响力。通过利用彼此的优势，我们建立了未来的模式，以协调一致的方式解决全球问题。

为了扩大规模和影响力，我们特别关注移动网络运营商（mobile network operators，MNOs）。

MNOs 的使命是建立一个全球联盟，这个联盟不仅为我们的系统提供免费访问，还将通过短信（SMS）、USSD（一系列代码，以散列和星号为特征，直接输入到电话中）或免费电话，帮助我们联系委托人并告知他们我们服务的可用性。

乌干达 MTN 首先签约，我们很快就在肯尼亚注册了 Safaricom。Safaricom 开始了一些非常有趣的项目，其中一个项目涉及通过一个强大的短信活动，根据个人的位置确定目标。

使用这种基于向连接到特定移动基站的手机发送消息的技术，我们可以针对像达达阿布和卡库玛这样的难民营，在周围 20 英里的范围内发送任何信息。如果有人正在寻找失去的家人，这是一个很好的机会让他们跟我们联系。

通过在多个市场上复制这种模式，我们已经与非洲和中东地区大多数的 MNO 开展了合作：刚果民主共和国的 Vodacom、南苏丹和约旦的 Zain 团体、伊拉克的 AsiaCell、索马里的 Hormuud、索马里兰的 Telesom、利比里亚的 MTN、土耳其的 AVEA、阿富汗和巴基斯坦的 Etisalat，等等。从本质上讲，通过这些伙伴关系，我们能够接触大多数主要的难民来源国和目的地国，通过利用我们建立的双赢伙伴关系，我们能够接触数百万潜在用户。

可持续发展的“圣杯”

可持续性应该永远是我们工作的核心。要产生一个真正有影响力的项目，你需要弄清楚两件事。首先，你能以多快的速度解决正在思考的问题，代价是什么？要想解决问题，如何筹集资金？其次，如果这是一个持续存在的问题，你如何在项目收入中建立一个既可以完全取代捐赠资金，又可以以一种重要的方式补充它的收入来源？那些 100% 由捐赠基金资助的组织，无论它们的工作有多出色，路都会越走越窄。

建立一个可持续的、多样化的收入模式并非易事。援助行业中的大部分组织都是建立在捐助资金的基础上的。在大多数情况下，它们很少需要考虑或在项目中建立自我可持续性。当然，有些项目永远不会，也不应该成为可持续的，比如儿童疫苗接种项目。但越来越多新兴的、开拓性的组织正在进入非营利领域。它们利用新兴技术，而现有企业往往难以应对。许多人也把可持续发展放在了最重要的位置，这也是一些老玩家难以解决的问题。

通过小而灵活、不固守“传统”的做事方式，这些新兴组织可以重新设想解决全球问题的所有方式。较小的组织能够了解可通过应用新技术解决的具体问题，建立合作伙伴关系并提升影响力，它们将“蛋糕”切成小块，以新的视角处理。

不过，还是要小心一点。取消援助行业是很容易的，把许多机构都贴上过时和脱离实际的标签，但那将是一个错误。尽管该行业的结构受到了一定的挑战，但其拥有大量聪明、敬业、有远见的人才和项目，这些人才和项目热衷于采用新的方式，并将他们的经验和智慧注入其中。援助部门的经验和知识至关重要，因为技术不是万能药。你在硅谷建造的东西在索马里可能行不通。技术的存在是为了优化性能和影响。建立伙伴关系、互相学习、相互激励——参与竞争和与非政府组织斗争关系重大。

付诸实践

2010 年我们终于进入了更广阔的世界，并与克林顿总统、爱立信、Delta Partners、乌干达 MTN 和联合国难民事务高级专员（UN High Commissioner of Refugees，UNHCR）一起参加了在纽约举行的一年一度的克林顿全球倡议大会（Clinton Global Initiative）。我们树立了一个雄心勃勃的目标——通过我们的平台帮助 12 万难民找到亲人。我们不知道是否可以完成这个伟大的壮举，但我们坚持认为我们可以做到。

我们开发了一个新的工作模式，分配工作量，以帮助更多的人。为此我们开始在难民营里寻找年轻的志愿者。他们通常是年轻人，如社区青年领袖或其他著名或知名人士。通过密集的培训课程，我们教他们如何与那些与家人失去联系的难民接触。当他们发现有人可以帮助他们搜寻时，他们会与之接触，并记住他们所处环境的关键细节。他们会通过一个简单的“哑电话”服务系统把信息直接发到我们的平台：他们的名字、他们正在寻找谁、最后一次看见的地方、部族和性别。我们的系统可以接收并开始搜索、整理信息，找到可能的匹配。关键是，难民不仅是数据的拥有者，而且是过程的拥有者。

为每个人而设计

我们设计的典型用户是一名58岁的索马里妇女，她半文盲，不信任外来人，虽然有一部10美元的手机，但仅仅是因为成本问题而使用它接听电话。她已经有五年没有见到她的两个孩子和丈夫了，在前往肯尼亚之前，她在摩加迪沙与他们分开。

这里的重点是，如果我们能够为她创造出适合她的技术，我们就能创造适合每个人的技术。

对我们来说，关键是要建立一种融洽的关系，一种信任。这种信任帮助她走到台前，将所在社区的人联系起来。接下来，我们要尽可能多地获取可靠的数据，以便开始电子搜索。然后，我们通过系统向她发送一个可能匹配的选择片段，并确保她能够读懂它、理解它，并对它做出反应。搜集、筛选并重复——为南苏丹人、刚果人、布隆迪人、埃塞俄比亚人、叙利亚人和许多其他需要帮助的难民。

影响周围的世界

对于发展中国家的人们来说，使用手机的费用往往很高。我们的服务是通过短信、USSD和电话提供的。这是接触并使绝大多数难民参与其中的唯一途径。使用这种方法时，如何衡量客户流失、主动使用和推荐呢？

除了成功的分析和度量之外，我们的方法中还有许多需要解决的前期问题。例如，对于我们的用户来说，发送短信和打电话的费用可能非常昂贵，而且仅将一半的家庭成员连接到平台上也不好。你们两个都需要连接。

我们已经处理了百万次搜索，向我们的呼叫中心提供了200多万个电话，注册了400 000多名用户。他们在许多国家的平台上发了875 000多条消息。所有这一切都是为了什么？有多少家庭找到了自己的家人？这是一个很好的问题，但我们还没有找到完整的答案。

作为一家小技术公司，处理复杂的大型数据集是一个挑战。我们所知道的是我们已经重新连接了成千上万的家庭。此外，目前平均每个月有100到150个家庭重建联系。

刚果民主共和国，这个几十年来一直处于冲突状态的国家，夺走了数百万人的生命。这个国家的识字率约为60%（流离失所者相对较低）；移动电话的普及率为23%，分布在7 500万人口的240多万平方公里的土地上。在这个有数十万家庭因冲突而分离的国家中， 帮助流离失所者在规模上是一个挑战，但我们与合作伙伴沃达康（Vodacom）和爱立信愿意解决这个问题。

对未结束旅程的反思

当你突然现金充裕，整个世界都在盯着你看时，压力就会迅速增加。这常常是初创企业开始感到无所不能的时候，与缺乏经验的软弱相呼应。有许多事情是无法解决的，只有坚定的决心以及创始人的顽强和乐观才能解决。对于某些事情，你需要的智慧只有在和团队一起经历风暴后才能获得。

在众多的失败中，有两个例子特别突出。第一个是我们并没有和技术合作者一起创建难民联合会。我们只是不太了解，从一个远离技术的世界出发，我们看到了我们的伟大斗争。在政治上，忽视了在团队内部发展技术产品的重要性。

有鉴于此，从2009年开始，我们平台的早期迭代都是与各种网络代理合作构建的。在那里有很好的机构，但是根据我们的经验，试图通过它们建立任何复杂的东西是不可能的，特别是试图在西方的办公室里了解非洲的难民环境。我们花了很长时间才学会这一点。当你决定和谁一起工作时，要明智地选择——光有激情是不够的。

有一种说法是你的前三名员工决定了组织的命运。第一批招聘将有助于塑造企业文化，并定义你的成功——因此，选择合适的职位取决于你自己。这些星星将助你导航，没有它们你的夜晚将是黑暗的。

当我们获得第一轮巨额资金时，我们招错了人。根据非政府组织世界的数据实践，以及我们对其方法的看法，我们认为，要打败它们，我们需要那些了解它们的员工。结果，我们雇用了非政府组织的前雇员，希望他们能帮助我们前进。结果恰恰相反。虽然他们都是可爱、聪明的人，但他们所带来的组织心态却使许多非政府组织失败和失灵。简而言之，我们最终雇佣了一些尝试过的人。千万不要雇佣那些尝试过的人——雇佣那些真正做事的人。这完全是我们作为创始人的过错。我们的错误是没有意识到这一点，我们的错误是没有更好地领导他们，也没有足够快地裁减非必要的人员。

在与我们一直在努力改变的体制的斗争中，我们经受了历久弥新的考验，我们从未让支持者失望，也从未摘下我们的盾牌。我们和周围的人打得不可开交，有时感觉就像回家的士兵无法适应家里的安静。那时我们还没有成熟到真正领导别人的地步，也许我们应该把愤怒和挫折转化成更积极的东西。有时候你的优点也是你的缺点。

我们经历过的许多风暴可能会让更少的人倒下，但我们彼此是兄弟。有些时候，当你试图开展一场全球运动的时候，你会感到精神上的极度痛苦，你们几乎彼此紧紧相依。它很伤人，许多组织遭遇的“砖墙”会让你倒下，除非你准备好面对一条最艰难、最让人心力交瘁的道路。回报可能是巨大的，但旅途肯定会考验你的决心。

虽然坚韧是我们早期行动的关键催化剂，但无数热情和聪明的人将他们的专业知识运用到难民联合会的使命中，这无疑推动了难民的团结。这里有太多东西要提，但最重要的是你知道你是谁。我们关键的人才策略之一就是找到有才华的人，并说服他们帮助我们。今天也是如此。

我们的第一个重要员工是一个名叫克劳迪娅（Claudia）的年轻女性，她于 2011 年加入我们。在 eBay 和多家咨询公司的职业生涯使她能把我们需要的专注、注重结果的思维带到谈判桌前。有了她，我们三人开始了艰巨的任务，建立一个真正符合我们使命的组织。

经验教训

多年来我们获得的重要经验可以简单地概括为以下几点：

1. 了解你的客户。太多产品和项目是在没有任何用户参与的情况下构建的。在早期的岁月里，我们对这一点了解得不够透彻，直到我们的人生转折点。

2. 围绕你的工作创造故事。为什么你的工作对世界至关重要？为什么任何人都应该关心你，他们怎么才能关心、感动并支持你？很少有人记得统计数据和细节，但每个人都记得有趣的故事。找到你的故事。

3. 想想你在寻求什么样的资金。对我们来说，“投资式”资助是最好的。它让我们有实验的自由，并得到人们和基金会的支持。他们不仅了解财政支持的重要性，而且还了解人力资源、风险和技术开发的性质。

4. 建立良好的伙伴关系。如果做得好，伙伴关系会非常有趣、有效、有价值。分担负担、成本和成功会比一个人去做更进一步。选择合适的合作伙伴！

5. 定义你是什么、不是什么，正如你所设定的。在你的头脑中，清楚你是谁、你想实现什么，以及你愿意走多远来完成这项工作，这是非常重要的。一旦知道了这一点，你就要尽可能清楚、简洁地与他人交流。

6. 尽可能地让周围充满着最聪明、最有动力的人。正直+动力+激情+经验=一个获胜的团队。当你是房间里最不聪明的人时，你就知道你已经成功地建立了正确的团队。

7. 文化至关重要。你需要为员工创造一个合适的环境，不仅能让他们茁壮成长，而且要让他们尝试并用自己的伟大思想前进。这是我们作为创始人跨越的最重要障碍之一——放手。当船长很好，但是如果没有人帮你扬帆、航行、烹饪食物、举起沉重的货物，你的船可能看起来很棒，但永远不会离开港口。

8. 建立正确的团队。定义你想要解决的问题，学习一些商业知识。什么成功了，什么失败了？为什么？再想一想你能找到的最聪明的三个人来帮助你建立团队的早期基础。找一个你信任的、在雇佣员工方面有丰富经验的人，寻求他的帮助。确保你寻求帮助的人了解你以及你的目标和方法。

9. 董事会或顾问。在这个基础上，找一些关键的顾问，不一定是董事会。当需要交谈时，你可以和你需要的人打电话或见面喝咖啡。

讨论题

1. 私营机构在社会公益项目中的角色是什么？

2. 公益行业是一个每年花费 1 570 亿美元的行业，这个数字在过去十年里增长了十倍。这是不可持续且往往无效的。应该如何改变？

3. 建立一个帮助他人的营利性企业在道德上可接受吗？

4. 发达国家是否应该接受与邻国一样多的难民？如果应该的话，我们怎样才能为他们提供最好的生活呢？

5. 在过去的 50 年里，公益行业基本上是一个自上而下的过程，资助者与“被动”接受者打交道。随着移动和互联网技术的出现，它开始转向双向对话。这将如何改变公益部门的运作方式？它会带来哪些好处和挑战？

6. 你觉得未来十年科技将如何拥抱、改变、扰乱和激励人道主义救助行业？

延伸阅读

你可以在 www.koganpage.com/socialentrepreneurship 找到更多关于本章的内容。

Robert F Kennedy, *To Seek a Newer World* (1967)

Ash Maurya, *Running Lean: Iterate from Plan A to a plan that works* (2012)

Alistair Croll and Benjamin Yoskovitz, *Lean Analytics: Use data to build a better startup faster* (2013)

refunite.org [accessed 15 December 2015]

'Refugees' on Wikipedia: https://en.wikipedia.org/wiki/Refugee [accessed 15 December 2015]

10 惠及十亿读者

地球阅读（PLANETREAD）——布里吉·科塔里（Brij Kothari）

同语字幕（same language subtitling，SLS）是通过给宝莱坞电影（Bollywood）加上字幕以达到扫盲的目的。SLS 开始于 1996 年，是我在观看一部带有英文字幕的西班牙电影时出现的简单想法，即用与音频相同的语言给主流电视内容添加字幕。一些研究发现，SLS 可以引导所有观众（包括阅读能力弱的人）自发地投入阅读，特别是歌曲的字幕。因而 SLS 被认为可以事半功倍地提升个人阅读能力。

印度已有近 8 亿电视观众，预计到 2018 年这一数字将超过 10 亿。其中一半以上的人读不懂简单的文字，尽管他们可能接受过一点教育。印度人平均每天看电视超过两小时，观看内容涉及 600 多个频道、20 多种语言。宝莱坞每年制作约 1 000 部电影，每部影片平均有五至六首歌曲。宝莱坞歌曲在印度电视作品中有着重要的地位。如果所有的歌曲都用 SLS 播放，这将对提高十亿人的阅读能力做出巨大贡献。

2002—2013 年，印度管理学院、艾哈迈达巴德和非营利组织地球阅读（PlanetRead）都与印度国家电视网合作，运营了几个 SLS 试点。从 2013 年到 2015 年，在马哈拉施特拉邦与 Zee 之音（Zee Talkies，印度某电视台）进行了大规模推广。在印度，已经用八种主要语言在歌曲中实现了 SLS：印地语、孟加拉语、古吉拉特语、马拉西语、特鲁古语、泰米尔语、坎纳达语和旁遮普语。

2010 年，经过十年的努力，印度广播公司原则上同意 SLS 在全国范围内扩大规模。然而，“原则上”的接受尚未转化为实践。一个全国性的 SLS 推广计划每年只花费 100 万美元，却能给大约 3 亿阅读能力弱的人提供每天 15~30 分钟的日常阅读练习。

这是一个简单的故事，但也许并不简单，我从 1996 年起就与之结缘。如果问我为什么不放弃它，那是因为我坚信 SLS 有潜力让 10 亿印度人和其他国家的另外 10 亿人提升阅读能力。

想法

佩德罗·阿尔莫多瓦（Pedro Almodóvar）获奖的喜剧片《濒临崩溃的妇女》（*Women on the Verge of a Nervous Breakdown*）与印度的扫盲有什么关联？似乎没有联系，但是其实它们息息相关！1996年初，在纽约州伊萨卡市（Ithaca）的康奈尔大学（Cornell University）学习了近十年之后，我终于开始着手我的博士论文。这恰恰是我最渴望看电影的时期。

那时我和一群朋友在一起看着这部歇斯底里的西班牙语电影。作为西班牙语的学生，我们发现观看带字幕的电影不仅十分有效，而且非常有趣。带有英文字幕的电影在美国上映的时期正是前数字化和前DVD时期。

所有人沉浸在一片欢闹的气氛中，我在去洗手间时突然灵光乍现："他们为什么不把西班牙语字幕放在西班牙语电影上呢？"这样，我们能更好地理解对话。我的朋友们十分认同我的想法。所以我产生了一个想法：如果印度人在印地语电影歌曲中简单地添加印地语歌词，这也许能提升他们的阅读能力。但是我没有注意到这个想法在拥有22种官方语言和1 000多种方言的国家有很大的局限性。

"我认为你做的事很有意义。"一个朋友回应说。他是一个能说流利西语及印地语并生长在印度的人，他理解宝莱坞对于印度的意义。这种极度客观的肯定正是我所需要的，让我对这个念头保持终生的热情。没有比这更意外的开始了，但在我对它抱有极大的希望之前，我必须确认这个想法的新颖性。对于扫盲来说，这个想法似乎很简单，但从未被提及或付诸实践。

我发现大部分关于字幕的文献都来自美国和西欧。使用字幕是一个主流趋势，可借助语言或翻译字幕访问视听内容。翻译字幕有助于其他语种习得（第二语言、第三语言、外语等）。有些人甚至建议用带字幕的视听内容来改善发音和听力。另一个主流趋势为隐藏式字幕（Closed-Captioning，CC），即借助字幕让聋哑人和听力残障者也能获得资讯。少数文章谈到，字幕就像在酒吧或越来越流行的家庭卡拉OK机这样有限的娱乐环境中的卡拉OK。

大部分文献都提出了一个重要的假设：字幕只针对识字的观众。尽管如此，也有人提出字幕能提升阅读能力，但这一想法仍会因为字幕的其他干扰因素被忽视。在学习语言的背景下，"同一"字幕的概念在某些情况下用"单语""语内"和"双峰"字幕等学术术语来表达。然而，奇怪的是，它也涉及字幕及其文化潜力。尽管是在有限的课堂或研究环境中，用"同一"语言进行字幕转述至少是一种暂时的表达方式。

我们所做的最初贡献是合理的。我首先想到的是，给这个想法一个特定的称呼，可是单语、语内和双峰字幕都似乎失去了同步声音和文字的含义。我想在音频和字幕之间建立紧密的联系，需要一个更恰当的术语，它更加注重语言的“同一性”。“同一语言字幕”和它的首字母缩写（SLS）就这样诞生了。

研究生院课程中的所有学术术语都是枯燥乏味的，而SLS却在此期间给我带来了乐趣。现在我可以用自己的术语——SLS——去影响他人。我的文献综述清楚地阐明了两件事。SLS从未在世界任何地方的电视或其他大众视听媒体上使用，明确地用于提高功能性非文盲人员的大众阅读或识字技能。关于SLS或字幕对早期读者阅读技巧的潜在影响的文章比较少。一个受过发展、沟通和教育培训的有抱负的学者，除了在这两个领域的交叉点上偶然发现一个尚未被证实的新想法外，就没有探求更多的内容了。

当我写完题为《走向被压迫的当地知识的实践：厄瓜多尔土著社区参与性民族植物学研究》（*Towards a praxis of oppressed local knowledges: Participatory ethnobotanical research in indigenous communities of Ecuador*）的论文时，我已经成为艾哈迈达巴德印度管理学院（Indian Institute of Management，Ahmedabad，IIM-A）教员，它位于拉维·J. 马特海教育创新中心（Ravi J. Matthai Centre for Educational Innovation）里。该中心是为了纪念IIM-A的第一位全职主任而设立的，他希望建立一个管理研究所，不仅致力于商业，而且致力于公共和社会部门的管理原则的应用。虽然我当时没有意识到，但是SLS在印度最著名的研究机构中找不到比这里更合适的基地。这正是1996年，在九个月内，SLS将从美国客厅里的一个概念到在印度迈出它小小的第一步。

SLS之前的生活

虽然SLS的大部分故事发生在1996年后的印度，但是我不应该忘记奥罗宾多修道院（Sri Aurobindo Ashram）、印度理工学院——坎普尔（Indian Institute of Technology，Kanpur，IIT-K）、康奈尔大学和厄瓜多尔，因为它们塑造了我追求这一想法的动机。

从6岁到20岁我有幸在印度庞迪切里（Pondicherry）的奥罗宾多修道院长大，并在奥罗宾国际教育中心（Sri Aurobindo International Centre of Education，

SAICE）接受教育，这是一段漫长的时光。在一个教育竞争激烈和专业化程度高的国家里，人们很难体验到广泛教育的“整体”体系，它包括对语言、文学、表演艺术、音乐的重视，尤其对身体和精神教育的重视。教学的语言包括英语和法语。每个学生平均学习三种其他的印地语言，在选择科目、教师，甚至分配给特定科目的时间方面都有相当大的灵活性。从幼儿园到大学都没有考试，因此我也没有学位。

我参加的第一次考试是在 IIT-K 进行的物理硕士考试，可以说这是印度竞争的巅峰。一个没有学位的学生如何进入 IIT-K 是另一个故事。在那里，两年的学业让我获得了第一个真正的学位，我也随之进入了教育的主流。当我面对一些敏锐的思想时，我深感羞愧，并及时认识到：如果我继续留在该领域，这将是物理界的损失。然而，这个学位让我有机会去美国学习。当我的研究从物理学转向传播学时，我几乎没想到自己会在纽约州的伊萨卡（Ithaca）长居十年。

康奈尔大学比其他任何地方都更加注重国际发展。我先是在传播学系待了两年，又在教育系待了八年。和学生、同事在一起是一件令人兴奋的事情，我在跨学科课程、自助餐厅和研究生派对上遇到了很多同学，他们不仅高谈如何改变世界，而且还有清晰的策略来实现自己的目标。你必须在聚会上及早抓到他们。人们非常善于在看似截然不同的观点之间建立联系，时常会因突然找到解决方案而欢呼。

我博士研究的主题最初来自美国大陆航空公司（Continental Airlines）（现为美国航空公司的一部分）99 美元的优惠券，该优惠券可用于从美国到厄瓜多尔的往返行程。我的行程始于厄瓜多尔、秘鲁和玻利维亚。在周日的市场上，一次与厄瓜多尔安第斯（Andean Ecador）七个社区组织的主席胡安·乔斯·辛巴纳先生（Juan José Simbaña）的偶遇使我在伊巴布拉省（Imbabura Province）一待便是两年。辛巴纳和他的人民关心保存药用植物的知识。我沉迷于参与式行动研究。我们一起构思并实施了一个项目，每个社区派两名志愿者（一名男性和一名女性）作为共同研究人员，记录药用植物的知识。

虽然所有被选中的合作研究者都是识字的，但是大多数社区成员却并非如此。农村学校的读写能力偏低，这进一步加剧了在缺乏实用文化的情况下如何保存知识的问题。为了弥合文化差异，我们决定以视觉的方式呈现每一种药用植物，以对其进行管理。我们设计了一个基于图标的药用植物制剂和使用方法，并出版了一本盖丘亚—西班牙语（Quichua-Spanish）的双语书。

我的论文记录了研究过程，包括对土著人民民族植物学研究萃取形式的评价。我在伊萨卡的冬夜看佩德罗·阿尔莫多瓦的电影时，脑海中浮现出保罗·弗莱雷和他的扫盲方法、鲍勃·马利和他的自由之歌，以及对西班牙和拉丁美洲的新激情。为大众文化制作宝莱坞歌曲的字幕并非难事。同年，即 1996 年 9 月，我接受了 IIM-A 的邀请，这是我做过的第一份也是唯一一份真正的工作。

SLS：第一个五年（1997—2001 年）

作为一个新的目标，我的源动力来自出版这篇论文并获得终身职位，所以我开始制定一个基于 SLS 的研究议程。早期的障碍是我在管理学院工作，尽管它在教育创新中心里。诚然这是我对形势的解读。至少我的一些教师同事认为，我们研究的重点是教育管理创新，重点是“管理”。我提出的研究是在扫盲和媒体的交叉点上进行的。我相信学院和一些教师的学术自由，他们鼓励我追求任何对我有意义的研究方向，而不是过分关注别人的期望。

大众喜欢 SLS 吗

在当地的婚礼摄影师工作室粗略地为一些古吉拉特语电影歌曲配上古吉拉特语字幕，并用于婚礼后，我们开始在目标观众中测试他们对 SLS 的接受度。在村庄、贫民窟、火车站和公共汽车站，只要是能利用好奇心让人群聚集的地方，我们的小型研究团队就会设置两台相同的电视机，连接到录像机，同步播放相同的电影歌曲。一个用 SLS 显示歌词，另一个则不用。我们把旁观者的反应记录在视频中。

在任何地方，我们都很快发现，大多数观众——识字和不识字的人、儿童、青少年和成人——都喜欢 SLS 的歌曲。调查后来证实，大约 90%的人更喜欢 SLS。最重要的原因是 SLS 增强了歌曲的娱乐价值，尽管只有大约 20%的人提及它对识字有益。卡拉 OK 效果是观众最喜欢的，它让大众能跟着曲调唱，并知道歌词。大多数非文盲者想要 SLS 并不是因为这对他们有益，而是因为他们觉得 SLS 对家庭和社交网络中的孩子有益。一些人还认为，SLS 的主要好处是隐藏式字幕——听力障碍者可以接触媒体，这可能帮助人们通过小组对话和环境噪声来加强对声音的认知。

图 10.1 作者与观众在古尔巴伊·特卡拉（Qulbai Tekra）贫民窟互动
杰迪普·巴特摄图，地球阅读版权所有

一些不喜欢 SLS 的人似乎不介意它的存在。换句话说，SLS 没有引起强烈排斥。对于这个阵营中识字的人来说，SLS 并没有提供什么特别的东西，如果有的话，它只是分散视觉注意力。卡拉 OK 的好处不足以抵消 SLS 转移注意力的效果。幸运的是，大多数识字的人对 SLS 表示认可。我们一直都知道，尽管它的目标是弱势文化群体，也不会在主流电视上取得成功，除非赢得了文化群体的支持。从长远来看，必须确定 SLS 不会影响收视率，理想情况下，它还会改善收视效果。

大众会用 SLS 来阅读吗

我们发现，优先选择 SLS 是必要的第一步，但它是否会使人们自发参与阅读呢？为了探索这个问题，我们买了一台眼动仪，每秒 60 次记录观众视线的位置，仪器可以绘制观察者视线运动的精确图案。我们将几个阅读能力弱的人视为实验对象，向其展示了一首电影歌曲，首先没有 SLS，然后有 SLS。与没有 SLS 的标准宝莱坞歌曲不同，由 SLS 歌曲产生的焦点图案有两个不同的频带。仪器精确地捕获到观众视线与字幕的接合。SLS 显然没有被阅读能力弱的群体所忽视，这种观察与比利时教授杰里·德德瓦（Géry d’Ydewalle）的类似发现一致，他对字幕的开创性研究主要是针对识字者进行的。然而，他得出的结论是，如果字幕在那里，它将被识字的群体读取。我们针对识字困难者的最好的结论就是，如果有字幕，它就会被关注。

我们不能将眼球运动归咎于阅读，更别说它能提高阅读能力了。值得注意的是，我们的眼动追踪研究有一个弱点，即这是人工技术。在机构实验室准备阶段，参与者需要将自己的下巴和头部进行固定，以便实际数据收集开始前进行仪器校准。测试阶段参与者只能移动眼球。总的来说，这与在家欣赏电视上的电影歌曲的情况相去甚远。尽管如此，它将我们证明 SLS 科学价值的研究推进了一小步。就像识字群体一样，不识字的群体也不会忽视 SLS。

通过对古吉拉特邦（Gujarat state）的村庄和贫民窟的视频进行定性采访，我们确定，人们不仅声称要看字幕，而且还要努力阅读。SLS 的普及，以及人们关注它并声称它能吸引读者参与的事实，预计会导致阅读技能的显著提高。

我们第一次关于 SLS 影响的真正研究是于 1998 年至 1999 年间在艾哈迈达巴德的一所市立学校进行的，这所学校为低收入儿童提供服务[1]。在三年级和四年级的学生中，有一半的人经常观看带有 SLS 的印地语歌曲，另一半人则观看了没有 SLS 的相同歌曲。经过历时三个月、每周三次、每次约 30 分钟的观看，我们发现 SLS 组在阅读印地语时有显著进步。这是 SLS 对阅读技能产生积极影响的第一个真实证据。有争议的是，SLS 的价值是在一个受控制的环境中发现的，其中学生被人为地、经常性地要求观看带有 SLS 的歌曲。然而，该研究为 SLS 在主流电视上的试点奠定了基础，随之而来的是思维模式的持久战。

艰难的开始

通过研究和拍摄人们对 SLS 的反应视频，我写信给所有地区 / 国家电视网的主管，希望允许在现有的基于歌曲的电视节目上试用 SLS。这些电视网包括 DDK 和一些私人频道。

我从州级地方频道收到的唯一答复来自萨蒂什·萨西纳先生（Satish Saxena），他对这个想法表示赞赏。唯一的遗憾是他是全印度电台（Au India Radio，AIR）的主任而不是电视台的主任。

令我惊讶的是，私人频道也没有接受这个想法。我们的提议是 SLS 不会降低收视率，反而可能会有提升，而且国家会在识字方面受益匪浅。私人频道非常明确：他们希望通过 SLS 获得报酬，因为他们的媒介有助于提高识字率。SLS 项目不仅需要筹集资金来支付 SLS 的费用，还必须为实施 SLS 支付频道费用。扫盲显然不在我联系的几个私人频道的议程上。国家似乎是一个更好的选择。印度国家电视网是一家公共服务广播公司，过去在印度农村地区拥有较大比例阅读能力弱且收入低的观众，但随着私人网络普及，这种情况正在发生变化。

我在斋浦尔（Jaipur）、特里凡得琅（Trivandrum）、钦奈（Chennai）、孟买、海德拉巴（Hyderaload）、班加罗尔（Bangalore）和艾哈迈达巴德（Ahmedabad）亲自拜访了七名 DDK 主管。他们都确信 SLS 会降低歌曲节目的娱乐价值。尽管任何可以被分享的视频和调查的结果都与主管们的看法相反，但是这并没有说服他们。SLS 因个人预感被拒绝，他们认为观众不喜欢这种“入侵”。这在我的意料之中，当时艾哈迈达巴德 DDK 的主任也拒绝了 SLS。当我要求他看视频以作证明时，他拒绝了，理由是凭借他多年的经验和对观众喜欢或不喜欢的内容的理解，他可以做出判断。在孟买，一个受欢迎的歌曲节目《奇特拉哈尔》（*Chitrahaar*）的私人制片人同样拒绝 SLS，他确信这会分散注意力。我很早就发现，这些数据是必要的，但它们本身显然不足以推翻固有的信念，尤其是在有权有势的人当中。

然后发生了一件意外的事。艾哈迈达巴德 DDK 任命了一名新主管，他就是萨蒂什·萨西纳先生，之前负责电台。他同意在古吉拉特四集的电影歌曲节目《奇特拉吉特》（*Chitrageet*）中使用 SLS。他们收到了一些观众的支持信。只要 SLS 对艾哈迈达巴德 DDK 免费服务，萨西纳先生同意允许在《奇特拉吉特》上使用 SLS。然后挑战转向财务问题。我们必须找到必要的资金来保证 SLS 播出至少一年，这才足以就 SLS 对扫盲的影响进行有意义的研究。

为了在主流电视上为第一个 SLS 试点项目“大众识字”筹集资金，我去找了位于艾哈迈达巴德的印度空间研究组织（Indian Space Research Organisation，ISRO）发展与通信部门（Development and Communication Unit，DECU）主任巴蒂亚先生（BS Bhatia）。他碰巧是 IIM-A 的校友。他及时提供了必要的资金，使《奇特拉吉特》上的 SLS 能够持续一年，从而使我们能够进行适当的前后测影响研究。[2] 第一个电视试验的影响结果是积极的，我们将它与早期学校实验的结果进行了比较。早在 2000 年就有证据表明，广播电视上电影歌曲中的 SLS 对阅读能力有积极的影响。[3]

据官方统计，印度大约有 7.78 亿“识字的人”（2011 年人口普查）。研究发现，超过 60% 所谓的“识字”群体，即超过 4.5 亿人（包括学童、青年和成年人）无法真正阅读报纸头条或二年级课本。

当然，我们接触了国家扫盲团（National Literacy Mission，NLM），考虑扩大SLS的规模并向其寻求资金支持。扫盲团将此事交给一位内部“专家”，他实质上认为这不是一个新想法，而暗示它是一个经过尝试和失败的想法。我们之间没有关于SLS在何处、何时以及由谁进行大规模阅读的对话。自1996年以来我一直致力于SLS，并搜索关于字幕及其教育用途的文献，我当时可以说，而且现在仍然认为：专家的观点仅仅是简单的观点，没有证据支持。尽管如此，它还是让我与NLM及其母公司人力资源开发部（Ministry of Human Resource Development，MHRD）的谈判推迟了几年。

由于无法在教育中找到立足点，我决定从事广播工作。在研究证据以及古吉拉特邦的观众对艾哈迈达巴德DDK的SLS做出积极回应这一事实的支持下，我找到了新德里国家电视网理事会（Doordarshan Directorate）。副主管耐心地听了我的讲话。几周后，一封简短的信件告诉我，国家电视网已经审查了我们的录像带并且对SLS不感兴趣。他们没有给出任何理由。虽然SLS刚刚在DDK的官方频道上成功运用，但这并不重要。

SLS：第二个五年（2002—2006年）

国际性的突破

为了应对国内的冷漠态度，具有战略性及挑战性的SLS项目努力获得了国际的认可。因为在印度，政策制定者更注重国际信誉的影响，而非创新的内在价值。2002年初，IIM-A提出的SLS创新在华盛顿世界银行举办的全球创新竞赛“发展市场”（Development Market）中获得最高奖项，我们获得了250 000美元的奖金用以推进SLS发展。这改变了国家电视网对SLS的看法。

在“发展市场”竞赛的胜出让我接触了国家电视网主管库拉希博士（Dr SY Quraishi）。应我的要求，IIM-A主任贾哈尔·萨哈教授（Jahar Saha）和我一起在新德里参加了这次会议。西库拉希博士很快就认识到了SLS的潜力，因此我们获得了在《奇特拉哈尔》中使用一年SLS的许可，《奇特拉哈尔》是印度电影歌曲中历时最长的国家电视节目之一。这是一个突破性的时刻。

受制于国家电视网的官僚体系，我们虽然有库拉希博士的支持，但还是遇到了问题。接管SLS项目的一位负责人提出了严格的条件。IIM-A允许在一年内添加SLS，在此之后，由“发展市场”拨巨款为我们配置的广播编辑设备将不得不移交给国家电视网。只要他们继续使用SLS，我们接受了这个条件。这一僵局几乎破坏了我们在《奇特拉哈尔》启动SLS项目所付出的努力。“发展市场”的拨款有可能失效。在为期一年的资助实施了6个月后，库拉希博士否决了负责人提出的条件。

SLS首次亮相国家项目

有了许可后，SLS于2002年9月开始在《奇特拉哈尔》运行一年。作为“发展市场”拨款的一项要求，基线和影响研究的数据由社会研究组织中心从四个讲印地语的国家和古吉拉特邦独立收集。样本由拥有电视的家庭中随机选择的阅读能力弱的人组成。每个研究对象会参与读写技能的测试，前测与后测间隔一年，在此期间，SLS会在《奇特拉哈尔》中播出。调查记录了调查对象观看《奇特拉哈尔》的频率。该分析比较了那些经常观看《奇特拉哈尔》和未观看《奇特拉哈尔》的调查对象的读写技能。

与之前的两项研究一样，我们再次发现SLS提高了阅读能力。鉴于实施时间短和传播模式曝光率低的原因，其预期的影响规模很小，但它仍具有可衡量性和统计意义。我们得出结论，SLS确实会在大范围内提高阅读能力。它可能需要一年多的曝光才能提升普通观众的阅读能力。我们接下来开始解决这个问题。印地语国家的阅读技能基线已经建立。我们只需要在相同的状态下实施SLS，便于以后重新访问我们的基线样本。这主要是一次财务挑战，但并不意味没有政治顾虑。

与管理部门的第一次接触

基于国际社会对“发展市场”的认可以及与国家电视网建立的伙伴关系，管理部门推进了SLS项目在印地语国家中的实施。我与当时的联邦信息和广播部长（Union Minister for Information and Broadcasting）进行了会谈，探讨SLS是否可以通过她的部门扩大规模。令我惊讶的是，会面很快就结束了。当我们正要给她观看带有印地语字幕的电影歌曲时，也就是在展示我们的研究成果之前，她便打断了我：“我不认为这会对阅读能力产生任何影响。”在不到一分钟的会谈中，这位部长发自内心的观点直接阻断了进一步的讨论。这是我第一次接触管理部门，同时我的想法被扼杀于摇篮之中。我不敢提及 SLS 已经出现在电视上，因为担心她会打电话过来，阻碍我们在国家电视网上取得的任何进展。幸运的是，那个电话没有打来。几周后，内阁改组给了这位部长另一份工作，我因此感到高兴。

一次试点项目

2003—2013 年，SLS 在全国播放，不是在《奇特拉哈尔》书目，而是在《蓝果丽》（*Rangoli*），即每周一小时的印地语电影歌曲节目。从 2003 年到 2006 年，“发展市场”增加了对 SLS 项目的支持，并通过人力资源开发部提供的三项独立的研究资助来支持它，每项资助都由基础教育和识字部的不同工会秘书监督。在最高级别的官僚机构中，人力资源开发部慢慢地对 SLS 升温。

在广播方面，我与印度广播公司（Prasar Bharati）首席执行官萨尔马先生（KS Sarma）进行了交谈，该公司是一个为全国制定电视和广播政策的自治机构。我得知萨尔马先生正在执行孟买 DDK 的公务，所以我希望 DDK 经理允许我进入会议室，可惜我被拒绝了。我就像狗仔队一样，在会议室的出口等着。一天结束后，首席执行官终于出现了，他带着一群官员，径直走向外面等候的汽车。我介绍自己是 IIM-A 的一名教员，并要求花几分钟详细分享一个创新观念。他很着急，但说我可以一起去他住的酒店。那天，我发现孟买的交通堵塞难得带来了一次好处。

萨尔马先生在车里看了我的展示，并在车程结束时建议 SLS 可以用在地方语言和故事片的歌曲中，而不仅仅在像《奇特拉哈尔》和《蓝果丽》这样的歌曲节目中。他的建议从多方面都被证明是正确的。故事片的平均收视率是歌曲节目的四倍，其中的歌曲更容易加字幕。基于歌曲的节目很容易在最后一刻改变，影片则并非如此。我想萨尔马先生的一通电话就能让我们在海德拉巴 DDK 的泰卢固语（Telugu）故事片歌曲上开始使用 SLS。库拉希博士和萨尔马先生在国家电视网和印度广播公司主导下提供的支持，为广播机构允许 SLS 运用于更多节目奠定了基础。唯一的条件是 SLS 相关节目必须以零成本的方式播放。

2003 年 8 月，我获得了为期一年的奖金资助，并加入了斯坦福大学的路透数字视觉项目（Reuters Digital Vision Program，RDVP）。我的具体目标是在美国建立一个法律认可的机构，以获取美国对 SLS 工作的慈善捐款。RDVP 和斯坦福的联系让我接触了斯科特·史密斯（Scott Smith），当时他是旧金山宾厄姆和麦卡特尼（Bingham & McCutchen）律师事务所的一名律师。当我的资助结束时，他们已经建立了一个非营利组织“美国地球阅读”（PlanetRead US）。随着“美国地球阅读”的就绪，我们迅速建立了另一个在印度Pondicherry的非营利组织“印度地球阅读”（PlanetRead India），以便资金在这两家组织间流通，以支持印度方面的工作。

斯坦福大学的企业家精神激励我参加校园“社会电子挑战”（Social e-Challenge）商业计划竞赛。我们的队伍由四名本科生组成，在那年获得了冠军。此外，我们还与RDVP的主管斯图尔特·甘尼斯（Stuart Gannes）合作创办了“书盒公司”（BookBox Inc.）。这是一家社会企业，利用SLS为儿童制作多种语言的动画故事。在RDVP项目完成后，Ashoka立即加入并提供奖金。正如任何一个Ashoka成员所了解的那样，这份奖金来得非常及时，让我可以大展身手，并把精力集中于SLS上。

在进行RDVP项目的日子里，我有机会在湾区的几个会议上展示SLS，包括加利福尼亚大学伯克利分校（UC Berkeley）和斯坦福大学。在某一展示中，SLS引起了当时刚成立的谷歌基金会（Google Foundation）的兴趣。这是一个超现实的时刻，谷歌基金会打电话问我SLS项目是否有兴趣获得一些资金。与资金有关的对话通常会朝着相反的方向发展，所以我发现无法向渴望获得谷歌基金会支持的其他人解释：地球阅读（PlanetRead），一个鲜为人知的实体，是如何打动这样一个协会的。地球阅读在两年内获得了35万美元的资助，用于在印度八个以多种语言播出的周电视节目中使用SLS。

我们立刻遇到了另一个挑战。根据《印度外汇管理法》（*India's Foreign Currency Regulation Act*，FCRA）的规定：未经许可，印度地球阅读不能从任何实体获得外币。获得一次性资金转移许可相对容易，因此我们首先采取了这种方式。然而，我们被告知，FCRA要求印度地球阅读支付一份非官方的费用，原则上我们不愿意支付。在多次前往FCRA办公室后，我常被要求处理一些细枝末节的技术性问题，这些问题显然是官员们用来拖延批准许可的，但最终我们还是成功了。和以往许多情况一样，IIM-A的教员身份也起到了帮助作用。尽管如此，我还是忍不住计算哪一个成本更高——是多次前往新德里还是支付非官方的费用。如果内心没有如此纠结，后者可能会更便宜。

SLS：第三个五年（2007—2011年）

意想不到的转变

我们将从谷歌基金会获得的部分资金用于评估SLS的影响力，因此在使用SLS五年后，我们重新审视2002年的样本。该研究的数据收集再次委托给尼尔森ORG-CSR（Nielsen's ORG-CSR）。这次的结果振奋人心。[4]研究发现：从1—5年级开始，经常接触SLS的学生中五年级功能性阅读者的比例增加一倍以上，而且五年级完全文盲的比例减半。SLS指出：年轻人阅读报纸的比率从34%提高至70%。许多所谓识字的年轻人，实际上是功能性文盲。通过SLS进行阅读练习，随着时间的推移，他们开始识字并阅读报纸。我们得出的结论是，对于大多数阅读能力弱的人群，每周花1小时接触SLS，并持续3—5年，他们的阅读能力能够得到提高。

这一重要研究结果首先分享给了最近加入谷歌基金会的一名评估专家。令人惊讶的是，虽然有这些积极的发现，但那次会议进展得依然不够顺利。我不确定她对这份报告草案的期望有多高，但她从一开始就认为，该研究没有达到谷歌基金会影响力研究的黄金标准，并对报告的统计数据提出了质疑。我的回答是，这只是一份初稿，只是为了与大家分享调查结果的总体方向，随后会有一篇合适的研究论文。但这并没有说服她。在我看来，她对这项研究的两个主要异议是没有根据的。第一，样本不是随机的；第二，研究不是独立的。事实上，正如报告初稿中提到的那样，尼尔森ORG-CSR确实抽取了随机样本，数据是由他们独立收集的，但分析是由我和多陀阿伽陀·班迪奥帕迪亚（Tathagata Bandyopadhyay）博士（一位颇受尊敬的统计学教授）共同完成的。它的独立性在于数据集将在我们发表研究结果之后公开。无论她在谷歌基金会内部给出了什么反馈，这都有效地切断了谷歌基金会与该项目的进一步沟通。

这篇研究论文科学严谨，在《信息技术与国际发展杂志》（*Information Technologies and International Development*）上发表，该杂志是信息通信与技术领域的前沿期刊。我们符合学术同行评审的黄金标准。现今，这项研究是SLS项目推动政策最有价值的资产之一，因为我们能够预测SLS五年后的影响力。[5]

地球阅读仍然对谷歌基金会给予SLS两年的支持表示感谢。它使我们能够在印度建立强大的SLS业务。但令人遗憾的是，一个交付如此顺利的项目居然被叫停。如果谷歌基金会的流程中缺少某些步骤，那么他们就会过度授权一个缺乏经验的人在研究中做出片面的判断，这几乎缺乏责任心。尤其令人沮丧的是，没有任何书面评论与我们分享为什么该研究不符合谷歌基金会的黄金标准。如果有，我至少可以给出一个答复。

资金、官僚和部长

自谷歌基金会于 2006 年拨款以来，地球阅读和 IIM-A 的战略一直是保证在 8 到 10 个周电视节目中应用 SLS，因为我们相信这样能有效覆盖全国，从而影响政策的制定。在这种程度上保持 SLS 并不容易。支持地球阅读的每个主要资助者都已经这样做了大约两年。按时间顺序包括：发展市场、谷歌基金会、拉坦塔塔信托（Sir Ratan Tata Trust）和戴尔捐赠（Dell Giving）。我们的资金保障范围从未真正超过一年或两年。有几次由于缺乏资源，SLS 项目几近关闭，但不知何故，我们又得到了意外的援助。例如，自 2008 年以来，一名匿名资助者通过中间人每年寄给我们一张 5 万美元的支票。感谢这名匿名资助者为 SLS 提供了宝贵的、无限的支持，使地球阅读弥补了不可避免的资金缺口，并在政策上推动了 SLS 的发展。到目前为止，地球阅读获得的几乎所有其他资金都是针对特定项目的。

多年来，SLS 业务已被简化到了这样的程度：从频道获取磁带，在没有拼写错误的情况下添加字幕，并将其发送回广播公司，这是我们面临的最小挑战。这方面的工作都能在自动设备上有效完成。除了维持稳定的资金流外，我们最大的挑战无疑是说服临时政策制定者能够给予 SLS 足够长时间的支持，尤其在他们短期的特定任职期内推动其在政策方面的进展。由于频繁更替高级官员，同时等级制度下的人都倾向于遵循规则，因此就推行 SLS 建立相关制度并非易事。

在我们的案例中，MHRD 连续三任工会秘书的支持轻易地被接任的秘书终止。在 SLS 项目得到工会秘书麦克・考（MK Kaw）、库穆德・班萨尔（Kumud Bansal）和查姆帕克・查特吉（Champak Chaterjee）的支持后，该项目进入了瓶颈阶段：很难从同等职位的官员那里得到任何明确的支持。自 2004 年到 2014 年以来，我在与工会秘书和担任 NLM 主管的联合秘书的交往中发现他们保持中立，这意味着我无法理解他们的立场，或者说在某些情况下他们显然没有同情心。

我的第二次部长级会议是在 2009 年 8 月 11 日，同样是与联邦信息和广播部长会面。然而，这次是另一位部长阿姆比卡・索妮女士（Ambika Soni）。与我早些时候和前任部长的会面不同，这次会议进行得很顺利。她耐心地听完了我的话，并很欣赏 SLS。我做完报告后，她叫来助手并向他解释我们在做什么。显然，她已经掌握了这个概念。然后她向我询问在全国范围内扩大规模的预算。我告诉她，每年大约需要 100 万美元才能扩大到每周 50 个节目的规模。她告诉她的助手，因为今年刚好是国家电视网成立 50 周年，她可以考虑把 SLS 作为纪念年活动的一部分。

索妮部长让我向国家电视网主管打探消息。第二天我来到主管办公室，她说话的语气暗示着项目的顺利推进，让我有种感觉她已得知部长办公室的消息。应主管的要求，我写了一份提案送到她那里，并附上一份副本给部长。几个月后，我收到部长办公室的一封信，大意是说：虽然 SLS 是个好主意，但没有资金支持全国扩大规模的提案。这就好似政策机遇之窗再次被证明是玻璃天花板。

2009 年，我被邀请参加克林顿全球倡议大会。[6] 比尔·克林顿本人在全体会议上认可了 SLS。他认可的视频已经成为我们增强 SLS 公信力最有力的工具。负责文化的印度联邦人力资源开发部部长出席了会议，随后与我碰面。在她的建议下，我在新德里召开了一次会议，并且对 SLS 被人力资源开发部接受越来越有信心。

我被要求向联邦人力资源开发部部长和高级 MHRD 官员做介绍，包括 NLM 的秘书、主管等高级官员。我的演讲安排于当天的最后一场。在我开始之前，部长说："告诉我你要讲的重点。"我意识到他可能有急事，就提议把发言时间从规定的 15 分钟减少到 5 分钟。这位部长只是重申："不，告诉我你要讲的重点。"因此，我只是告诉他，我的演讲是关于 SLS 的，这是一项创新，如果能在电视上广泛应用，它可能会为印度 3 亿多不太识字的民众提供定期阅读练习。他反驳道："这与识字无关。你应该和别的部门谈谈。"

我建议他看一小段带有 SLS 的歌曲。紧接着他便有了决定，转向他的高级官员干部，并要求着手下一个议程项目。我别无选择，只能离开了会议室。毫无疑问，我十分沮丧，不禁想知道：在这个国家最负盛名的机构中，是什么原因让他如此坚决地拒绝这个研发了 10 年之久的创新呢？那时，SLS 已获得许多国际荣誉，并在一些世界名校组织的会议上被介绍。因此，怎么可以在短时间内将其理解为"与识字无关"呢！这并不像乌塞恩·博尔特（Usain Bolt）跑 100 米这么快。

同月，施瓦布基金会（Schwab Foundation）和联合国开发计划署（United Nations Development Programme，UNDP）在印度经济论坛（India Economic

Forum）上授予了我2009年印度社会企业家奖（Indian Social Entrepreneur of the Year Award for 2009）。作为一名施瓦布社会企业家，我可以接触世界经济论坛（World Economic Forum，WEF）网络，包括达沃斯（Davos）。在第二年的颁奖典礼上，首席嘉宾恰好是那位联邦部长。当天的活动结束后，我找到他，试着重启有关SLS的对话。他看了下我和我的名片，便走开了。SLS显然已经从MHRD的一个极具发展前景的项目状态降至冰点。因此，在新的工会部长接手之前，没有人会在MHRD接触SLS。

战略转折

在MHRD看不到任何进展的情况下，我决定将注意力转向广播。2010年6月，我遇到了近期任命的印度广播公司董事会主席，一名受人尊敬的记者，莫利奈·潘德女士（Mrinal Pande）。在大多数政策互动中，权力差异很快就会显现出来。这有些与众不同，感觉像是相互尊重的专业人士之间的对话。

一个月内，她给了我机会，让我向印度广播公司董事会全体成员做演讲。在互动过程中，董事会显然很欣赏SLS的概念并支持其创新的研究。有人质疑SLS是否会降低收视率。另一名董事会成员回答说："SLS实际上是以另一种方式影响收视率。"它对收视率的贡献率为10%至15%。SLS首次以一项创新被纳入政策，且国家广播公司可以考虑广泛实施这一创新。

与此同时，2011年2月，全国软件和服务公司协会（National Association of Software and Services Companies，NASSCOM）基金会选择为SLS颁发2011年NASSCOM社会创新奖（NASSCOM Social Innovation）。具有讽刺意味的是，主讲人正是联邦人力资源开发部部长，他曾经看不到SLS与识字之间的联系。当然，真正的奖励应该是他建议我找个时间和他见面，介绍我们的工作。但这并没有发生，尽管国家文化完全归他管理。在媒体的聚光灯下，他只是简单地说："干得好，继续保持！"

SLS：第四个五年（2012—2016年）

好想法，没资金

自从我向印度广播公司董事会做报告以来已经过去五年多了。前两年印度广播公司一片混乱。其对于英联邦运动会（Commonwealth Games）广播权的处理引发了一些复杂问题。紧随最高法院指令之后，一份总统参考文件导致印度广播公司的一名首席执行官停职。当时国家电视网主管被粗鲁地送回了她的老家。

2011年年底，在这一职位长期空缺的情况下，一个新的国家电视网全印电视台主管被最终任命。为了重启关于SLS的谈话，在特里普拉里·沙兰（Tripurari Sharan）上任几天后，我便与他会面，并向他提交了一份在全国范围扩大SLS影响力的提案。不久之后，在2012年2月，贾哈尔·西尔卡（Jawhar Sircar）也被任命为印度广播公司首席执行官。他们都表示愿意在政策上推动SLS的发展。

2012—2014年，在沙兰担任国家电视网主管期间，他和库莱希博士在相同职位时一样，对SLS非常重视。在我看来，这是一位高级官员极不寻常的举动。沙兰立即打开了与我沟通的几个渠道，其中最重要的是电子邮件和手机。他写信给规划委员会，要求为SLS提供特别基金拨款，因为这是一项创新，难以在现有预算负责人的指导下进行。

计划委员会的副主席蒙特克·辛格·阿卢瓦利亚先生（Montek Singh Ahluwalia）直接向总理（计划委员会主席）报告。他在回信中写道，“同一”字幕是一个重要的扫盲计划，应作为中央部门计划并由该部门提出。也许有些含糊，但这是对SLS强有力的政策支持，尤其是因为这是来自政府的支持。阿卢瓦利亚先生被视为印度总理曼莫汉·辛格（Manmohan Singh）的得力助手。

我们花了六个月的时间来了解和满足“由部门提出”的条件。国家电视网向信息和广播部提出了自己的SLS提案。在国家电视网、信息和广播部、印度广播公司和计划委员会之间，该提案进入了一个旷日持久的政策迷宫。我终于深入理解了我亲爱的朋友、IIM-A前同事贾格迪普·乔卡尔教授（Jagdeep Chhokar）的意思，他曾经告诉我：“拖延是最致命的拒绝形式！”

只要印度广播公司还存在，它就大多处于赤字状态，大部分预算都花在了工资和广播基础设施上，而用于节目制作的预算所剩无几。[7]有能力推行广播政策的机构，长期面临着政治压力，它以增加收入来减少对国家财政的依赖，可能它不是一个理想的机构，无法提供必要的资金来推广像SLS这样的创新。在全国范围内推广SLS的计划需要印度广播公司给全印电视台预算的0.2%，或是人力资源开发部对提高学校教育和阅读能力所投入预算的0.01%。印度广播公司的长期资金短缺导致了一种特殊的局面。它目前在原则上致力于推广SLS，并决定为

SLS 服务设计一个价目表，其价格约为实际任一可行机构的四分之一。因此我们通过巧妙地利用官僚制度做成了两件事。其一，印度广播公司已经在全国范围内建立了一个推广 SLS 的机制（有一张价目表）。其次，没有任何机构出面以规定的价格提供 SLS 服务，这实际上意味着印度广播公司在 SLS 上不太可能花任何钱。从理论上讲，它已经在全国范围内推广了 SLS。但实际上，在过去的 20 年里，印度广播公司的资源中并没有带字幕的歌曲。

印度的大众扫盲计划为每个学习者提供每年约 3~4 美元的预算。撇开效果不谈，虽然它将花费 10 亿美元来吸引 3 亿阅读能力弱的人，但是通过年复一年的“师生”教学，目标是不可能实现的。SLS 将以每年 100 万美元的费用达到同样的目标，并已证明有效，且可以终身持续对所有阅读阶段提供支持。1 000 倍的投资回报率是风险投资家的梦想，对于任何致力于人民发展的政府来说也是如此。人们可以挑剔数学中的细节，但投资回报的大方向仍在掌握之中，而更复杂的分析可能会呈现更大的效益。

总理了解 SLS

2013 年 6 月 29 日，在甘达那加（Gandhinagar）我有机会在由“负责任的公民治理”（Citizens for Accountable，CAG）组织的青年印度领导人会议（Young Indian Leader’s Conclave）上详细介绍 SLS 项目。值得注意的是，印度前总统阿卜杜勒 • 卡拉姆博士（Abdul Kalam）发表了开幕式主题讲话，时任古吉拉特邦首席部长、现任印度总理纳伦德拉 • 莫迪（Narendra Modi）发表了闭幕主题讲话。在一整天的议程中，莫迪坐在第一排听取了发言和小组讨论。

我很高兴莫迪听完了我关于 SLS 的长达 15 分钟的演讲。更令我十分高兴的是，他在闭幕式讲话时提到了这一点：“正如教授所说，应该在创新方面做更多的工作”，然后把注意力转移到古吉拉特邦政府的创新案例上。具有讽刺意味的是，我可以声称印度总理花了更多的时间来听 SLS 的演讲，而不是任何官僚或部长。当然，一个小小的细节是他当时还只是首席部长。

虽然当时的猜测很普遍，但莫迪尚未被任命为政党的总理候选人。这也不是预料之中的结果，因为政党内部发生了激烈的内讧，老家伙们与年轻的政客们针锋相对。我记得在演讲开始时，我说过印度未来的总理可能就在这个房间里。观众用“莫迪、莫迪、莫迪”的拟声打响了雷鸣般的掌声……所以，在那一刻，我说：“等一下。作为一名教授，我的工作是质疑假设。我真正的意思是，你们当中的一位‘年轻领导人’可能成为印度未来的总理。”观众和莫迪都报以笑声。

这一点非常重要，因为即使莫迪完全忘记了我在 SLS 上的演讲，我相信他会记住这位预言的教授。尽管是开玩笑，但最终莫迪确实于 2014 年 5 月 26 日宣誓就任总理。

我们现在拥有的一个重要政策杠杆是莫迪的认可，但值得注意的是他对我们 SLS 工作的视频评论。[8] 我们已经将这段视频分享给高层官员，它似乎引发了一场对话，但还不足以为我们获取可分配的资金。与此同时，1950 年在印度首任总理贾瓦哈拉尔·尼赫鲁（Jawaharlal Nehru）领导下成立的计划委员会，当时正认真考虑为 SLS 分配一笔特别基金，现在这一委员会已解散。

2014 年 7 月，沙兰已经了解到 SLS 的潜在影响力，并帮助其在政策上取得进展，但他却在新德里被解除了主管的职务，以行政干部的身份被调往比哈尔邦。自从他被调任以来，国家电视网一直有两名代理主管。代理主管通常不会对重大决策采取行动。令人费解的是，为什么像国家电视网主管或印度广播公司董事会这样重要的职位也会空缺数月，有时甚至超过一年。

除非是反对者的转移，否则官僚转移通常不利于创新政策的推进。在任何一个部门，首要的挑战是找到这样一名高级官员：愿意花时间去理解一项创新，并且想要将这一创新转化为实践。通常情况下，这可能需要多次跟进，然后高级官员才会同意向下级发出值得考虑的信息。如果官员在此之前被调任，那么所有努力都可能瞬间化为乌有，然而这种情况经常发生。

一扇重新打开的门

2014 年底，弗林达·萨鲁普女士（Vrinda Sarup）被任命为 MHRD 学校教育和扫盲联盟的秘书。这对于 SLS 项目来说是非常幸运的，因为她与 MHRD 保持了很久的联系，对该国的重大教育挑战非常了解，受到国际和国际教育机构的高度尊重，并且表示对 SLS 特别感兴趣。由于印度广播公司无法拨出资金用于在全国范围内推广 SLS，因此在她被任命后的几周内我便找到了她。

联邦部长在前政府工作五年之后，MHRD 的官僚势力开始影响到 SLS 项目。突然之间，SLS 有可能再一次见到该部的官员，这使他们也在几次小组会议中讨论了 SLS 项目。最高官僚发出了一个微妙的信号。但事情发生在一夜之间，在萨鲁普女士异常短暂的六个月任期结束后，她于 2015 年 6 月被调任到食品和公共分配部（Department of Food and Public Distribution）。她现在可以用微量营养素来强化小麦和大米等主食来解决营养缺乏问题，但她不能用扫盲教育强化宝莱坞！

虽然戏剧性的政策继续以不确定的方式展开，但我们还是想方设法将任何扭曲、转折甚至是挫折视为进步。这是在长达数十年的长跑中保持激情的唯一方式。地球阅读的加入及其在部分竞争中获得的胜利，使我们赢得了少量的项目资金和一定的媒体关注，因而得以维持 20 多年来 SLS 的基本发展。

更多的国际肯定

在此过程中也有一些非政策性的胜利。2013 年在达沃斯，联合国全球教育特使（the UN Special Envoy for Global Education）戈登・布朗（Gordon Brown）花了一些时间来了解 SLS，并在戛纳电视节（MIPTV）的会议上为其提供了宝贵的播放时间。[9] 谢谢你，布朗先生。这是一次很棒的广告！但是，在一个小细节上，你能不把 SLS 称作是一个“小项目”吗？还是说这是联合国对一个涵盖了 10 亿人项目的委婉说法？

2013 年末，地球阅读在华盛顿的国会图书馆获得了首届“扫盲国际奖”。这是我们所获奖杯中最负盛名的一个。奖杯和表彰能极好地鼓舞士气，有时可以帮助确保下一轮融资，但事实证明这对政策变革的驱动微乎其微。

2012 年 9 月，地球阅读在美国国际开发署（USAID）、世界宣明会（World Vision）和澳大利亚援助组织（Australian Aid）举办的全球儿童阅读（AU Children Reading，ACR）大型挑战赛中获胜。它使我们第一次在一个定义明确的地理位置大规模地推广 SLS——印度人口第二大邦马哈拉施特拉邦（Maharashtra）（人口 1.14 亿）。另一个第一次是我们在私人频道 Zee 之音中应用了 SLS，Zee 之音是该州领先的 24 × 7 马拉地语电影频道。根据该项目的条款，SLS 应用于每周黄金时段播出的 10 部马拉地电影中的所有歌曲（非对话）。Zee 之音和另一个流行娱乐的姐妹频道 Zee 马拉地（Zee Marathi）继续在其他非黄金时段播放片中歌曲采用 SLS 的电影。对于那些可以访问这些频道的人来说，这是迄今为止 SLS 对他们产生的最大影响。

影响力和潜力

2013—2015 年，我们的服务范围快速扩大，这是我们在全印度宣传的前奏：用 SLS 在电视上播放各种语言的歌曲。2013—2015 年的数据收集工作委托给了著名的独立机构布拉罕（Pratham）。十年来，布拉罕一直在全国范围内收集数据，广泛引用年度教育现状报告（Annual Status of Education Report，ASER），以衡量农村学校儿童的基本阅读和算术水平。布拉罕的 ASER 团队使用其成熟的方法，在 2013 年随机抽取了 6—14 岁的在校儿童作为样本，用一系列工具测量他们的阅读技能，并在 2015 年再次对他们进行测试。

初步的学术研究结果令人兴奋。我社会企业家的身份也令人惊叹。显然，我们的研究结果证实，从正式的阅读指导开始，SLS 在平行的早期教育中发挥的作用最大。评估影响的一种方法如下：在马哈拉施特拉邦样本中，对使用前后的不同的年级进行比对。

以三年级为例（图 10.2）。在使用前，三年级 37.9% 的学生能够阅读一年级的课文。在使用后，68.4% 的三年级学生能够完成阅读。从一年级到三年级，电视节目中 SLS 的普及对阅读成绩有很大的影响。两年后，达到基本阅读能力的儿童增加了 30.5%，这一数字令人瞩目。与此同时，在邻近的古吉拉特邦，相应的改善仅为 2.1%。使用后的四年级儿童中也出现了类似的跳跃，他们从二年级就

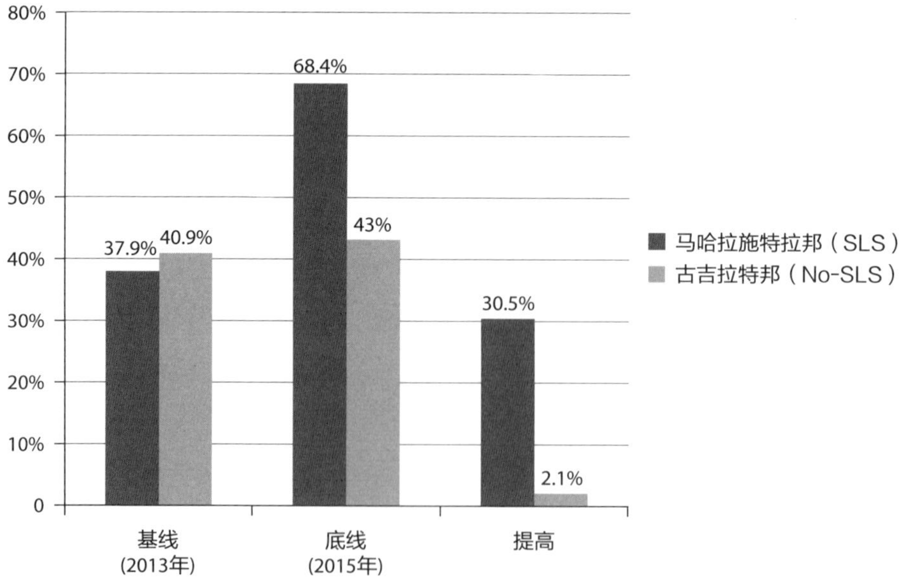

图 10.2 三年级学生达到一年级阅读水平的百分比

开始接触 SLS。使用前，28.9% 的四年级儿童能够阅读五年级的课本，而使用后，48.4% 的四年级儿童能够阅读。我们观察到近 20% 的儿童阅读五年级课本的能力有所提升。

在马哈拉施特拉邦，基于衡量在 Zee 之音应用 SLS 的有效性和无效性，我们比较了在家直接使用 SLS 的儿童（SLS 组）和未使用 SLS 的儿童（非 SLS 组）。我们分析了同一组阅读能力弱的二年级儿童，观察他们使用 SLS 后四年级时的阅读能力进步了多少（图 10.3）。

在每一个测量的阅读水平上，马哈拉施特拉邦的 SLS 组明显优于马哈拉施特拉邦和古吉拉特邦的非 SLS 组。在马哈拉施特拉邦，这是一个更严谨的比较。12.1% 二年级水平儿童的阅读能力提高到了五年级水平；SLS 组中，11% 的儿童过渡到二年级阅读水平，7.2% 的儿童过渡到一年级阅读水平。当马哈拉施特拉邦的 SLS 组与古吉拉特邦的非 SLS 组相比时，SLS 的影响更大。正如预期的那样，SLS 对较低年级的学生影响更大。

地球阅读将研究成果发布在学术研究论文中。如果两年的大规模推广能给马哈拉施特拉邦带来如此积极的效果，那么人们可以想象终生使用 SLS 带来的阅读和教育回报，而且它将无缝地融入主流娱乐。

2011 年 4 月 25 日，我在孟买第一次见到 Zee 的创始人兼董事长苏巴什·钱

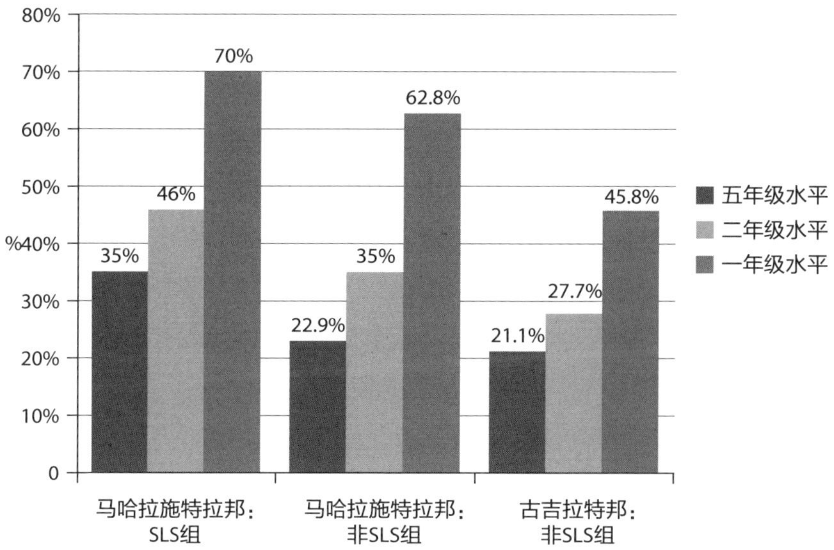

图 10.3　二年级非阅读者的基线及其最终的阅读能力

德拉（Subhash Chandra）时，他就认识到SLS的巨大潜力。[10] 那次谈话为SLS在马哈拉施特拉邦扩大规模埋下了伏笔。我现在相信，马哈拉施特拉邦的影响力研究将对印度乃至世界其他地区的教育和传播政策产生巨大影响。

Zee已经领略了SLS在歌曲上的优势，并考虑在其他州/语言的区域语言频道上进行类似马哈拉施特拉邦的推广，这可能得到企业社会责任部门（CSR）的支持。美国国际开发署着手开展儿童阅读挑战赛，从世界各地寻找儿童阅读发展方面的创新想法。他们现在有了一个经过验证的、可扩展的、具有成本效益的新想法，并有强有力的证据支持，随时可以前往其他国家参与比赛。无论美国国际开发署在哪里开展业务，电视节目都有足够多的观众，而且观众将观看用当地语言演唱的歌曲。

正如戈登·布朗在戛纳指出的那样，我们这个“小项目”的潜力在于：为全球20亿阅读能力弱的人提供终生阅读练习。有充分证据表明，比尔·克林顿几年前在纽约说过：“SLS是一件对人类生活产生惊人影响的小事。”纳伦德拉·莫迪在听了有关SLS的演讲后在甘达那加说：“应该在创新方面做更多工作。”随着三位前国家元首以多种形式推广SLS，新德里的政策制定者又怎么会再抵制这个已经成熟的想法？

经验教训

从战略上讲，我们的主要目标是在政策上推行SLS。尽管长期参与推广工作，但我也无法提供明确的方法来影响印度政府的决策。但如果一个人可以持之以恒地努力，政府的观念一定会随着时间的推移而改变。我这样做了，并且在过程中学到了一些东西。

1. *证据是必要的，但并不足够。*如果没有证据和独立的佐证，制定政策的人很容易否决你的想法。社会企业家的经验和解释，无论多么真实可靠，都不足以替代证据的作用，从而推动系统的升级。证据消除了决策者许多固执的反对意见。在我们的案例中，我们必须为每个反对意见建立一个基于证据的论证：大众不会喜欢SLS、收视率会下降、阅读能力弱的人会忽视字幕、即使尝试过他们也无法阅读、SLS几乎不可能提高阅读能力、一边及时注意着直播内容一边发送字幕是后期组的噩梦，等等。当我们遇到这些问题时，我们建立了监测、评估和数据收集方案。今天的大多数政策制定者都不能轻易提出对SLS的反对意见。原则上，证据已经使针对 SLS 的态度发生了转变，从拒绝到抵抗最后到接纳。在全国范围内与政府的对话中，寻找正确的机制来支持 SLS 和扩大 SLS 的应用范围已经取得了进展。以证据为基础的政策制定仍然是印度的一个遥远的幻想。整个系统缺乏独立、严格的衡量证据机制。变化的游戏规则、良好的和不那么良好的解决方案都混杂于在同一政策池中，除了个人掌权之外，很少有人能区分它们。

2. 官僚主义。监督社会部门，如健康部门、教育部门、社会公正部门和赋权部门，更容易倾向于和学者进行对话，而不是与民间社会组织或公司的代表进行对话。任何关键决策的大方向首先由高层确定，然后细节由官僚机构的第二级和更低级别制定出来。官僚拥有集群忠诚度。官僚和官僚沟通具有很强的影响力，特别是跨部门或部门内的同一级别的官僚。一个不情愿的官僚会实行所谓的“死缓”，即不认为对，也不认为错，因为一个明确的决定总是可以被挑战。犹豫不决的官僚永远不会错，而且这是一种经常被行使的特权。只有部长才能通过官僚机构有力地推动政策。虽然高级官僚有权抵抗或阻止部长级的推动，但考虑到部长的权力在官僚之上，他们不太可能在法律、道德或其他方面直接干涉。绕过官僚并接近部长，通过政策推动创新可能是可行的。除非与部长有密切的个人关系，或通过中间人推荐，否则直接与部长接触是一种高风险的策略。如果部长直觉上不喜欢这个项目，并且这种情况大多发生在互动的几分钟内，那么在该部长任职期间，官僚机构将不会考虑改革。如果部长确实喜欢这项创新，你很可能会被推荐给一位高级官员。但是，在官僚体制中，必定会出现一些阻力，你可能会尝试再与部长会谈，但他或她可能不愿意第二次见面，也没有足够的权力来推动此事。“对国家或社会有利”是一个无力的论据，无法让部长持续参与创新。

3. 好的方面。政策运动的最佳点是当官僚机构对一项创新考虑了足够长的时间并开始接受其内在价值时。但是，为创新分配资金需要其他力量的介入。各部委通常没有用于创新的资金；创新必须符合现有的基金承诺。但是通常不会这样，官僚们倾向于大肆削减创新的预算。在这种背景下，部长级的认可可以通过政策推动创新，并获得必要的资金支持。

4. 奖项。在社会创新领域，有很多奖项以荣誉勋章、象征奖、媒体报道甚至网络访问的形式表现。这是有帮助的，但颁奖者通常夸大奖项对事业推动的影响。授予奖项的组织和评委的作用需要扩展到与获奖者的持续接触。与获奖者一起消除痛点或克服困难的情况很少发生，一般来说，参与都是暂时的。以环法自行车比赛来打比方，社会创新者在变革中发挥作用，而其他人则在场外欢呼，这样效率太低。我们需要更多民众的长期参与，以推动改革。

讨论题

1. SLS 项目简单地结合了字幕、宝莱坞和电视等长期存在的元素，那么它的创新点在哪里？为什么直到 1996 年才有了这个概念？

2. 从阅读能力弱的人的角度来看，在电影歌曲与对话中应用 SLS 的利弊是什么？

3. 除阅读外，SLS 能否为其他社会发展目标和特定群体做出贡献？

4. 如果 SLS 是电视和识字的双赢，因为收视率和阅读技能的提高是可以衡量的，那么为什么对于扩大规模，政府和私营部门有如此大的阻力？

5. SLS 项目采取了以证据为基础的政策倡导战略。当印度国家系统对证据的评估能力很弱时，这是一个好策略吗？

6. 选择一个可能与 SLS 相关的国家。在所有现有的电视歌曲中，以所有语言在全国范围内推广 SLS，你的策略是什么？

7. 在发展中国家实施任何以扫盲为基础的项目有哪些巨大的障碍？如何克服对一个想法的抵制，即使有证据表明这个项目会成功？

延伸阅读

你可以在 www.koganpage.com/socialentrepreneurship 找到更多关于本章的内容。

SLS 是如何在印度乡村开展的：

www.youtube.com/watch?v=tOsWToI2Piw

www.youtube.com/watch?v=K7XDMzsLd5o

研究论文：

http://itidjournal.org/index.php/itid/article/view/1307/502 [accessed 10 December 2015]

http://itidjournal.org/index.php/itid/article/view/191/61 [accessed 10 December 2015]

Library of Congress, Washington DC, presentation on PlanetRead's work

www.youtube.com/watch?v=ZljyLqfUkVU?v=ZljyLqfUkVU

BookBox, multilingual animated stories with SLS for children www.bookbox.com [accessed 10 December 2015]

PlanetRead www.planetread.org [accessed 10 December 2015]

使用的缩写词

DG: Director-General

DDK: Doordarshan Kendra（Regional/State Broadcast Network）

FCRA: Foreign Currency Regulation Act

IIM-A: Indian Institute of Management, Ahmedabad

IIT-K: Indian Institute of Technology, Kanpur

MHRD: Ministry of Human Resource Development

MI&B: Ministry of Information and Broadcasting

NLM: National Literacy Mission

PM: Prime Minister

SLS: same language subtitling

致谢

追求社会创新往往需要大量的非理性。我要永远感激伯尼（Burny）、阿祖尔（Azul）、阿卡什（Akash）和塔拉（Tara），他们每天都要和我一起疯狂地生活，却又要优雅地做事。社会企业家的“过山车”需要一个核心的情感支撑。我要对我在本迪切里（Pondicherry）和来自本迪切里的大家庭，以及那些分散在世界各地的朋友说，你们就是那个核心。

注释

1. Kothari, Brij, Joe Takeda, Ashok Joshi, and Avinash Pandey（2002）Same Language Subtitling: A Butterfly for Literacy? *International Journal of Lifelong Education*, 21（1）: 55 – 66.

2. Kothari, Brij, Avinash Pandey, and Amita Chudgar（2004）Reading Out of the 'Idiot Box': Same-Language Subtitling on Television in India, *Information Technologies and International Development*, 2（1）: 23 – 44.

3. Kothari, Brij and Tathagata Bandyopadhyay (2010) Can India's 'Literate' Read? *International Review of Education*, 56: 705 – 28.

4. Kothari, Brij and Tathagata Bandyopadhyay (2014) Same Language Subtitling of Bollywood film songs on TV: Effects on literacy, *Information Technologies & International Development*, 10 (4), 31 – 47.

5. Download from: http: //itidjournal.org/index.php/itid/article/view/1307.

6. Bill Clinton on SLS: https: //www.youtube.com/watch? v=juZOlmf9APk.

7. Sevanti Ninan analyses Prasar Bharati's budgetary woes at http: //www.livemint.com/Consumer/3EfRLMzIRmLKA5FewN4yKO/Prasar-Bharati-Where-is-the-money-for-programming.html.

8. Narendra Modi, briefly on the SLS project: http: //goo.gl/KzJ2zX.

9. Gordon Brown on SLS: http: //goo.gl/nP1I7E.

10. That meeting was made possible, thanks to an introduction by Prof Anil Gupta, a faculty colleague at IIM Ahmedabad who is a globally recognized stalwart in the field of grassroots innovations and the founding Vice Chair of the National Innovation Foundation.

11 突尼斯之梦——人人享有金合欢

突尼斯之梦（Dream in Tunisia）——莎拉·图米（Sarah Toumi）

莎拉·图米于2016年1月被《福布斯》（*Forbes*）列入第五届“30位30岁以下”年轻企业家榜单，她是法籍突尼斯社会企业家，也是“突尼斯之梦”的创始人兼首席执行官。“突尼斯之梦”是一个非政府组织，通过赋能于突尼斯和北非农村地区的青年、妇女和农民，来支持当地的可持续发展。目前，沙漠化正在摧毁突尼斯75%的土地，而摩洛哥、利比亚和埃及的土地沙漠化则更严重。沙漠化直接影响数十亿人，此前他们已经面临极度贫困和失业问题。这些问题导致了突尼斯革命，但变革后问题依然没有得到解决。在沙漠化严重影响整个社会之前，依旧急需采取措施解决沙漠化问题。

莎拉的理想是“人人享有金合欢”（Acacias for All），因此她成为Ashoka的成员，也成为“响应绿色气候”（Echoing Green Climate）的成员。“人人享有金合欢”（Acacias for All）旨在通过教育、植树造林和商业化，使北非农民能够适应气候变化。与此同时，她的团队还负责管理农村学生的课后活动，并开展促进农村妇女传统手工艺商业化的培训。莎拉在接触突尼斯之后，发现性别差异、贫困、低质量的初等教育和沙漠化对农村有着极大的负面影响，因此她9岁时就开始构造自己的梦想。2012年父亲去世后，这成了她的人生目标。

莎拉的个人旅程

我出生在巴黎，母亲是法国人，父亲是突尼斯人，他是一个伟大的梦想家。从很小的时候起，我就沉浸在一个充满可能性和同情心的广阔世界里。父亲在18岁时便离开突尼斯到巴黎学习工程学，并在我还是婴儿时就为中东儿童创立了一个非政府组织。我们没有参加变革的抗议游行，因为那时我们正在组织筹款活动。由于政治问题，父亲离开突尼斯已经28年了，我想这就是我对突尼斯如此着迷的原因，也是我将父亲带回故土的原因。九岁时我第一次和姐姐、妈妈去突尼斯，发现了另一个世界，这个世界与我们在巴黎的日常有着天壤之别。祖父母所在的村庄仍然遵循着部落习惯，在那里没有自来水也没有手机。这是一个男权社会，女孩在 9—10 岁时便已辍学。在这个传统的社会，家庭的荣誉依赖于女孩的声誉和贤淑。我当时还是一个九岁的女孩，在这种环境中我发现我的身体并不属于我自己；为了家庭目的和荣誉，我属于家庭。与此同时，我也发现了传统对社区生活的影响：每个人的角色都是固定的，并被要求履行某些职责。在旅行期间，姑妈举行了婚礼，这是一个为期七天的聚会，家庭成员遵循传统精心准备了结婚仪式。这七天里，人们唱歌、跳舞并且学习爱与关怀。同年，我来到了非常先进的城市拉马尔萨（La Marsa）和突尼斯城（Tunis），为乡村和大城市之间巨大的发展差异感到震惊。这便是 1996 年的突尼斯［本·阿里（Ben Ali）当年任职总统］，也是我所爱着并且想改变的突尼斯。

回到巴黎，我两个星期都在做噩梦，想着遇到的那些因无知而停学并失去未来的孩子们。父亲被我的正义感打动，决定给予我以解决问题为导向的科学大脑。我们创建了自己的组织："人人享有水的合作与预防协会"（Association for Cooperation and Prevention，Water for All）。首先我们买了几支笔，在第二年夏天回去送给我的表兄妹。接着我们买了两台电脑，后来又买了 783 本书，并设法获得开办图书馆的场地，这促成了青年中心的建立。2004 年，父亲终于回到突尼斯，领导这个非政府组织，然而政治压力意味着这并不容易。2007 年，我们向突尼斯各地的图书馆提供了 30 万本书和 300 多台电脑，这导致财务主管遭到监禁，因为在突尼斯禁止谈论贫困或文盲问题。

压力如此之大、腐败如此严重，以至于 2008 年我决定离开这个项目并在法国创建自己的非政府组织，当年我正在巴黎索邦大学（Sorbonne University）读书。在 2012 年父亲去世前，我经营了四年的"梦想"（一个社会和环境学生项目的孵化器）。此后，一切都变得清晰起来：在 2011 年革命的影响下，我的目标是在突尼斯努力改善农村社区。"突尼斯之梦"由此诞生。

环境保护：环境与经济发展之间的矛盾

2012 年，阿尔及利亚、摩洛哥和突尼斯的农业部门分别占国内生产总值的 9%、15% 和 9%，雇用了 40% 的摩洛哥人、11% 的阿尔及利亚人和 16% 的突尼斯人。然而，截至 2011 年，人均可耕地仅占阿尔及利亚的 3.2%、摩洛哥的

17.8% 和突尼斯的 18%。最常栽培的作物是橄榄和杏仁，它们消耗大量的淡水。水果和蔬菜也常被种植，但数量较少。阿拉伯马格里布地区的农民种植这些作物已有数百年。灌溉的主要来源是雨水，因为过去这里雨水充足。

然而，最近全球气候的变化和环境生态系统的破坏（主要是由于砍伐森林）导致雨水变得非常稀少，特别是在北非这样的沙漠地区。截至 2014 年，阿拉伯马格里布地区的大部分区域年平均降雨量在 300 毫米以下，这形成了干旱半干旱气候。该地区的缺水已达到临界点，预计未来会出现严重干旱。农业部门被认为是马格里布地区用水消耗最大的部门，因为农业平均每年的淡水使用量占该区域淡水使用量的 76%。马格里布地区主要依靠降雨和地下水作为淡水来源。对降雨的依赖使这个地区易受气候变化的影响，而气候变化又会对农作物生产巨大影响。最近的环境变化需要转变传统的耕作方法，以保护农村土地和弥补枯竭的水资源。

由于农民缺乏知识、注重短期利益以及缺乏对可持续发展的关注，马格里布地区的农村社区继续集中种植延续下来的作物（橄榄和杏仁），并用地下水加以灌溉。突尼斯 80% 的地表水含有盐分，每公升含盐量 4~6 克。这一浓度的盐水通常会破坏种植的农作物（海水每公升含盐量 12 克）。用盐水灌溉土壤会增加土壤中的盐分，在三次种植周期后土壤会呈酸性并变得贫瘠。沙漠沙土更易侵入贫瘠的土壤，沙漠化由此发生。预计到 2020 年，该地区 80%的土地会变得贫瘠，而且日常用水也将供不应求。

沙漠化不仅破坏了环境生态系统，而且“联合国防治沙漠化公约（United Nations Convention to Combat Desertification）”的研究表明沙漠化还与饥饿和贫困有关。它对贫困状况和粮食安全均有影响，导致受影响地区人均粮食产量下降，同时对农业部门的经济收入产生负面影响。

突尼斯是一个拥有 1 200 万人口的国家，是北非最小的国家。与天然气和石油生产国阿尔及利亚和利比亚不同的是，突尼斯只有依靠知识才能促进自己的发展。因此，哈比布·布尔吉巴（Habib Bourguiba）总统在 1956 年国家独立时投资教育。

然而，这个伟大的想法在 20 世纪 90 年代引起了一个大问题：很多受过高等教育的人进入就业市场后，没有足够的企业来雇佣他们。1987—2011 年，由于本·阿里总统的独裁统治，随之而来的腐败和裙带主义严重损害了经济增长和就业。一个大学毕业的年轻人通常要等一至三年才能获得一个职位。这意味着如今许多年轻人渴望离开这个国家，去寻找更好的机会，但这也可能促使极端主义和激进主义的产生。（参见“2013 年国家就业与资格观察年报”）

突尼斯经济的三大支柱：

· 农业：突尼斯是世界上第二大橄榄油生产国，有机农业也正在增加；

· 工业：占 GDP 的 30%；

· 服务业：信息和通信技术以及旅游业占 GDP 的 60%。

然而，2015 年，突尼斯正面临着新的挑战：恐怖主义。在经历了 2015 年 3 月和 6 月的两次恐怖袭击后，旅游业也陷入了危机。与此同时，沙漠化也在加剧，沙漠将在 2025 年前覆盖 75% 的土地。同时，由于突尼斯位于撒哈拉沙漠和地中海之间，不同区域之间的降水有很大的差异（北部 1 500 毫米、南部 50 毫米），巨大的水危机随即而至。这场危机导致外国投资者纷纷逃离，反过来又对工业和就业市场的发展产生了负面影响。无法获得融资，即银行部门无法提供支持，是突尼斯企业家面临的主要问题之一。农村地区缺乏基础设施，大学生所学的知识与企业所需的技能不相匹配。

2015 年后的突尼斯需要创新和信心来解决其经济、社会和环境问题。

这就是“突尼斯之梦”诞生的背景。由于农村地区的发展被搁置了 25 年之久，全国范围内的社会和经济差距导致了青年人内心的不平衡。因此我们聚焦于农村地区，致力于支持农村社区的全面和可持续发展，以缩小农村与城市间的差距。如果你生活在一个腐败和裙带主义盛行的地方，你会有什么样的态度？突尼斯是一个丢失了梦想的国家。2011 年，这个国家出现了一丝新的希望；但在政治辩论再次聚焦于权力而非国家发展时，这一丝希望也幻灭了。

于我而言，这种现象在我祖父母的村庄比尔撒拉（Bir Salah）中得以体现。高失业率意味着年轻男性把时间都花在咖啡店里；年轻女性都在为一家德国公司缝制鞋子，而这家公司每 10 双鞋只付给她们 2 美元。这是一个靠自己的荣誉生活的农村社区，没有途径获取科学知识，也没有意愿寻求新信息。70% 的青少年在 16 岁之前就已离开校园，他们希望提高生活水平，却又无法获得任何令人满意的职业或帮助。当我们创建这个非政府组织时，我们周围都是想工作和谋生的农村女毕业生。得益于与职业培训和教育部的合作关系，我们雇用了八名女性，但我们很快意识到她们缺乏所需的专业技能，于是开始教她们如何发送电子邮件、如何在团队中工作、如何发展组织技能以及如何遵循计划。

同时，未受教育的年轻人也向我们寻求就职机会。他们虽然有土地，却没有金钱和知识。我们通过网络众筹种植了 1 000 棵金合欢树，并开始传播关于沙漠化和社区发展的知识。选择金合欢树，是因为它可以在沙漠中茁壮成长，而且能在这个需求旺盛的市场上获得收入。

我们不能忽视儿童和青少年的需求，他们是国家的未来，因此我们与“奥兰治基金会”（Orange Foundation）合作，在突尼斯策划了“乡村奥兰治”（Village Orange）项目，并于 2013—2014 年在比尔撒拉建立了第一个原型。这个项目只有一个目标：帮助农村社区（妇女中心、青年中心、创业中心）获得技能，向其提供基本的基础设施（水、教育、卫生）和工具，试图缩小农村社区与大城市间的服务差距。

我们的实施方法全面且周到，因为一切都是连通的；如果不改善创业和教育生态系统，就无法解决失业问题；如果不打击腐败、为社区提供机会和希望，就无法打击恐怖主义和非法移民；如果忽视今天的儿童和青少年，就无法创造一个更美好的未来。我们不仅在与沙漠化、贫困、性别歧视做斗争，同时也在设法解决其他所有问题。

时间线

1996 年

在去了祖父母生活的村庄后，我产生了创建一个非政府组织来支持突尼斯农村地区发展的想法。

2003—2012 年

比尔撒拉协会（The Association of Bir Salah）是由父亲阿米·图米（Ajmi Toumi）、妹妹米兰（Myriam）和我一起创立的。该协会在比尔撒拉开设了青年中心；在突尼斯各地公共图书馆分发了 34 万本书和 300 部电脑；在亨查（Hencha）开设了妇女中心。2008 年，还在读大学的我向突尼斯的环境部提出改善的建议，他们却拒绝任何形式的合作。最初，我曾希望与该部门合作，在沙漠地区种植金合欢树，以创建一个绿化带，保护农村土地免受风沙侵袭。尽管被政府拒绝，但企业家精神促使我找到了一个更具战略性的切入点。

在继续为我这个想法努力了几个月后，我被“Ashoka 青年创业”（Ashoka's Youth Venture）提名为年轻的变革者，他们帮助我为“人人享有金合欢”项目制定专业的商业计划。从这一次与 Ashoka 的合作中，我了解到如何通过公民和农民的努力来创造变革，以更好地通过战略实现梦想。随后我在 2009 年获得“青年创业奖”（the Youth Venture Prize）。

2012 年

父亲的去世使我来到突尼斯，并领导起一个组织，这个组织后来成为纪念父亲的“阿米·图米协会（Association Ajmi Toumi）——突尼斯之梦”。几周后，我在瑞典参加了中东和北非地区女性社会企业家的“女性创业者”（She Entrepreneurs）项目。这个项目帮助“突尼斯之梦”推进“人人享有金合欢”计划。

为了改变突尼斯农民的生产方式，我从 2011 年开始与比尔撒拉村庄中的女性农民合作。我认识到女性是进入农业部门的一个强有力的切入点，因为她们通常更容易接受变革。此外，大多数女性拥有小块土地，却无法充分获得教育或销售市场。我定期与她们会面，讨论她们的问题，并提供解决方案。2012 年，我进行实地考察，与这些女性进行交流，并在比尔撒拉建立了一个示范中心。示范中心里的种子育苗园是我们团队用于可持续农业实践的地方。

我们为启动“人人享有金合欢”项目进行了一次在线筹资活动，最后一共筹集了 3 000 欧元。我们种了 1 500 棵树，但是由于那个夏天村里缺乏水源，这些树没有存活。我感到十分失望，但并未因此放弃。种子育苗园和团队的存在以及众筹活动的成功都证明了这个想法的正确性。为了继续这个项目，我们要比以往更加努力。

在对地中海地区的关于可持续产品及服务的消费趋势进行了广泛的市场调研后，我认为我们战略的关注点需要放在改变农民对土地可持续使用的耕作方法和思维方式上。我想把他们组织成合作社，为他们提供新的替代种子以取代传统的农作物，并借助对沙漠化的研究开辟新的渠道，使他们从可持续发展的角度出发，以合作的方式创造更高的经济回报。

在研究了沙漠化的可行性解决方案后，我将金合欢树引入突尼斯的农业社区，以替代橄榄和杏仁这两种不能承受咸水的常用栽培作物。金合欢是一种树根极长

图 11.1 全景展示了金合欢对沙漠化的影响。金合欢树在左，沙漠区域在右

的树，其根部能在地下 100 米深的地方生长，为土壤提供氮，并将淡水带到地表。因此，其根系在保持土壤不含盐的同时，也给土壤重新施肥。金合欢可以用每公升含盐量 8 克及以下的水灌溉，而其他传统作物则不能用每公升含盐量超过 3 克的水灌溉。此外，金合欢能适应沙漠环境，如果在农场周围种植，它们会形成一个绿化带，防止风沙的入侵。

金合欢的种植可为农场内生长的水果和蔬菜创造良好的环境。三年之后，金合欢树还可用于生产阿拉伯树胶和辣木油，具有经济价值。阿拉伯树胶被用于许多全球工业生产过程，如酸奶、化妆品、碳酸饮料、医疗产品和农产品的生产，而辣木油则可用于按摩和放松。

2013 年

奥兰治和法国驻突尼斯大使馆帮助非政府组织支持亨查妇女中心，并开展了比尔撒拉人口自治项目："乡村奥兰治"。然而，由于当时我只有 25 岁，且是一个拥有一半法国血统的女性，所以我的领导力不断受到质疑，我也一度感到非常失望。那一年也是我怀孕和女儿巴尔基斯（Balkis）出生的时候，这使我的处境更加艰难。我的梦想是具有挑战性的，也是全球所认可的［我获得了由法国外交部颁发的"变革妇女"（the Women for Change）特别奖，也称之为"可持续非洲创新 100 强"（100 innovations for a sustainable Africa）］。但与此同时，当地人甚至我亲密的家人，都对我这个在职母亲有些质疑。

我当时做了一个重大决定，关闭亨查妇女中心，即不再续签父亲的团队，只专注于"乡村奥兰治"和"人人享有金合欢"的项目。这能使组织更有效地执行计划。亨查妇女中心和以前的团队一直遵循阿米·图米的想法，这种想法已不再符合新组织的目标。

作为"人人享有金合欢"一部分，我们种了 5 000 棵金合欢树，但是又一次，一半的树死了，另一半被偷了。这是由于团队因为年轻而不认可我，因而没有采纳我的想法，仍然按照父亲的方法工作。重要的是，农民们不仅要接受将他们的传统作物改为金合欢，而且还要采取一种更加注重土地长期可持续使用的农耕方法。为了实现这一目标，我们开始对农民进行永续农业和可持续农业技术培训。我去拜访了萨赫勒和撒哈拉天文台（Observatory of Sahel and Sahara）以获得一些用具，然后我们围绕采取可持续的农耕方法可以使小面积的土地产生巨大经济回报这一点来开展培训。以下是有关农民接受培训的可持续发展案例：发展同质的可持续作物；使用安全灌溉用水；使用新的水处理技术；最大限度地使用自然产物和化肥而非杀虫剂。

这一年，“乡村奥兰治”雇用了超过 25 名工人，为比尔撒拉的学生提供大约 800 个书包，为学校成立 50 周年而进行翻新，为该村的小医院进行翻新（并给助产士提供一张桌子），还为附近的医院提供超声设备。这是“乡村奥兰治”向社区提供基础设施项目的第一步。

2014 年

基于“突尼斯之梦”的长期和中短期目标，我们招募了一支新的团队，与奥兰治基金会和奥兰治突尼斯（Orange Tunisia）举行了乡村奥兰治揭牌仪式。所有国家媒体都报道了妇女中心、青年中心和企业家中心的开幕。矛盾的是，这造成了社区的信任危机，甚至使我们在最初几个月的工作中不断遭遇拒绝。在一个从 2011 年才由公民社会开始掌权的国家中，社会工作需要详细解释。突尼斯公民在独裁统治下生活了 24 年，所有的一切都会被审查，包括媒体、互联网、我们的老师以及这个国家的企业家。过去创建一个非政府组织也很难获得认证，首先必须向省长申请，然后向内政部申请许可。这样的社区习惯于裙带主义和腐败，我们必须证明，我们希望通过财务透明制度为所有人创造积极的改变。社会支持就像当局用来让公民保持稳定的胡萝卜。尽管存在腐败，但由于审查制度，社会有时会提供食物、衣服和儿童学校的材料，但这仅仅是为了证明他们的政治是正当的。我们还收到了很多年轻毕业生的工资要求，他们不理解我们的工作，认为我们只是在为待在家里的人发工资。他们不明白这样做的目的，因为他们被告知，在突尼斯梦想是不可能实现的，因为突尼斯没有给他们提供机会和可能来实现梦想。由于社会压力，我们组织了 12 名毕业生进行培训。我们种了 1 000 棵树，最后一半都活了下来。按照我们培训的当地农民的建议，我们还种了 500 棵树作为试验，包括橄榄、杏仁、椰枣、石榴、无花果和柠檬，这些树由当地一名妇女照料。我们成功了，Ashoka 基金会十分认可我的工作，并支持我成为 Ashoka 的一员。这给了我新的动力继续前进，目标就在眼前。

2015 年

2015 年是一个新的开始。团队中有一半是新成员，我们有一个新的战略和目标：到 2018 年，与 1 000 名农民一起种植 100 万棵树。从刚开始失败的植树经历，以及 2015 年 5 月种植的 1 000 棵树有 70% 存活的经验中，我学到了很多。植树取决于很多不同的因素，包括种子的质量、水质、取水途径、工人的资质和奉献精神以及不同植物的种植日期。2015 年，我们不仅种植了金合欢或辣木，还种植了橄榄、杏仁、无花果、椰枣、石榴、香草、辣椒和西红柿。我们的理念是创造可持续的生态系统。我们与突尼斯有机农业专家豪塞姆 · 纳布利（Noucem Nabli）一起组织了为期一年的农民培训计划，培训内容由植树和价值链发展两部分组成。

我们把橄榄油作为价值链的开始，这很简单，因为它已经存在于社区之中，

图 11.2 突尼斯有机农业专家豪塞姆 · 纳布利正在进行有机农业培训

所以我们只需要做包装和市场方面的工作。我们开创了第一个橄榄油产品“梦想橄榄油”，还生产蜂蜜、辣椒、杏仁糕点以及辣木粉和阿拉伯树胶。“绿色回声”（Echoing Green）选择我作为气候研究项目的成员之一，这也是一个进一步的重要认可，加强了我在组织、突尼斯和整个马格里布的领导地位，并确立了“突尼斯之梦”作为该地区主要参与者的地位。

我们花了三年的时间学习并拓展视野。通过与当地民众的合作，我将社会企业家技能与当地的项目匹配，创建了一个可复制的草根创新项目，用以激励北非的其他人民。

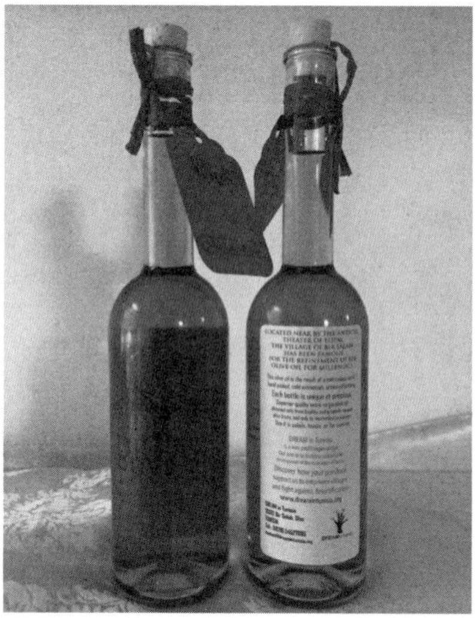

图 11.3 “梦想橄榄油”（Pream Olive Oil），“突尼斯之梦”的产品之一

实现梦想：“突尼斯之梦”的结构、模式和可持续性

“突尼斯之梦”是一个非营利组织，而“人人享有金合欢”是其唯一的一个旨在创造收入的项目。这个项目通过众筹和基金会筹资。

组织的结构是民主的。我们有两名法定代表：我是创始人兼总裁，拉蒂法·伊斯梅尔（Latifa Ismail）是财务主管。我们向会员收取每年 10 美元的会员费，投票选举法定代表。这个团队由突尼斯政府出资，由年轻的毕业生组成，他们花一至两年时间与我们一起工作，接受培训并提高专业技能。在育苗园的团队由五名员工组成，由“突尼斯之梦”支付工资。

为了获得资助，我们可以使用各种筹资方法。

众筹：可在网上获得；任何人都可以通过我们的合作伙伴世界妇女网来赞助植树活动，网址为 https://www.w4.org/ en/project/empower-women-combat-climate-change-tunisia/。

基金会：奥兰治或罗伊·鲍杜（Roi Baudoŭin）等捐助方为我们提供支持。

合作伙伴：与职业培训与教育部合作资助志愿者工资。

销售：“人人享有金合欢”的产品可在线销售，也可直接以企业对企业（B2B）的方式销售。

从突尼斯开始，“人人享有金合欢”正在改变阿拉伯马格里布地区的农业。

在该地区，沙漠化和日益减少的水资源是对农业社区产生负面影响并导致农村贫困程度加剧的主要环境问题。“人人享有金合欢”正在通过发起一项运动来应对这些环境和经济挑战，这项运动着眼于将普通种植作物替换成对环境更具可持续性的种子，以创造更多的创收机会。

此外，我们正在通过培训和教育向农民介绍可持续农业耕作方式，用以改变他们对土地的态度。同时，通过替代作物（主要为金合欢树）为农民提供新的机遇，这些作物对环境和经济有积极影响。它们能恢复土地活力，建立绿地防止沙漠化，并且比传统的橄榄和杏仁消耗更少的水。金合欢树还能生产阿拉伯树胶和辣木油，出售后能带来巨大的经济回报。“人人享有金合欢”对新作物的引入进行了实证研究，并研究了农民对抗土壤侵蚀、沙漠化和缺水的潜在商机。

作为补充，“人人享有金合欢”正在整个阿拉伯马格里布地区发起一场运动，在这场运动中，农民不仅运用可持续农业技术、使用替代作物，而且还掌握了可持续农耕方法，并从长远角度考虑土地的使用。农民被赋予能力在经济上自给自足，并使自己的产品进入市场。非政府组织通过将农民组织成农业合作社来销售产品，用以满足国际市场的需求。这些做法提供了新的经济机会，塑造了农业的未来，并使农民及其家庭摆脱了贫困。

“人人享有金合欢”的想法适用于北非和沙漠地区的所有耕地。从突尼斯开始，它计划扩大范围，以防治整个阿拉伯地区的沙漠化问题。

我们的其他项目，例如“乡村奥兰治”，目前只在比尔撒拉周围发展，因为拓展需要大量的资金和人力。我们正在等待社区自己复制这种模式，因为我们不可能进入陌生的社区，执行与人们的需求和目的不完全相关的项目。

我们的长期目标是通过“人人享有金合欢”的商业化部分所带来的好处，为扩大规模提供资金。这将允许我们种植更多的树木，培训更多的农民，并创造一次巨大的变革。在构思允许农民出售增值产品和获得工资的价值链后，“人人享有金合欢”致力于将农产品商品化。如果目标得以实现，我们就可以建立一个种子基金会来支持突尼斯的社会企业家。

我们的影响力

我们的影响力作用在不同的层面。作为一个有雄心壮志、对未来充满希望的年轻组织，我们制定了一系列标准来评估我们的影响力。为了获得全面的评价，我们制定了包括社会、经济和环境等影响在内的评判标准，以便能够跟踪这些项目和活动的影响力。尽管目前我们的影响力仅限于亨查地区，但我们希望能在2016年将影响力扩大到突尼斯，在2017年扩大到整个摩洛哥。我们正努力实现这一目标。

对于“人人享有金合欢”项目而言，我们的评价标准包括恢复的地表土壤、种植的树木数量、存活的树木数量、受培训的农民数量、受培训的女性农民数量、欧元的有效销售额、业务客户数量、在线客户数量和赞助树木数量。以下是我们在2012—2015年取得的成就：恢复了1.5平方公里的土壤；种植了19 270棵树，其中12 270棵存活；组织50人参加智能农业培训，其中80%为女性。上述信息以及我们的年度报告都可以在网站上找到。

对于“突尼斯之梦”的其他活动，我们的目标是社区的参与水平和对青年就业的影响。

2014年，27名4—5岁的儿童参加了我们在比尔撒拉举办的学前课程；33名儿童在比尔撒拉参加了空手道课程，其中45%为女童；41名妇女参加了缝纫、手工和糕点培训；雇用了12名志愿者；为种子育苗园的工人创建了三个有偿职位。

我们有时还会得到意想不到的新发现，例如：在2014年招募的12名年轻女性志愿者中，活动第一年便有5人结婚、 2人订婚。将孩子带到青年中心的父母中有40%是男性。

这些出人意料的数据显示，职业女性的情况已经得到了改善，男性也开始关心子女的教育。世界因为我们的创新而变得更好，原因如下：我们的组织是突尼斯青年领导的，也是突尼斯第一个让男性和女性都能参与农业活动的组织；我们还就沙漠化问题展开了公开辩论，这个词已不再是禁忌，政府和许多组织都在使用它；我们也是突尼斯第一个采用基于点对点交流的方法将农业、林业与可持续农村发展相结合的组织。当然，创始人和首席执行官都是年轻女性这一事实本身就具有影响力，为许多敢于追逐美好未来的突尼斯年轻女性提供了榜样和案例。

虽然我们才刚刚起步，但预计到2018年我们将在突尼斯种植100万棵树，并扩展到摩洛哥和阿尔及利亚：在这些地方，我们也希望每年种植100万棵树。这要归功于强大的价值链流程和大量的营销努力，以及在各国政府的合作下，在北萨赫勒建立起的绿化带。

经验教训

我想要给有志于创办自己企业的人一些建议：

1. 去尝试你的想法。有时候，理论上的最好的方法无法适应当地的情况。不要害怕犯错和调整。

2. 透明度是维持长期合作关系的关键。

3. 不要独自工作。找到那些和你志同道合的人。

4. 如果你能对你的想法表现出奉献精神，钱就会来。没有什么比一个被梦想说服和引导的人更有吸引力。

5. 永远要有同情心。每个人都面临着生活的挑战，我们需要保持谦虚，记住我们都是人——只是人。

6. 不要害怕失败。从每一次失败中学习，因为失败乃成功之母。如果没有几千棵树无存活的失败经历，我就不会学到最好的方法。

7. 谦逊是领导者的关键态度，但你的目标必须坚定。

8. 保持愉悦。努力平衡个人生活和创业生活，给你的亲人和你自己一些时间。如果你还没有意识到自己的梦想就已经筋疲力尽了，谁还会追随你的梦想呢？

9. 有信心。相信自己和你的梦想！

讨论题

1. “突尼斯之梦”目前是一个含有商业组成部分的非营利组织。这样的扩大规模是否可持续？

2. 每天有150亿棵树从地球上消失。“突尼斯之梦”如何产生更广泛的影响？

3. “人人享有金合欢”项目计划在2017年前在摩洛哥扩大规模。什么样的组织能够在不丧失社会企业愿景的情况下支持这种扩张？

4. 运用什么样的衡量标准可以使人们更加关注“人人享有金合欢”项目对贫困的影响？

5. “突尼斯之梦”成功的关键因素是什么？它的不足之处有哪些？

延伸阅读

你可以在 www.koganpage.com/socialentrepreneurship 找到更多关于本章的内容。

Official websites: www.acaciasforall.org or www.dreamintunisia. org [accessed 10 December 2015]

Tunisian history, the revolution and the social and economic developments:

Gana, N (2013) *The Making of the Tunisian Revolution: Contexts, architects, prospects* – Edinburgh University Press

Perkins, K (2004) *A History of Modern Tunisia*, Cambridge University Press

World Bank Report on Tunisia www.worldbank.org/en/country/tunisia/overview [accessed 10 December 2015]

African Development Bank Report on Tunisia www.afdb.org/fileadmin/uploads/afdb/Documents/Publications/Tunisia%20Economic%20and%20Social%20Challenges.pdf [accessed 10 December 2015]

Encyclopaedia Britannica online on Tunisia Jasmine Revolution: www.britannica.com/event/Jasmine-Revolution [accessed 10 December 2015]

On desertification in Tunisia and Africa:

Social, Economic, Financial Challenges of the Desertification in Tunisia: www.un.org/esa/sustdev/sdissues/desertification/beijing2008/presentations/aloui.pdf [accessed 10 December 2015]

Strategy to combat desertification in Tunisia: www.academia.edu/3421162/STRATEGY_TO_COMBAT_DESERTIFICATION_IN_TUNISIA_OBJECTIVES_AND_CHALLENGES [accessed 10 December 2015]

UNCCD Africa website: www.unccd.int/en/regional-access/Africa/Pages/africa.aspx [accessed 10 December 2015]

Observatory of Sahel and Sahara researches: www.oss-online.org/fr/publications [accessed 10 December 2015]

12　被逼无奈的“遗传学家”

遗传学联盟（Genetic Alliance）——莎伦·特里（Sharon Terry）

凭借天性，只有极少数的幸运者和他们的家人能够洞察罕见疑难杂症的世界。尽管如此，据估计，世界上存在着超过 7 000 种罕见疾病，对大约 3 000 万人产生影响，而这种影响往往是在基因层面上的。缺乏对这些疾病的认知并不是唯一的问题所在，研究不足、资金短缺以及“听天由命”的想法使患者和家属承受了很大的痛苦。在震惊地发现自己的孩子就遭遇了一种罕见的基因病后，莎伦·特里决定创建“遗传学联盟”，并通过这种方式与相关部门进行沟通和协作。令人意想不到的是，“遗传学联盟”如今成了世界上非营利健康支持组织的领头羊，形成了一个由超过 1 200 个具有疾病针对性的支持小组组成的运作协调网络。

意外征程

人生中总有一些特殊时刻你一定会永远铭记，它们构成了一个清晰的时间节点。于我而言，这一时刻就是当我的孩子们被推向基因病的世界、生活不得已发生巨大改变之时。这真是跌宕起伏，是漫长而充满风险的诊断过程。当这一刻来临时，多年来不断面对小逆境的经历造就了我们对这件事的反应，但我们仍然不知道自己将踏上一段怎样的征程。

故事的开始颇为平淡。那是 1993 年 9 月，康涅狄格州一个炎热的午后，我、丈夫和两个孩子参加了侄女的一岁生日宴。大约四个月前他的父亲，也就是我的弟弟去世了，而这场生日宴是在此之后的第一件高兴事儿。在午后温柔的阳光下，我发现女儿的脖子两边各有三个小点。我琢磨着这一发现，突然害怕得胃里一阵抽搐。在将胃痛抛之脑后并让自己的心情恢复平静之前，我们这个大家庭正面对着弟弟 31 岁英年早逝所留下的巨大空洞。

但小点并没有消失。在接下来的几个月里，我定期咨询家庭儿科医生：“这些小点是什么？为什么它们只出现在脖子上？为什么它们慢慢变多？问题大

图 12.1 伊丽莎白（Elizabeth）与伊恩·特里（Ian Terry）在进行诊断

吗？我可不可以不管它们？”她认为这是洗衣粉过敏，还一遍遍向我保证叫我不用担心。但我并不完全信服，暗暗问自己：为什么这些小点没有遍布整个脖子？于是为了让自己放心，我相信了医生的话。我可能只是在弟弟死后精神过于敏感、小题大做，也许还应该接受相关治疗缓解神经衰弱症。然而我还是怀疑，如果这些小点并不是真的在渐渐发展，为什么我女儿这几个月拍的照片看起来都不太一样？

最终我决定一劳永逸地把这个问题弄清楚。我和丈夫帕特（Pat）决定在医保计划之外，自己掏腰包去咨询皮肤科专家。预约好之后，我告诉帕特，如果我确切地听到女儿得的是某种过敏性疾病的话他就不用来了。1994 年 12 月 23 日，我们去看了医生。那一决定性时刻就要赫然出现了，当然我们也要踏上征程了。

一切都像在一刹那发生。莱昂内尔·贝尔科维奇（Lionel Bercovitch）医生看了看伊丽莎白的脖子说：“她得了弹性纤维性假黄瘤（Pseudoxanthoma elasticum，PXE）。”一听到“瘤”（黑色素瘤、淋巴瘤不就是癌症吗）这个字，我的胃就开始抽搐。他又看了看伊恩说：“喔，她也得了这个。”然后他关掉灯用眼底镜检查她的眼睛。我简直要喊出来：“什么？快住手！”这只是皮肤上的问题，他干吗要检查她的眼睛？我很害怕，不知自己身在何处，只觉得心里最后的防线突然崩塌，陷入扑面而来的黑暗之中——没错，她的眼睛也染病了。贝尔科维奇医生打开了灯，跟我解释说他学的是皮肤病学和眼科学，所以弹性纤维性假黄瘤对皮肤和眼睛的影响他都会去评估。他说这是一种全身性的染色体隐性基因病，而且人类目前对这种病了解很少，但那时我一个字也听不进去。我只是看着我漂亮可爱的孩子们，听着他讲述皮肤松弛下垂、布满皱纹和双目失明的症状。

我回到家，在电话里哭着和帕特说我们的孩子将来要面临毁容。在失明这个大问题面前，担心皮肤和外表真的是太傻了！我又打电话给我们的家庭儿科医生，她从书架上拿了一本书读给我听：这种病会累及皮肤、眼睛和心血管。

那天晚饭后，贝尔科维奇医生打来电话。我们觉得这很不同寻常，但更令人惊讶的是，我得知他就住在离我们几栋楼远的地方。他主动提出第二天下午来我家和我们谈谈，也就是那个邻居们都会来看望伊恩和伊丽莎白的平安夜。那天晚上，我们很费力地想弄懂他所讲的内容，但发现自己知识浅薄，根本无法消化。我们真的需要基本的资料和一些时间来跟上事情的节奏。

伊丽莎白和伊恩不会忘记在她们各自 7 岁和 5 岁时的这个圣诞节——一生中最棒的圣诞节。她们得到了每一个想要的玩具，甚至更多。她们真是小孩子，玩得那么开心，对发生在自己身上的事情一无所知。当他们终于知道自己的病时，便记住了这个长长的拉丁名字。孩子们开始用这个词给蜘蛛和植物取名字——“弹力纤维性假黄瘤”——自认为科学味十足。

了解未知

圣诞节后的几周非常艰难。我去了两所医学院的图书馆，在那个没有互联网的时代，一遍遍地翻看卡片式目录，把我能找到的每一篇有关 PXE 的文献复印下来。我带回家了 400 篇文献，除了那种有松垂皮肤的奇怪照片、描述早期失明和早夭的部分，没一篇看得懂。帕特和我焦急地浏览着这些文章，对细节一窍不通的我们就开始看案例。

从第一个案例中我们没有看出什么结果。作者从上百个不同的角度出发，围绕着一个病例得出这种病的相关结论。我们不明白怎么通过一个病例就得出疾病表征的（这个病例我们后来了解到叫做“N of 1”）。下一个案例是由我们看来貌似不相干的东西拼在一起的，应该是在讲一个故事。举个例子，有一篇文献讲一个小孩在 13 岁的时候“死于 PXE”，但她还曾经突发精神疾病并且多次试图自杀。我们无法确定她的死因是不是 PXE，那作者就可以吗？我们是什么人，能质疑在科学期刊上发表论文的作者吗？

可以看出，PXE 在不同的地域被赋予了不同的表征。如果地理隔离和基因问题的确会导致一种疾病的表现呈现多样性，那么似乎在同类人群之间也存在着极大的差异。还有让人困惑的一点是，所有的报告结果都是好的，没有一例失败的实验。得知失败的实验没有公之于众，研究员会怎么想？另一个案例表现出合作的缺乏。有的案例中作者写了一系列论文，但似乎这些论文都来自同一组作者，没有跨界合作。

在孩子们诊断结果出来后的一段日子里，相互合作这件事——或者准确地讲，相互竞争——变得刻骨铭心。圣诞节过后的几天，哈佛的一个科学家打来电话，问可不可以取孩子们的血样带回去研究，寻找与 PXE 相关的基因。我们愉快地答应了。研究助理来采了血样。两天后西奈山医院（Mt Sinai Hospital）的一名研究员打来电话说了同样的内容。我们告诉他：“哈佛的研究员已经取了好几瓶样本，他肯定会分享的。没有人会让这么小的孩子抽两次血！”他咯咯地笑了起来，说：“不，他们不会分享的，在找到这个基因上面我们是竞争对手。”这太让人震惊了。诚然我们在生活中目睹过种种竞争，但无法想象这种竞争存在于生物医学研究领域。既然性命攸关，大家的关注点难道不应该放在如何通过最大程度的协作尽快解决问题上面吗？然而事实并非如此。我们真的很吃惊。

另一个案例所展现的是，目前对这种疾病还没有采取任何系统性的、有组织的行动。从一篇文献到另一篇文献，实验是重复的，可能从数据中发现的科学蓝图也未被描绘出来，真是毫无收获。终于一个奇怪而恐怖的现象出现在我的眼前——在这些论文中，人们被称为“研究对象”。他们不是合作者，当然也没有被赋予参与权。

在伊丽莎白和伊恩诊断结果出来后的一个月里，我们不得不抛弃“每种疾病都有相应的治疗方法”的误解。不会有人再打电话给我们，我们也不用满怀希望地等待有人会给予正确的治疗方案。我们必须从那些文献中、从我们经历的血样采集竞赛中找到一个能够拨乱反正方法。

临危受命

接受过教师和学院牧师培训的我，在这一大堆医学期刊论文面前手足无措。我做工程师的丈夫和我一样对科研一无所知。他喜欢讲这样一句话：“我们不曾了解轮毂罩里的那个基因。”对于我们和周围的人来说，改变知识体系并不容易，但我们别无选择。当我们每天晚上在成堆的论文复印件和医学词典中睡着的时候，我们知道我们必须不畏艰辛，迎难而上。记得有一天下午，我们俩看着对方，想到，不不，我们不想这么做，我们不想因为这个病而创造一个新的生活方式。面对疾病，带着疾病生活，和孩子们一起渡过难关难道还不够吗？就没有谁能搞懂它、解决它，然后联系我们说已经有了治疗方法吗？我祈求上天的眷顾。可是虽然很不情愿，但我们必须承认这就是我们肩上的担子，责无旁贷。

我们决心已定，便撸起袖子，一头扎了进去。我运用自己组织家庭、学校、学生和给大学生做家教的能力，在 1995 年早些时候创建了“国际 PXE”，一个致力于 PXE 研究的国际基金会。当然，那时候已经有了关注其他疾病的组织，于是我通过绿伞组织找到了他们并与负责人见面，然后和遗传支持小组联盟（Alliance for Genetic Support Groups）取得了联系。这些小组告诉我们，不要尝试去研究疾病，或者甚至去影响生物医学研究，我们要做的是持之以恒地给予患者鼓励和支持，剩下的就交给专业人员好了。听到这种建议的一秒之内我的心里便满是嫌弃。他们还说如果我们要去影响生物医学研究，那只能是筹筹钱，而且没有百万千万根本没用。我再次无视了这话。我们把首笔资金——第一年在缅因州巴尔港（Bar Harbor Maine）的杰克森实验室（Jackson Laboratories）里筹集到的整整 10 000 美元——投入寻找小鼠的 PXE 眼部症状上。PXE 没有找到，但研究者们找到了一个小鼠白内障自然模型，并因此获得了霍华德·休斯补助金（Howard Hughes grant）。此后，他们会继续去发掘这种疾病中隐藏的不可思议的东西。

一切顺利进展后，我们决定建立一个自己的实验室。一开始我们问之前采过血样的哈佛研究员能不能“去他的实验室洗洗试管”。然后我们就开始每天晚上十点进实验室，一直待四五个小时。终于他们决定进行克隆基因的实验设计。与此同时，我们在认真考虑竞争这个问题，想着如何能够说服研究员与我们合作。这不知道有多伤脑筋，我那天几乎一整天都在为了这件事消耗脑细胞。

当我在讲述相互合作的美好蓝图时，他们再三强调“不可能让一群野猫乖乖听话”。不，可以做得到！只要用食物引诱！很显然，在探索基因的时代，PXE 患者的血液、组织和临床资料是我们梦寐以求的。我们需要做的就是用传统的方法积累资源，然后野猫们自然就会来到身边。我们还要建立规则，要想得到利益大家就必须配合工作。就这样，“PXE 国际登记与生物样本库”（PXE International Registry and BioBank）诞生了，它是我们所知的第一个外行拥有的血库。直到 1995 年年中，我们通过报纸、广告和医生向全世界的 PXE 患者收集血液和组织样本。

经过日日夜夜的辛苦工作（多亏了邻居玛莎在夜里照看孩子），再加上人们对人类基因组越来越多的了解，这种疾病的基因终于被找到了。我和两个实验室一起将论文发表在了《自然遗传学》（*Nature Genetics*）杂志上。

令人失望的是，我最终还是没能说服众多实验室与我们合作，所以这是一个以平局告终的创造性解决方案。作为基因的共同发现者，我分享了这个基因的专利。在那个时候，我是分享基因专利的唯一一个外行，也许到现在也是如此。我们每一位专利拥有者都将所有权交给了国际 PXE。我将自己看作这个基因的“护花使者”，带领着它一步步地设计诊断实验和试用疗法。

在这些年里，我们也在寻找这种病的表征。我们完成了第一个由外行设计和主管的疾病登记。我们很想知道 PXE 病程是如何发展和转归的、患者的存活情况如何、主要的和少见的症状是什么、这些症状发展得有多快、为什么患者所表现的症状差异如此之大——有些人失明了，有些人没有；有些人皮肤非常松弛，30 岁的人看上去像 80 岁，但有些人几乎没有皮肤改变。后来我们意识到，在许多疾病上都有同样的问题，就是人们没有很好地了解它们的特征，没有预测它们的发展，也不是很清楚如何缓解症状。

在 1995 年到 1999 年间，我们对受这个病影响的患者进行了调查，做了大量工作去了解疾病的特征。事实上，我们在一次调查中总共询问 900 个问题，这样一定有能力去发现疾病的关键点。举一个例子，在各种支持小组会议上，女性会一遍遍讲她们做了乳腺 X 线检查并且事后直接被叫去做活检。乳腺 X 线照相术的专家看到他们所担心的乳腺钙化就自认为这是乳腺癌。这种事几乎发生在所有 PXE 女性患者身上。这促使我们进行一项一项的实验，以没有患 PXE 的女性作为对照组，比较了她们和 PXE 女性患者的乳腺 X 线片。通过对比，所有 PXE 女性患者的乳腺都有轻微的钙化，但这并不像在一般女性群体中那样指向癌症，因此这些女性不需要做活检。我们在男性身上发现了类似的情况，因为几位男性说自己有叫“睾丸微结石”的东西，也就是睾丸动脉矿物化。同样，医生因担心这是癌前或癌症的表现而让他们活检。于是我们又对 20 名 PXE 男性患者和等数的对照组做了一个实验，发现 PXE 男性患者的睾丸动脉也有微钙化点。有了这一发现，男性就不用为了排除癌症而去做各种扫描检查或者每年去做活检了。再举一个例子，我们听说医生在 PXE 女性患者生产时会非常担心胎盘钙化。同样，我们比较了许多 PXE 母亲的胎盘样本和对照样本，最终发现所有的 PXE 女性患者都存在胎盘钙化的情况，但这对婴儿和母亲并没有影响。所有这些研究结果都是基于相关调查和面谈的，关注 PXE 患者最关心的组织器官。

持续性、影响力与发展的挑战

我们开始思考我们将如何维持并确保这项工作是有意义和有用的，而不仅仅是一步一个脚印。我们开始意识到，我们的工作包括不止一种重要的疾病。如果我们把注意力集中在一种疾病上，我们只能慢慢地向前爬。相反，我们需要成为一个更大、更广泛的平台，系统地研究需要做什么。我们开始多线并行，与其他疾病研究小组会面，他们都想使用我们的新模式。

整个 1995 年，我们所有人在一起刻苦努力地工作。我们开始帮助其他疾病宣传机构建立血液和组织库，并且同拥有常见与罕见症状收集的大学洽谈，为了建立一个跨疾病的、基础设施共享的血液和组织库。

1996 年，我们出席了“遗传支持小组联盟”十周年纪念庆典，并开始认真开展跨疾病工作。“联盟”是一个向成百上千疾病研究组织提供技术援助的绿伞组织。在庆典上我们见到了国家人类基因组研究所的主任（Director of the National Human Genome Research Institute）弗朗西斯·科林（Francis Collins），他现在是国家卫生研究所主任（Director of the National Institutes of Health），他把我们介绍给了许多研究员。我们约好和这些研究员在他们的实验室会面，了解他们推进生物医学研究的需求。

从头开始建立一个组织

“PXE 国际”最初是一个本土化发展的组织。我从未经营过组织，但我帮助管理了马萨诸塞州的家庭学习协会（Massachusetts Home Learning Association），并带头开展了不同的项目。非常幸运的是，遗传学联盟的创始人琼·韦斯（Joan Weiss）撰写了一本名为《启动和维持倡导组织》（*Starting and Sustaining on Advocacy Organization*）的书，它成为了我们的“圣经”，与我们的工作同步。我们开始更新它，修改了部分内容并添加了新的部分。新版本称为 WikiAdvocacy，可在 wikiadvocacy.org 找到。

我们询问了在马萨诸塞州沙龙的小社区，并从诊断我们的孩子和邻居的临床医生那里招募董事会成员。我们找到了一位愿意无偿服务的律师，他向联邦政府和马萨诸塞州提交了公司注册申请和免税申请。我们知道我们必须找到有条件的人，因此我们开始使用报纸上的社区日历、向眼科和皮肤科医生邮寄小册子，并参加美国眼科学会等专业会议。

现在是蓬勃发展的网络时代，所以我们向哈佛大学的社区联系人询问我们是否可以在他们的网站上添加一个版块，我们并获得了允许！大约在第一个十年，PXE 国际的在线主页位于 harvard.edu/pxe。

我们的资源太少，没有办公室和有薪职员，所以我自告奋勇，把孩子们游戏室的一部分变成了办公室，最终整个游戏室都成了办公室。当我们开始进行调查时，我们聘请了孩子们的保姆进行数据录入——在我自己编写 FileMaker Pro 数据库之前，这些调查的内容是通过纸张记录的。数据库并不漂亮，但它有简约的界面，我们仍然在使用它。

当成员都是本地人时，董事会会每月见一次面。随着组织变得更大、更国际化，我们现在的董事会主要通过电话在多个时区开会。一些原来的董事会成员今天仍在我们身边。

最终，我们筹集了足够的资金，将办公室搬出我们的房子，进入由疾病组织“遗传学联盟”运营的孵化器。它在华盛顿，主要靠近国立卫生与遗传学联盟（National Institutes of Health and Genetic Alliance），因此我们全家搬到了那里。我们的资金几乎完全依靠受 PXE 或其亲人影响的人们的捐款，直到最近我们才获得了患者导向医疗效果研究所（Patient Centred Outcomes Research Institute）的参与奖。唯一的例外是，我们几乎每年都从雅迪系统公司（Yardi Systems）那里获得奖项，这要归功于一名患者父亲的提醒，他说我们可以向这家公司申请资助。

在 PXE 国际的整个成长和发展过程中，我们与遗传联盟保持着紧密的联系。我自己的工作从开始的 90% PXE 和 10%“遗传学联盟”转变为今天 10% PXE 和 90%“遗传学联盟”，实现了比例的反转。我们寻找各种共享成本、交流想法和分享加速疾病生物医学研究方法的途径，并发现生物样本库就是一个很好的例子，证明我们可以做到这一点。

从 1995 年到 2002 年经营“PXE 国际登记和生物样本库”后，我们开始询问其他疾病组织是否愿意考虑加入我们，这将增加每个部分的产能并降低成本。我们还想提高标准和专业水平，而且知道更多优秀的人才给了我们更大的机会来保持这个全新领域的运营和可持续发展。我们在 2002 年定期会见了许多其他的支持和倡导组织，其中一些对我们特别感兴趣。我记得我们说要手牵手，一起扎进深水区。在一年与 10 个组织会面后，我们决定继续创建一个名为“联盟登记和生物样本库”（Genetic Alliance Registry and BioBank）的新组织。10 个组织中有 6 个提供了大量资金来启动和运行这个新组织。在最初的几年中，每个组织每年的运营费用约 2 万美元，大约 10 年后可降至 13 000 美元。现在它接近 2 000 美元。工作的效率提高和技术成本的下降使运营成本大幅降低。

理解我们的行动及其影响力

从我们孩子的诊断到2004年，我们为传统问题创造了一个新颖的解决方案，将以前分开的系统部分联系起来。帕特运用他的创造性系统思维和建筑工程知识，制定了我们今天遵循的战略（图12.2）。甚至在"颠覆性创新"成为一个流行术语之前，我们就已经无时无刻不这样工作了。应用倡导者和科学家的技能为研究企业增加了新的参与度，在此之前我们是"公民科学家"。PXE国际采用了学术模型（严谨科学）、商业企业模式（商品化和问责制）和公益组织模式（信任和

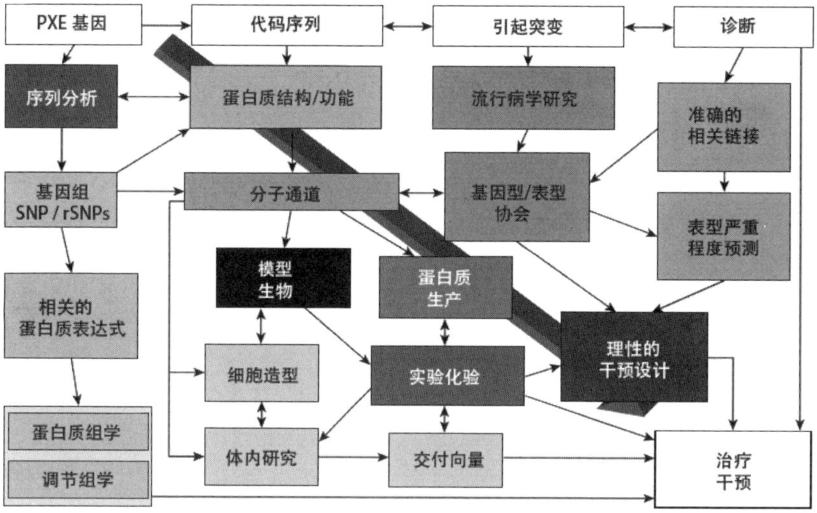

图 12.2 PXE 国际战略

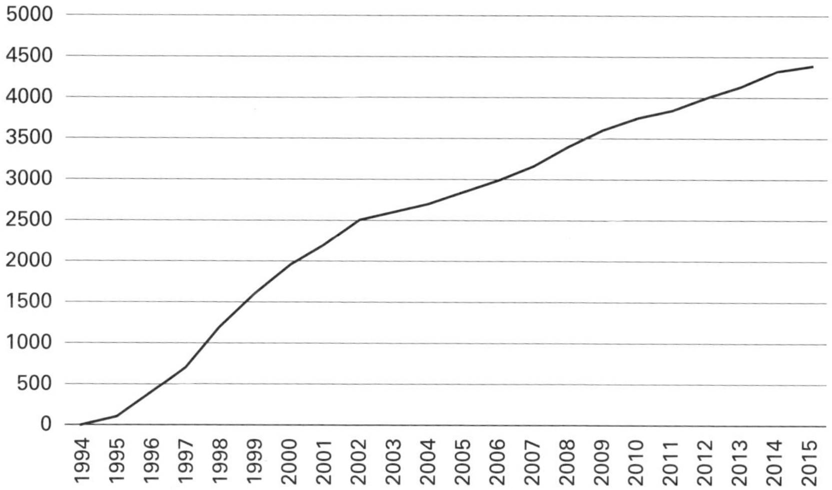

图 12.3 登记增长率

敏捷性）等，并利用它们创建了推进研究的新模式。我在患者和研究团体中建立了信任社区，这些社区是必不可少的，也是新颖的。

当有数十人坐在我们的起居室里，要求我们帮助他们创建更多像“PXE 国际”那样的组织和生物样本库时，我们决定为更大的系统而不是这种疾病工作。起初，我们通过创建 DNA 存储的通用平台（遗传学联盟登记和生物样本库，biobank.org）或撰写后来成为 WikiAdvocacy 的宣传手册来实现这一目标。2002 年，一个关键时刻来临了，开启了一个全新的、意想不到的机遇。

开始行动

此时，我还是“遗传学联盟”董事会主席（从早期的、更加狭隘的“遗传互助小组联盟”改名而来）。“遗传学联盟”扩大了使命，并开始明白非营利性世界和生物医学研究领域正在发生变化。毕竟，人类基因组序列已经被描绘出来，似乎没有什么是不可能的。对于我们所有人来说治疗近在眼前，不是吗？

2004 年，“遗传学联盟”空缺一个首席执行官的职位。我被解职了，并要去寻找一个“世界级领导者”，将组织提升到新的水平——揭露事实，创造最具创业精神的非营利组织。我带领董事会为这位富有创造力和顽强的领导者撰写了职位描述。我把期望提高到与我的愿景相匹配的程度。我很高兴能见到这个人，我们会在全国范围内搜索并找到这个人。

董事会告诉我我就是这个人。当我们不断寻找时，他们反复告诉我我就是这个人。我不断回应说我们需要世界级的领导，而不是我。几个月后，我看到了自己的不情愿。主要是恐惧。我担心自我审视会引起骄傲。然而恰恰相反，这也许是我生命中最卑微的时刻，看到并说是，这是我。我是我们一直在寻找的世界级领导者。

那么，我为什么不愿意接受挑战，让自己更具创业精神呢？我发现它基于两件事，一件比一件更容易解决。第一个是有关“PXE 国际”和弹性假黄瘤对我的孩子的影响。我决定为更大的系统工作可能会对他们和那些与 PXE 一起生活的人产生负面影响。如果我决定为所有疾病工作，我可能无法在这种疾病上取得进展。有两件事更容易接受。一是我深信，如果我们为更大的利益、为所有疾病、为生物系统而努力，而不是为孤岛，我们将加速推进所有的进程。正如约翰·肯尼迪（John Kennedy）总统所说：“涨潮会把所有船只都掀起来。”另一个是我孩子的回应。在14岁和12岁时，他们告诫我，除非我们像他们那样学会了“与疾病共存，而不是与疾病抗争”，否则我们永远不会有有意义的进步。因此，他们认为，掌握“遗传学联盟”的命运将是我在这条学习道路上的一个治愈过程。

这是导致我不情愿的第二个原因。为变革、改革、革命兴奋地欢呼总是很容易的，但提升并做到这一点是另一回事。担任首席执行官意味着我必须实现自我认知。我必须认识自己的弱点并从中学习。我必须通过存在来激励，而不是宣扬。我既谦卑又兴奋地成了“遗传学联盟”的首席执行官。

在“遗传学联盟”中，我领导、谋划并开展了系统性的转变。我领导的联盟推动了2008年的“遗传信息非歧视法案”（Genetic Information Nondiscrimiation Act of 2008）——参议员爱德华·肯尼迪（Edward Kennedy）在参议院宣布了这部被称为“新世纪第一部民权法”的法律。我将“PXE国际登记和生物样本库”扩展到“遗传学联盟登记和生物样本库”。“遗传学联盟”建立了全国的新生儿筛查组织（babysfirsttest.org）。“遗传学联盟”从我加入时的四名员工发展到了22名以上，并在2010年被评为华盛顿特区最佳工作场所。我可以赞叹我们的成就，尽管它们令人惊奇，但它们并不是衡量我作为一个企业家的效率的标准。这是我在此过程中学到的很多经验之一。

经验教训

1. *“英雄主义”不是朋友。*在这些年里，我错误地认为英雄主义，以及后来对英雄主义的拒绝，都是非常有意义的。在英雄主义时期，我声称能够照顾一切。我可以研究7000多种遗传疾病，服务数百万受它们影响的人。我也可以成为清空垃圾桶和购买新笔的人（更不用说配置服务器、安装新电脑、预订每个人的行程、早点上班、比其他人晚一点离开）。我将通过蛮干实现我们为生物医学研究和服务领域前所未有的转型所设定的目标！渐渐地，我更快、更清晰地看到了这样的英雄主义的傲慢——自以为我必须做到一切。这种领导模式阻碍了周围的人展示才能，使我无法识别他们的能力，以至于人员利用效率很低。一个很好的例子是WikiAdvocacy。对于领导疾病倡导组织的任何人来说，这是一个非常好的信息汇编。然而，很少有人为此做出贡献。当我问一个曾经开发维基百科的人他认为问题在哪里时，他说：“做得太好了。当资源内容被写得如此完美、有条理时，团队其他人就无事可做，他们也觉得不需要他们的贡献。”哇，这样就明白了！

我认为，这种模式给倡导工作带来了沉重负担。要想在网络时代取得成效，就必须打破这种模式。我开始摈弃英雄主义的模式，创建一个完全协作的领导模型。在这个时期，许多工作人员和我们的委员会都很活跃，但是他们会告诉你他们觉得自己缺乏远见和领导力，他们渴望得到指导。我认识到，并非每个人都有远见或领导力，这些东西在不同数量上的平衡构成了我们充满活力且勤奋的团队，我们一起学习。他们中的一些人在“遗传学联盟”中工作了近十年，还有许多人已经工作了五年或更长时间。

2. *文化也需要策略*。这些天我关注的实际变化就是我们所说的“运动”。我的工作，即“遗传学联盟”“PXE 国际”以及我指导的其他少数非营利组织，是为卫生界涌现出的这股更大的力量做出贡献。组织自上而下工作、领导和指导的日子结束了。我们被称为无国界者，尽可能地彼此分享，而不考虑荣誉或赞誉。是时候让我们每个人都充分认识自己的角色；是时候让参与研究的人从受试者转变为参与者；是时候让卫生系统的每个组成部分（或缺乏系统）具有一席之地了。

3. *公益运动需要一群知道自己是整体中的一部分的领导者，那就是我们*。普通人可以在网络时代成为这样的领导者，找到他们的代表。许多部门正在共同努力，创造恢复健康的运动的愿景。像公开获取公共资助的研究，而不是将信息锁定在需要订阅的期刊上这样的想法，已经成熟并席卷全国。2013 年，英国宣布所有由英国拨款资助的生物医学文章将在发展后的六个月内被允许公开访问。美国国立卫生研究院（The National Institute of Health）也有类似的政策，美国其他科学基金机构正在考虑这一政策。主要的资助机构必须大胆尝试并将数据共享作为常态。每个人都应该有机会从他们的医疗记录或临床试验中分享临床数据。正在建立系统以实现生物医药企业的文化转型。我们希望能够创造进入新的合作领域的道路，并加速我们所需的发现，以减轻我们所爱的人和其他人的痛苦。

4. *记得感恩*。我的家庭蓬勃发展，企业家精神融入其中。我的丈夫帕特创立了许多公司和非营利组织。女儿伊丽莎白作为执行董事，将“PXE 国际”提升到了新水平，并完成了为期两年的美国军队教学任务。儿子伊恩正在我们共同拥有的农场中平衡高科技（网络开发）与有机可持续发展的关系，为我们提供健康食品。正如他喜欢引用的越南圣人一行禅师（Thich Nhat Hanh）的话：“没有泥，就没有莲花。”我们每天都在学习。这些天我面临的最大挑战与以往一样，但总是新的。这是我自己。我必须释放自己，要变得更强大、更确定，要谦虚，要和别人在一起，要自由，要归属，不要退缩。我很高兴能够踏上这段旅程，并感谢路上的同伴们。生命短暂，除了努力我们别无选择。我知道这是我生命中的一份伟大的礼物，对世界亦是如此。

讨论题

1. 1999年，莎伦·特里为ABCC6基因申请了专利。该基因专利是否仍然有效，还是2013年最高法院禁止自然发生基因专利的裁决否定了这一点？

2. 有没有其他的父母或患者创建了登记管理机构或血液和组织库？

3. 让支持小组充当特定疾病患者数据的守门人是否合乎道德？

4. 当你将实体的疾病公益组织（慈善机构）与“脸书”团体和其他不那么传统的运动进行比较时，你认为它们的利弊是什么？

5. 莎伦·特里为所有疾病而不仅仅是PXE工作的利弊是什么？聚焦比传播更好吗？这可能对她和组织的工作产生什么样的影响？

6. 您如何看待“英雄主义模式”？你是这样的人吗？这是否会阻碍他人或你自己发挥更大的作用？自我角色强大的限度是什么呢？

7. 直到最近几十年普通公民开始深入研究这个领域，生物医学科学一直是医学博士和博士学位的范畴。你认为在这个科学领域，社会企业家精神的利弊是什么？你能举例说明其他科学领域中社会企业家精神的好处或危害吗，比如天文学、电子学或鸟类学？

8. 开发疾病治疗费用约为10亿美元，需要17年或18年。它的失败率为95%。这一领域的退出时机如何？您建议如何确保更有效地使用资金？

9. 寻找罕见疾病的治疗方法与普通方法一样昂贵，但对人们的益处要少得多。社会应该如何决定针对哪种症状/疾病开展研究？患有罕见疾病的人应该为治疗付出更多吗？

10. 科学家往往倾向于研究大众和安全的课题，如基因、蛋白质等。我们可以做些什么来鼓励更多可能有风险的研究？

11. 正如莎伦所做的那样，当创新者对问题产生既得利益时，他会有什么不同？对问题的个人情结是否会导致更多的承诺和动力，并可能带来更好的结果？

延伸阅读

你可以在 www.koganpage.com/socialentrepreneurship 找到更多关于本章的内容。

Wikiadvocacy for those who want to start or sustain an advocacy organization – www.wikiadvocacy.org [accessed 10 December 2015]

Terry, S, Learning genetics, *Health Aff* (*Millwood*). 2003 Sep – Oct; 22(5): 166 – 71. PMID: 14515892

Terry, S, Terry, P, Rauen, K, Uitto, J, Bercovitch, L, Advocacy groups as research organizations: the PXE International example. *Nat Rev Genet.* 2007 Feb; 8(2):157 – 64. PMID: 17230202

Genetic Alliance – www.geneticalliance.org [accessed 10 December 2015]

PXE International – www.pxe.org [accessed 10 December 2015]